Mystery Manga zeichnen

by

Yenaiiru

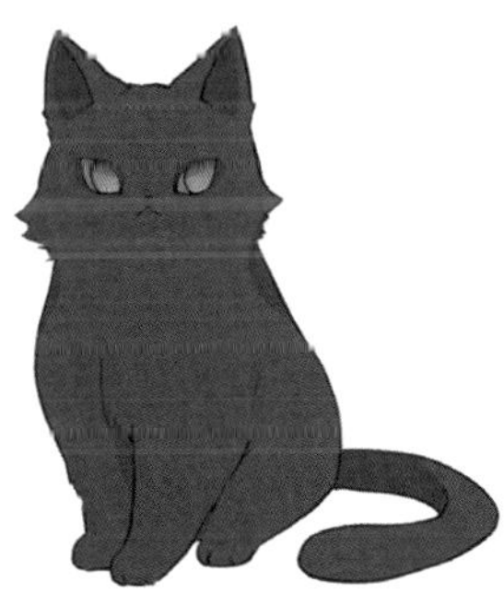

yenaiiru

MYSTERY

Manga zeichnen

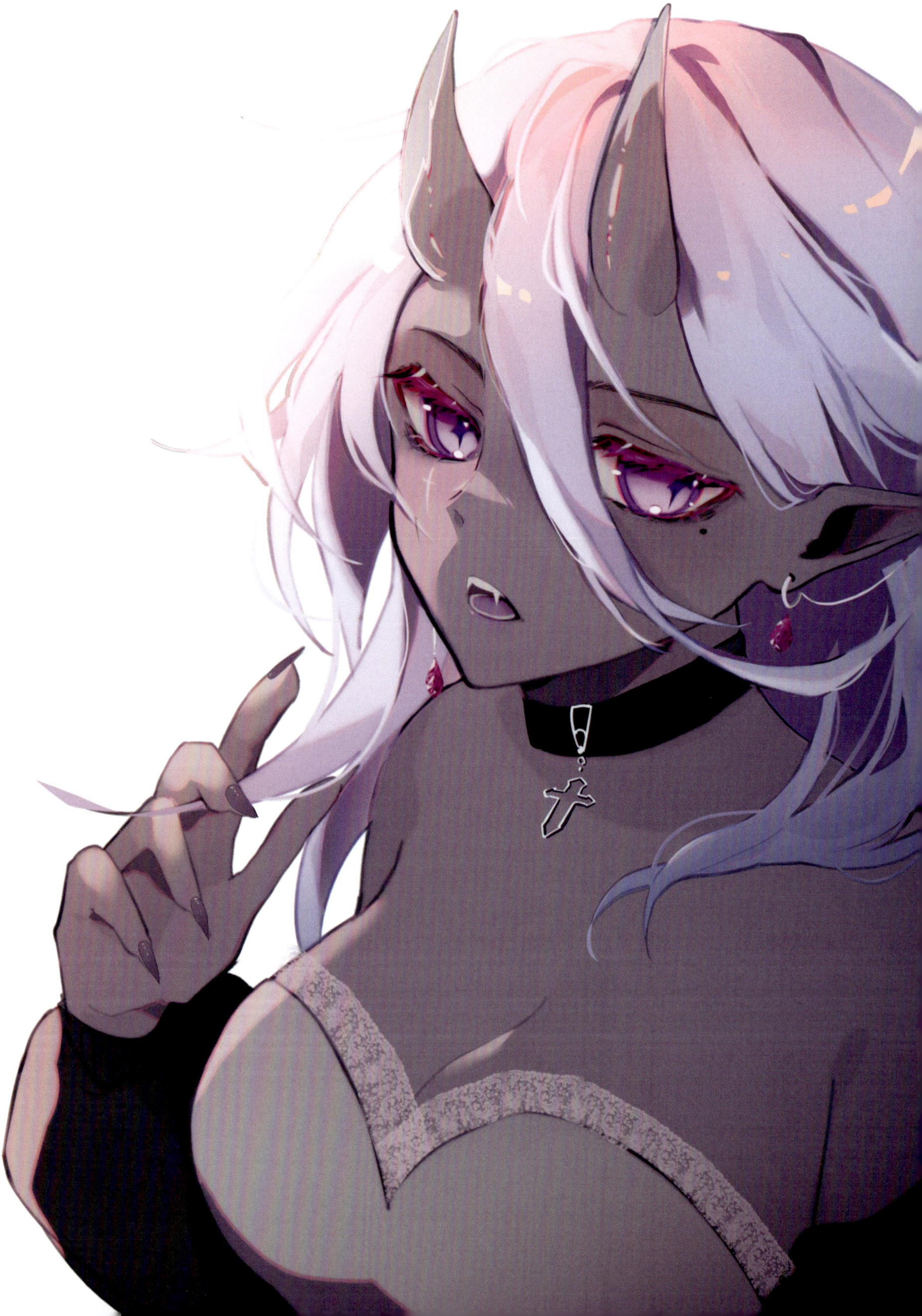

Inhaltsverzeichnis

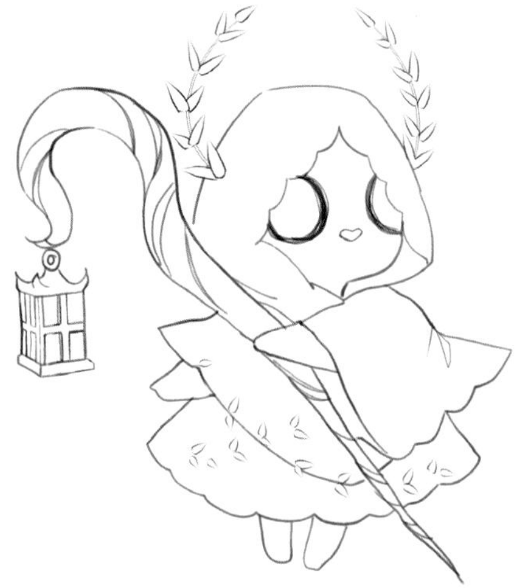

Vorwort

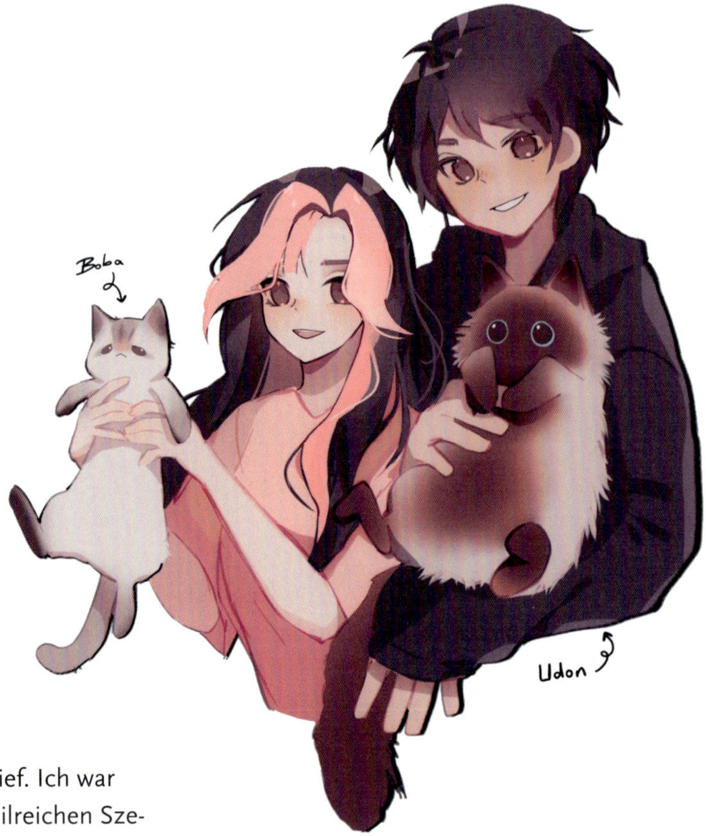

Hi! Ich bin Yenaiiru! Du kannst mich unter demselben Namen auch auf sozialen Plattformen wie Instagram und Twitter finden. Ich wohne in Hannover mit meinen zwei Katzen, die mich sehr beim Zeichnen unterstützen. Momentan studiere ich Mediendesign mit dem Schwerpunkt Game Design. Schon damals als ich klein war, fing ich mit kleinen Kritzeleien an, während Sailor Moon oder Chihiros Reise ins Zauberland im Fernsehen lief. Ich war schon immer fasziniert von den detailreichen Szenen der Ghibli Filme, die mich bis heute geprägt und motiviert haben.

Trotz jahrelanger Manga-Erfahrung lerne ich täglich neue Fähigkeiten, die mir dabei helfen, meine Bilder zu zeichnen. Obwohl es noch ein langer Weg ist, um an den Punkt zu gelangen, an dem ich sein will, ermutigen mich kleine Fortschritte in meinen Zeichnungen. Mein Ziel ist es, mit meiner Kunst so viele Menschen wie möglich zu erreichen und zu inspirieren. Daher gehe ich gerne auf Comic- und Manga-Conventions in Deutschland, wo ich meine Kunst präsentiere und zum Verkauf anbiete. Dort könnt ihr mich persönlich treffen und mehr über meine Arbeit erfahren.

Ich bin stolz darauf, dir mein erstes Buch vorzustellen: ein Tutorial für das Zeichnen von Mystery Manga. Ich möchte dir in diesem Buch zeigen, was das Genre Mystery ausmacht und was ich mir selbst früher gerne gezeigt hätte, als ich mit dem Zeichnen begonnen habe. Ein Stift und ein Blatt Papier, mehr brauchst du gar nicht. Ich freue mich, dir einen kleinen Stoß auf deiner kreativen Reise zu geben.

Über das Genre

Mystery Mangas sind eine spezielle Art von Manga, die sich auf Geheimnisse und Rätsel konzentrieren. Sie sind in Japan sehr beliebt und haben auch in anderen Teilen der Welt eine wachsende Fangemeinde gefunden.

Ein Manga wird als "mysteriös" empfunden, wenn er eine bestimmte Atmosphäre vermittelt, die durch geheimnisvolle Stimmungen und ungewöhnliche Handlungen erzeugt wird. Dies kann sich auf vielfältige Weise ausdrücken, wie z.B. durch das Aussehen der Charaktere, ihr Verhalten, die Story, die Farbgebung, das Licht und die Perspektive. Dabei ist der Kontext entscheidend für die Wahrnehmung des Mysteriösen. Mystery Mangas zeichnen sich durch komplexe Handlungsstränge und unvorhersehbare Wendungen aus, die den Leser quasi in die Geschichte hineinziehen, um gemeinsam mit dem Protagonisten das Rätsel zu lösen. Diese Mangas können wiederum in zahlreiche Sub-Genres wie zum Beispiel Krimi, Horror oder Geschichten mit übernatürlichen Elementen unterteilt werden.

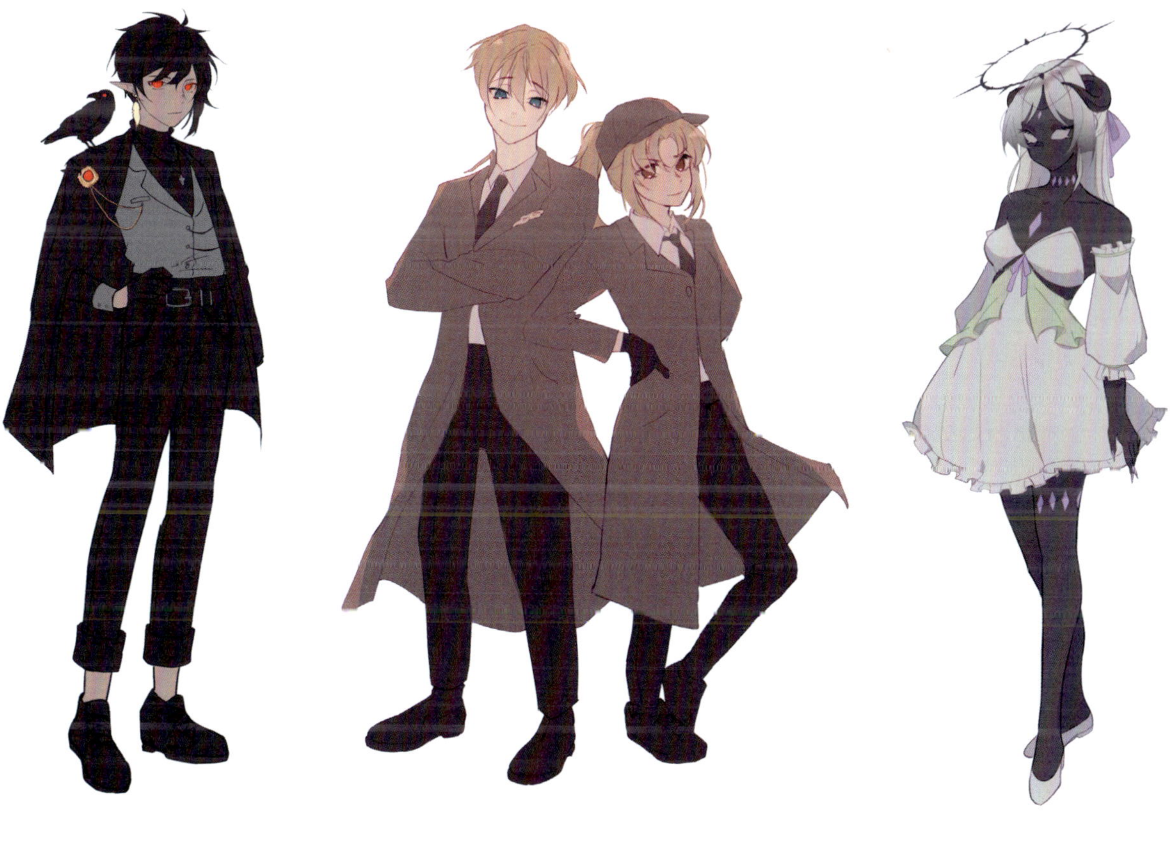

Material

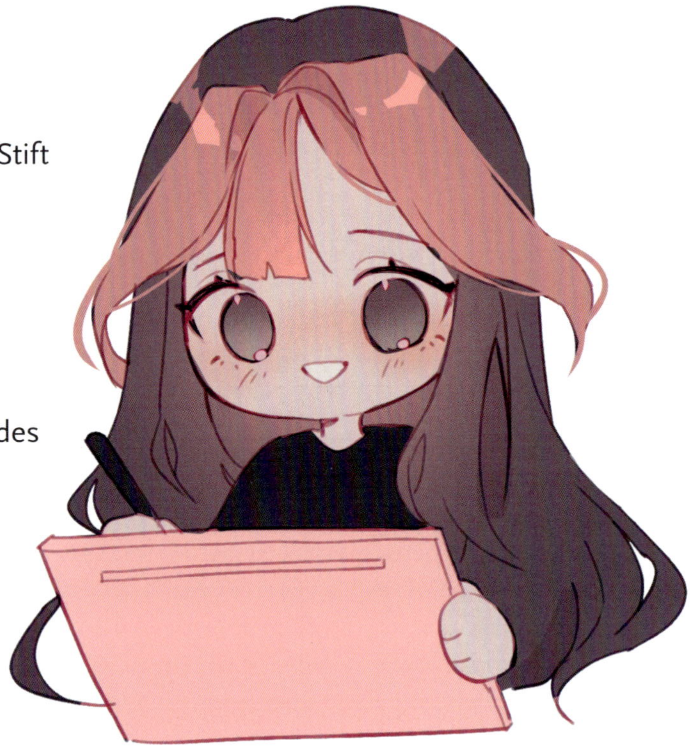

Als Material reicht eigentlich schon ein Stift und Papier, bestenfalls noch ein Radiergummi, denn Fehler gehören dazu, sie helfen dir, als Manga-Zeichner:in zu wachsen.

Wenn du bestimmte Effekte erzielen willst, musst du allerdings entsprechendes Material wählen. Bei der Arbeit mit Wasserfarben ist es ratsam, dickes Papier zu nehmen, um die Wölbung beim Trocknen zu verhindern.

Bleistifte sind in verschiedenen Härtegraden erhältlich von weich bis hart und werden für verschiedene Effekte eingesetzt. Harte Bleistifte werden benutzt, um weiche und subtile Linien mit geringem Druck zu zeichnen, das macht sie ideal für Schattierungen und Schraffuren. Weiche Bleistifte nutze ich für scharfe und klare Linien, sie sind vor allem für Skizzen mit einer höheren Präzision geeignet.

Wenn du mit Farben arbeiten möchtest, stehen dir verschiedene Optionen zur Verfügung, wie zum Beispiel Aquarellfarben, Tusche, Copic Marker und Buntstifte.

Bei flüssigen Farben wie Aquarell solltest du darauf achten, entsprechendes Papier zu verwenden und (falls du ein Skizzenbuch verwendest) ein Blatt zwischen die Seiten zu legen, damit die Zeichnung nicht durchfärbt.

Dieselben Effekte lassen sich jedoch auch durch digitale Zeichenprogramme erreichen. Ich zeichne selbst digital, weil es praktisch und günstiger ist, da man auf hochwertige Utensilien verzichten kann. Außerdem lassen sich Fehler einfacher rückgängig machen und mit vielen Programme kann man tolle Effekte kreieren. Es gibt aber auch Künstler:innen, denen das traditionelle Zeichnen besser liegt. Probiere es am besten einfach selbst aus.

Material für digitales Zeichnen

Heutzutage ist das digitale Zeichnen für jeden verfügbar. Ein Vorteil ist, dass es schneller und effizienter sein kann als traditionelle Kunst, ein Nachteil wiederum ist die fehlende Textur und das Gefühl der traditionellen Medien. Wenn du anfangen möchtest, digital zu zeichnen, brauchst du zuerst ein digitales Zeichentablett. Ich zeichne mit einem Tablett namens XP PEN Artist 22E Pro. Es gibt aber auch Grafiktabletts ohne Bildschirm, auf denen du zeichnen kannst. Diese sind deutlich günstiger und erfüllen trotzdem ihren Zweck. Mit solch einem Tablett habe ich früher selbst angefangen.

Stifte werden meistens zusammen mit dem Zeichentablett verkauft. Das Zeichenprogramm ahmt hierbei die Effekte unterschiedlicher Stifte nach. Ich benutze meist Stifte mit bestimmter Textur und keine volle Dichte, damit der Stift weicher wirkt. Teste ruhig in den Einstellungen, was am besten zu deinem Stil passt.

Um digitale Zeichnungen zu erstellen, benötigst du eine geeignete Software. Ich benutze dafür eine Vollversion von Paint Tool Sai 2. Weitere beliebte Programme, die von vielen Manga-Zeichnern verwendet wird, sind Clip Studio Paint, Procreate und Photoshop. Falls du kein Geld investieren möchtest, kann ich dir kostenfreie Programme wie Krita oder FireAlpaca empfehlen. In den jeweiligen Zeichenprogramm findest du schon alles, was du brauchst: Farben, Pinsel und eine Vielzahl an Tools, die dich beim Zeichnen unterstützen. Was ich persönlich empfehlen kann, sind Schutzfolien für die Oberflächen der Bildschirme.

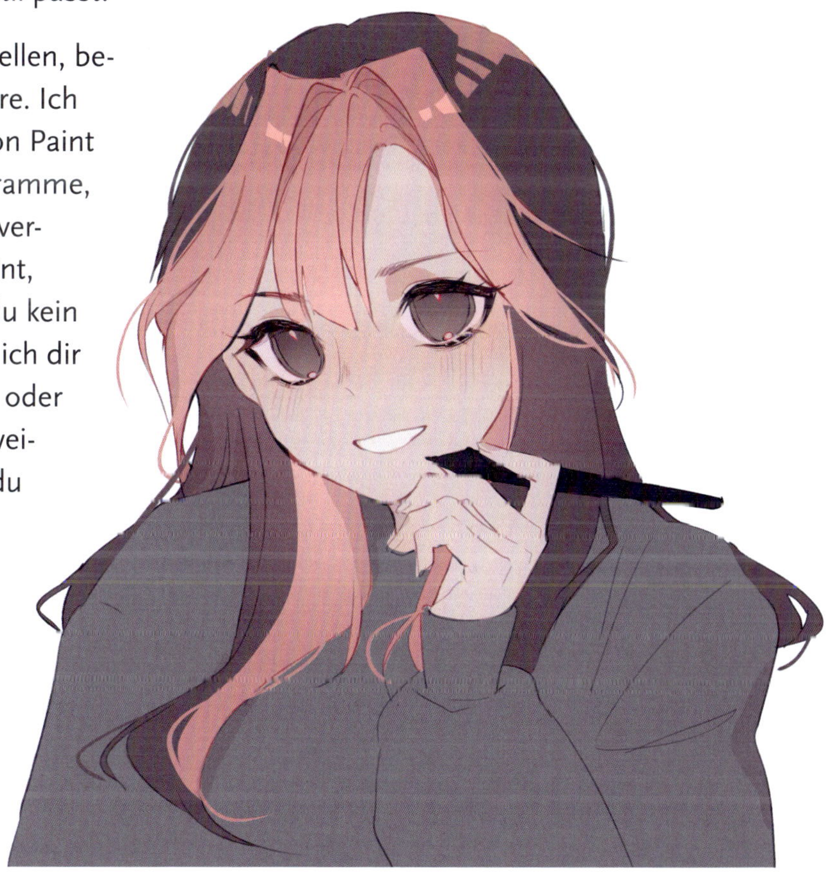

1. Figuren zeichnen

In diesem Kapitel werde ich dir die Grundlagen vorstellen, wie man eine Manga-Figur zeichnet. Das Zeichnen von Mangas ist eine beliebte Kunstform, die ihren Ursprung in Japan hat und in der ganzen Welt verbreitet ist. Die Faszination für die Figuren und deren einzigartiger Stil hat viele angehende Künstler dazu inspiriert, ihre eigenen Charaktere zu entwerfen und zu zeichnen. Das Zeichnen der Figuren erfordert jedoch ein grundlegendes Verständnis der Merkmale, die typisch für diesen Stil sind.

Körperproportionen

Die Körperproportionen sind abhängig von unserer Skelettstruktur. Die Proportionen eines Manga-Charakters sind oft stilisiert und entsprechen nicht immer der Realität. Trotzdem empfehle ich, dass du dir zuerst die Skelett- und Muskelstruktur eines realen Menschen anschaust. Durch das Wissen, wie lang ein bestimmter Knochen ist oder wo er positioniert wird, können viele Fehler vermieden werden.

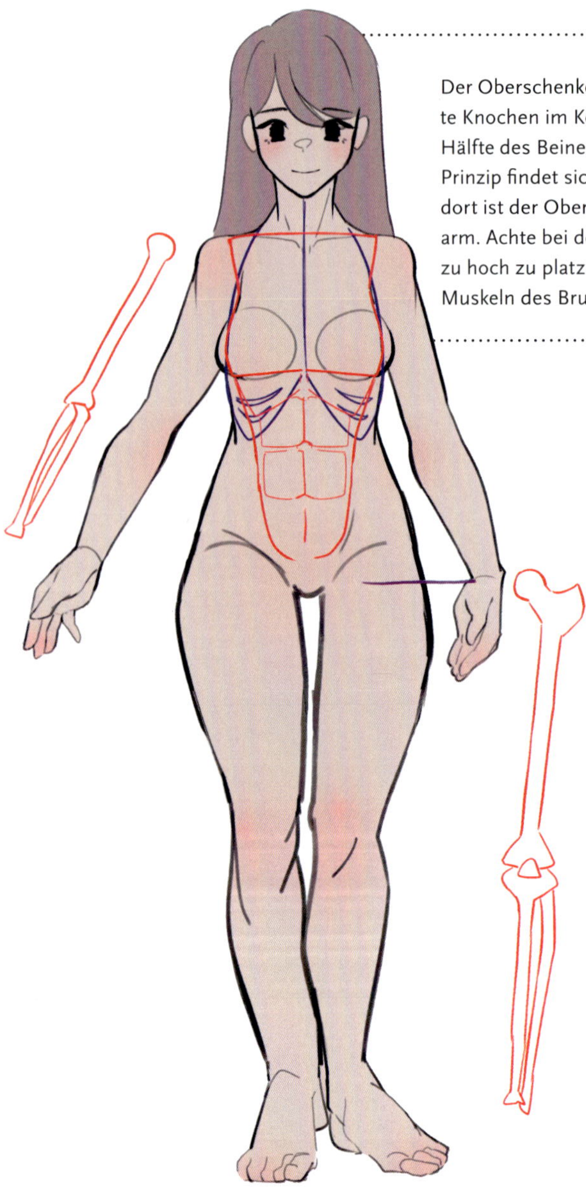

Der Oberschenkelknochen ist der längste Knochen im Körper, daher ist die untere Hälfte des Beines kürzer. Genau dasselbe Prinzip findet sich in den Armen wieder, dort ist der Oberarm länger als der Unterarm. Achte bei der Brust darauf, sie nicht zu hoch zu platzieren. Hier hilft es, die Muskeln des Brustkorbs einzuzeichnen.

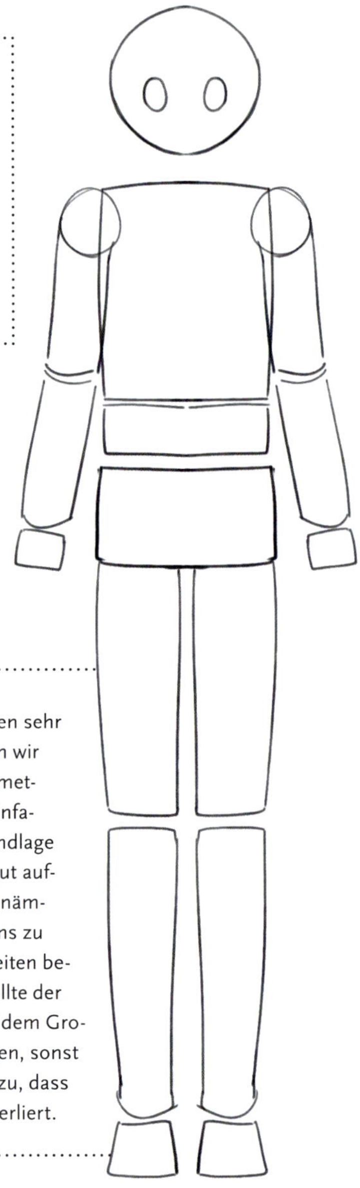

Da unsere Gliedmaßen sehr komplex sind, können wir sie zu Beginn zu geometrischen Formen vereinfachen. Auf dieser Grundlage lassen sich Figuren gut aufbauen, dadurch wird nämlich verhindert, wir uns zu früh mit den Einzelheiten beschäftigen. Zuerst sollte der Fokus unbedingt auf dem Großen und Ganzen liegen, sonst kommt es schnell dazu, dass man sich in Details verliert.

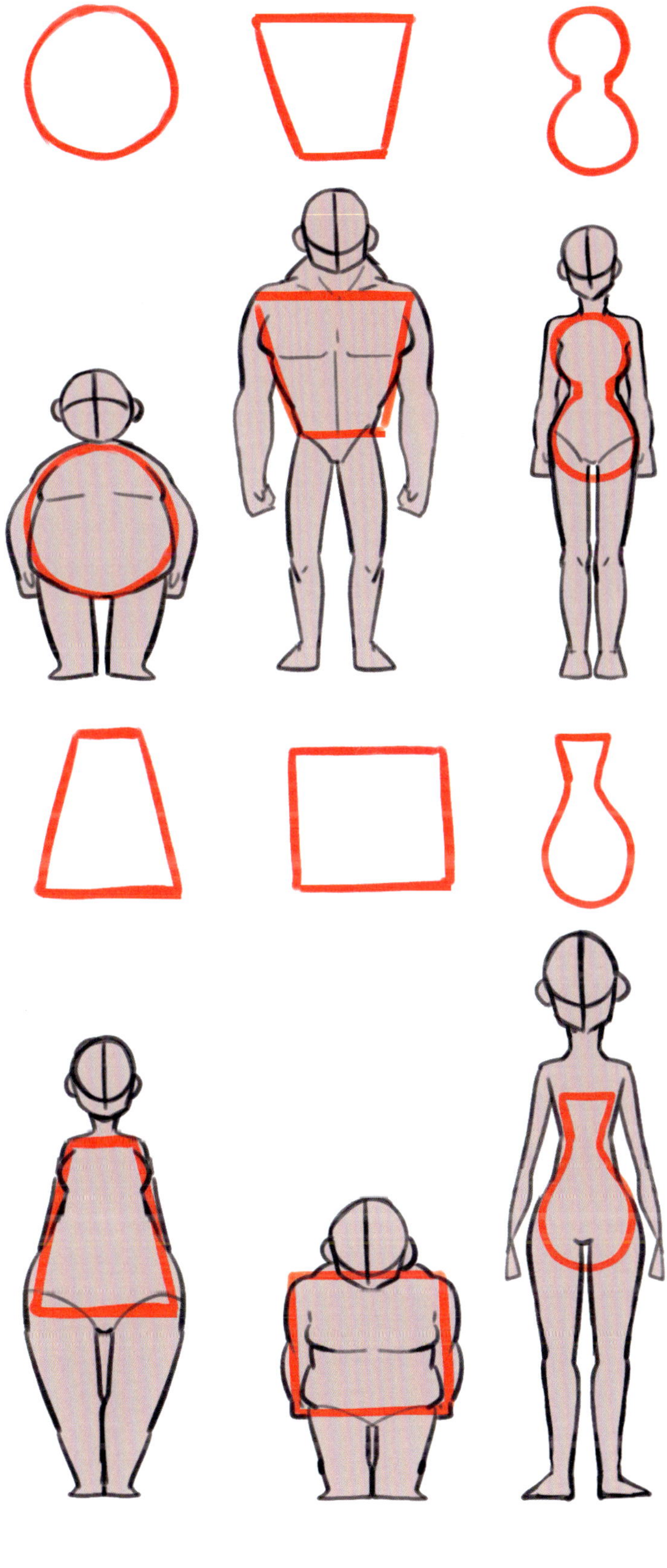

Egal ob klein oder groß, Körper lassen sich durch das Aufbrechen von komplexen Formen in Kreise, Dreiecke und Rechtecke problemlos vereinfachen. Damit lassen sich unterschiedlichste Körperformen, Stile und Figurentypen entwerfen. Probiere es am besten selbst aus: Male verschiedene geometrische Formen und lass deiner Fantasie freien Lauf.

Die Manga-Proportionen

Bevor man die Regeln brechen kann, muss man sie zuerst lernen – das gilt auch für das Zeichnen von Manga-Figuren. Obwohl sie oft stilisiert sind und sehr unrealistisch aussehen, gibt es dennoch bestimmte Grundprinzipien und Techniken, die man beherrschen sollte.

WEIBLICHE FIGUREN

Weibliche Charaktere sind etwas anders aufgebaut als männliche. In der Regel haben weibliche Manga-Figuren im Vergleich zu männlichen Figuren kürzere Beine und sind weniger muskulös. Sie werden oft mit Kurven und größeren Brüsten dargestellt, um den weiblichen Körper zu betonen.

Das sind jedoch eher Richtlinien als feste Regeln. Einige Künstler bevorzugen es, weibliche Charaktere mit längeren Beinen und weniger Kurven darzustellen, um ein realistischeres Bild zu schaffen. Andere mögen einen stilisierten Ansatz und betonen die femininen Eigenschaften der Charaktere.

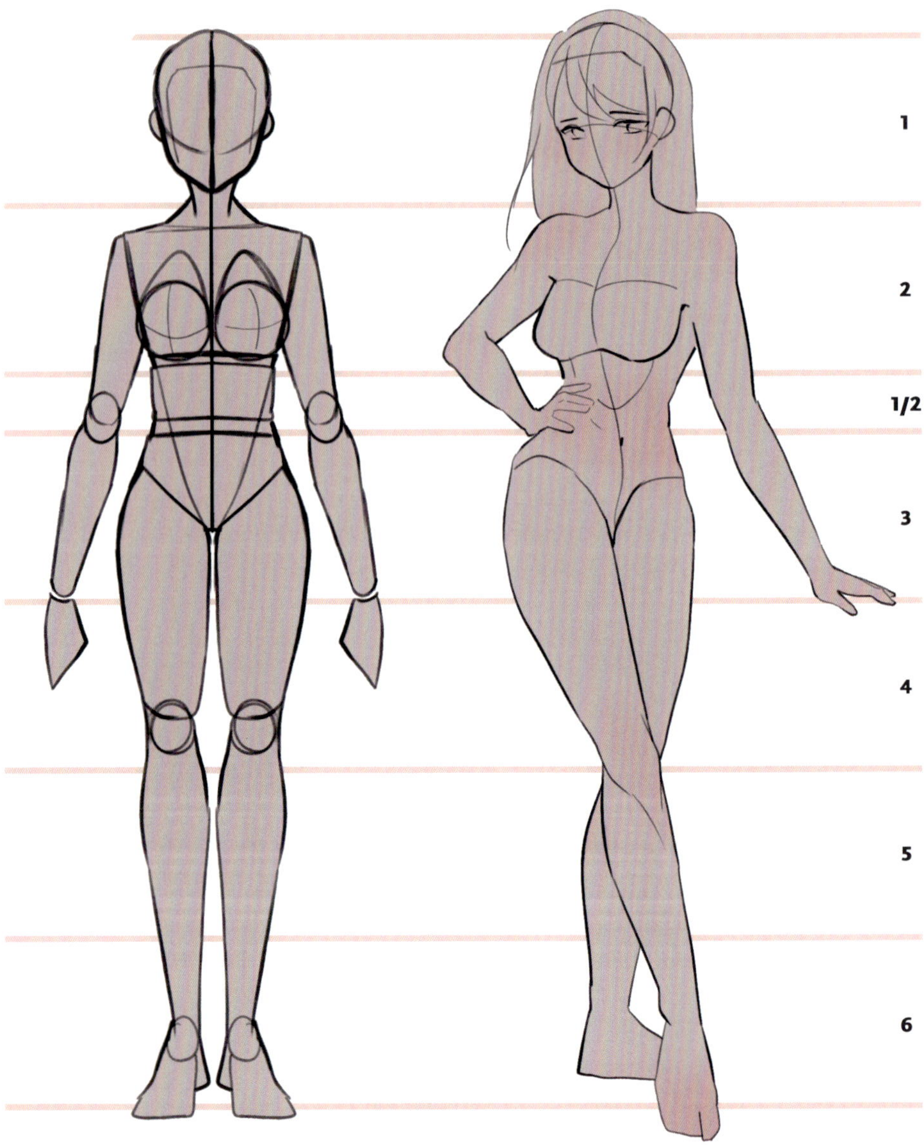

CHIBIS

Wer sich weiter von realistischen Proportionen entfernen möchte, kann sich an den sogenannten Chibis versuchen. Chibi ist ein japanischer Begriff, der in der Manga-Kultur für spezielle Figuren verwendet wird. Diese werden klein und niedlich dargestellte, außerdem haben sie überproportional große Köpfe und Augen. Beine, Arme und Hände sind in der Regel einfach gestaltet. Chibis können unterschiedlich stark stilisierte Proportionen haben. Der Kopf könnte etwa noch viel größer sein als hier abgebildet, um die Figur niedlicher erscheinen zu lassen.

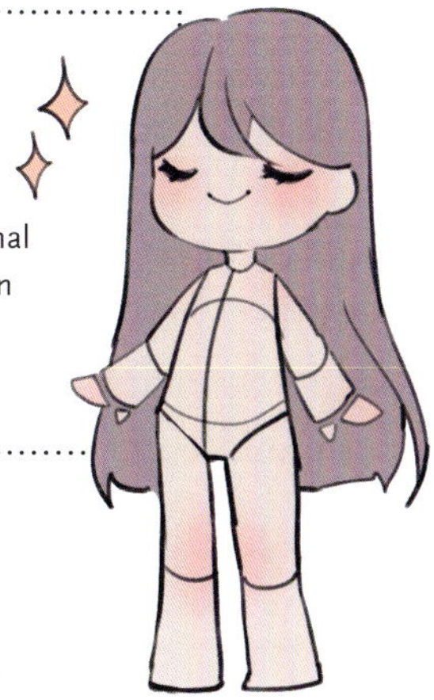

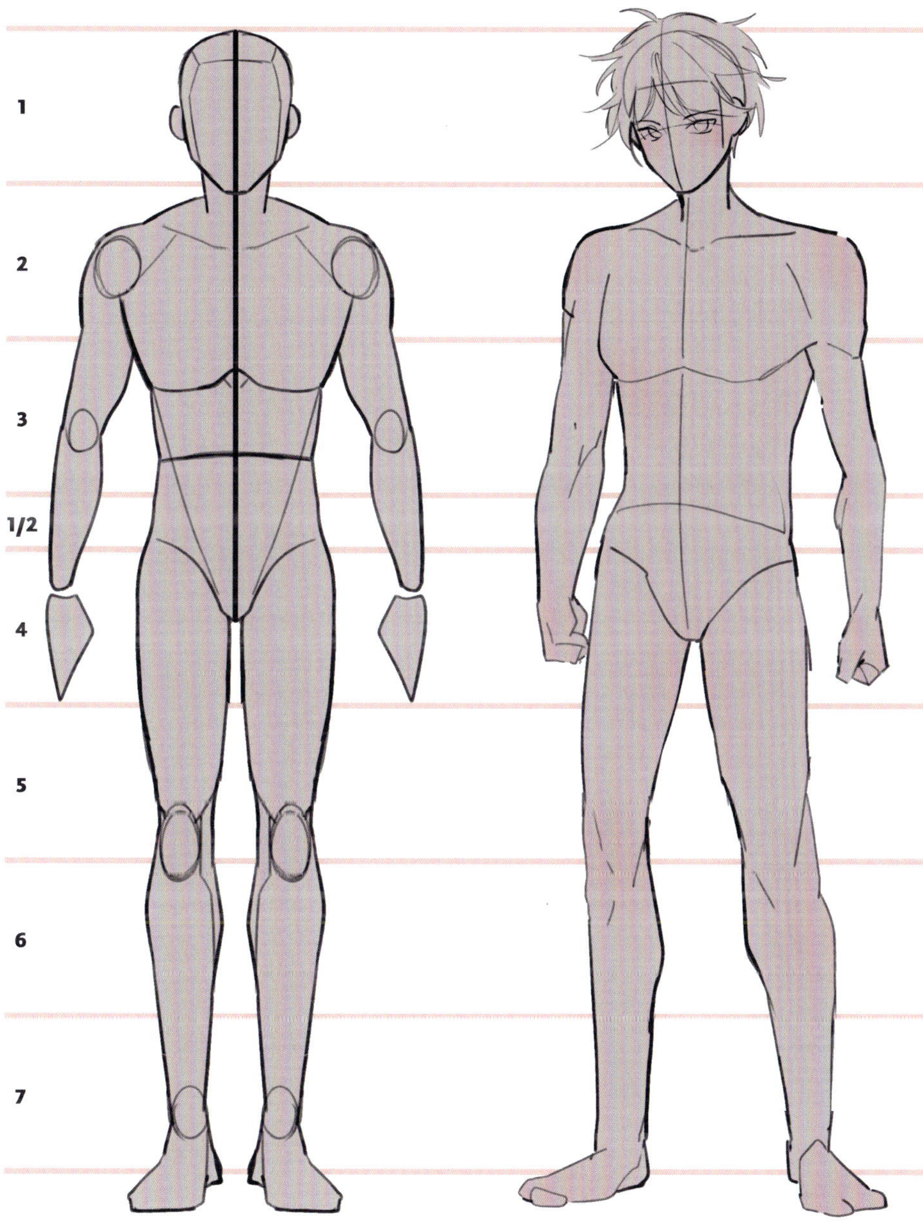

MÄNNLICHE FIGUREN

Im Gegensatz zur weiblichen Figur sind die männlichen im Normalfall größer. Sie sind zudem "eckiger", haben breitere Schultern und mehr Muskeln.

In jedem Fall ist es wichtig, sich über die Proportionen und Merkmale des Körpers im Klaren zu sein und diese bei der Erstellung der Figuren gezielt einzusetzen, um stimmige Ergebnisse zu erzielen.

Gesichter zeichnen

Für Künstler stellt das Zeichnen des Kopfes eine besondere Herausforderung dar, denn es nicht nur wichtig, die einzelnen Gesichtsmerkmale korrekt zu zeichnen: Vielmehr müssen diese richtig auf dem Kopf platziert werden, um ein stimmiges Gesamtbild zu erreichen. Beginnen wir erst mal simpel und zeichnen das Gesicht aus der Frontperspektive.

WEIBLICHES GESICHT

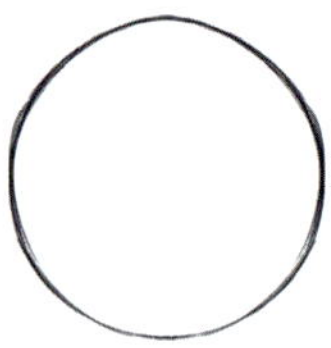

1 Als ersten Schritt zeichne ich einen Kreis. Versuch den Kreis freihändig Hand zu zeichnen, denn er muss nicht perfekt sein. Er soll den Schädel der Figur darstellen und als Grundlage für den weiteren Aufbau des Gesichts dienen.

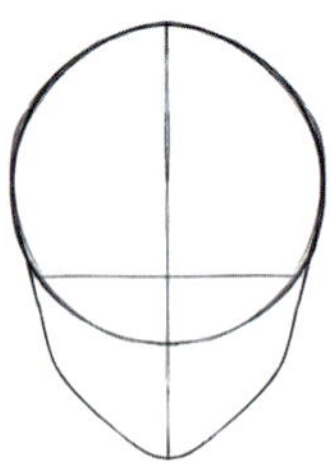

2 Als nächstes kommt der Kiefer hinzu. Ich fange damit an, die Mitte des Kreises zu bestimmen und eine gerade Linie durch den Kreis zu ziehen. Diesen ziehe ich dann unten etwas aus dem Kreis heraus, um das Kinn zu formen. Dann wird die Form der Wangen symmetrisch ergänzt. Achte darauf, keine gerade Linie zu ziehen, sondern der Wange eine leicht runde Form zu geben.

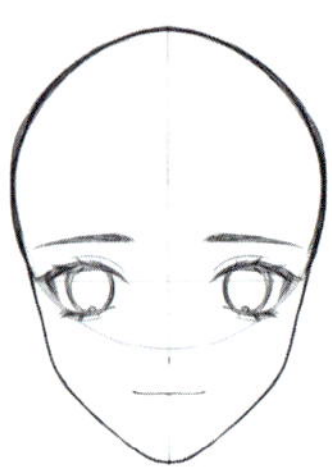

3 Die Augen setze ich in die Mitte des gesamten Kopfes. Wie du Augen am besten ausarbeitest, erkläre ich dir auf Seite 20. Ergänzt wird das Gesicht durch Augenbrauen, Nase und Mund, dafür kannst du dir weitere Hilfslinien einzeichnen. Bei Manga-Figuren werden Augenbrauen, Nase und Mund vereinfacht dargestellt, oft bestehen sie nur aus geometrischen Formen oder Strichen.

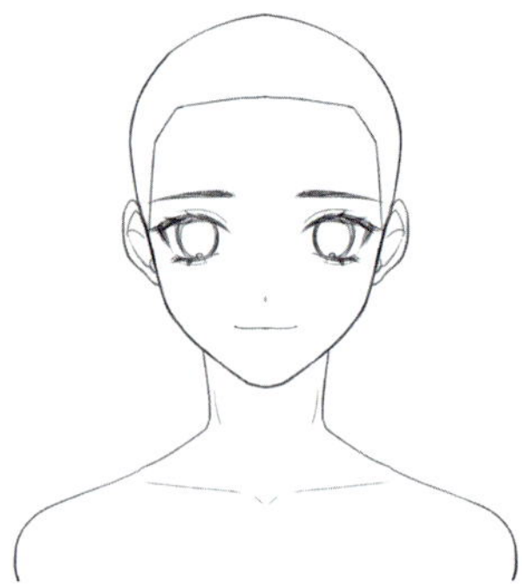

4 Nachdem wir den Kopf nun fertig gezeichnet haben, ergänze ich diesen zusätzlich durch Ohren, Hals und Schultern. Achte bei den Schultern darauf, diese leicht nach unten verlaufen zu lassen, da dein Charakter sonst steif wirkt. Die Ohren werden ebenfalls recht einfach dargestellt, oft bestehen sie nur aus der Form der Ohrmuschel mit einigen Strichen darin. Außerdem kannst du bereits den Haaransatz einzeichnen.

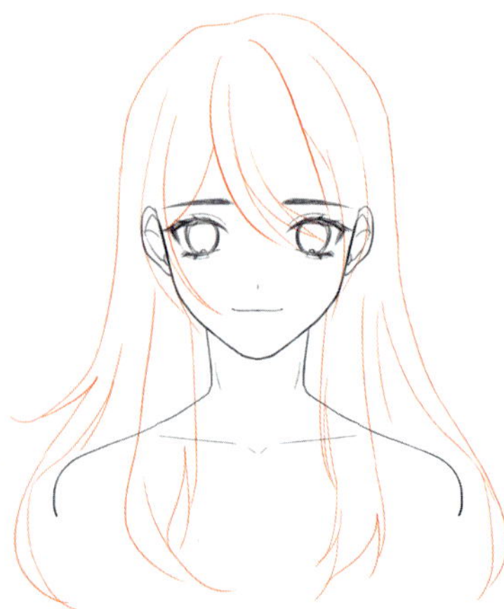

5 Nun kommen die Haare an die Reihe. Orientiere dich dabei weiterhin an der Form des Kreises. Manga-Haare haben meist viel Volumen, du solltest dabei Strähnen zeichnen und nicht versuchen, jedes Haar einzelne darzustellen (mehr dazu findest du auf Seite 22).

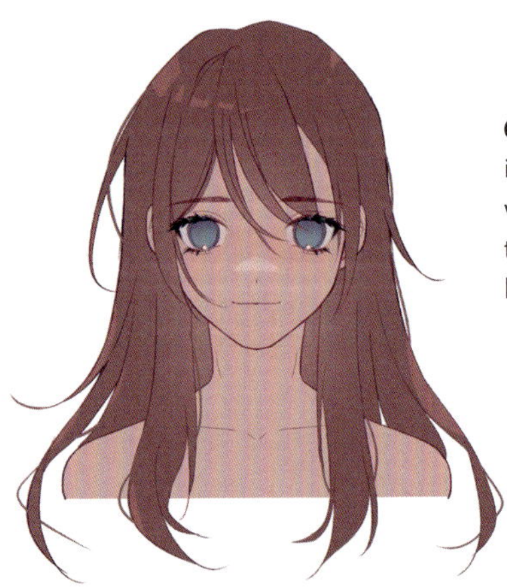

6 Im nächsten Schritt entferne ich alle Linien, die von den Haaren verdeckt werden und füge als Details weitere Strähnen hinzu. Zuletzt wird die Zeichnung koloriert.

MÄNNLICHES GESICHT

Das Zeichnen eines männlichen Charakters verläuft ähnlich, aber es gibt ein paar Dinge, die du beachten musst:

1

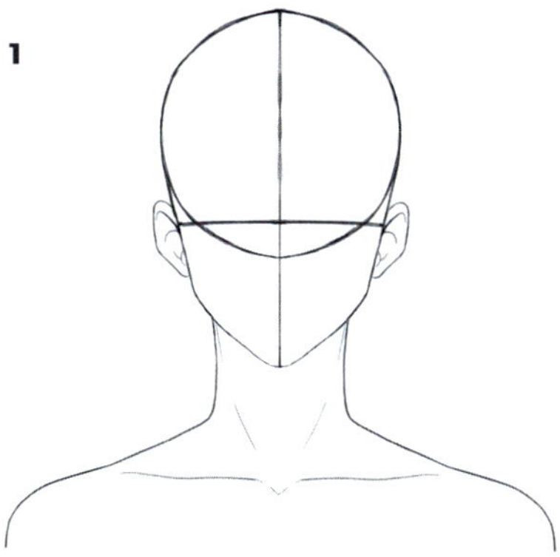

2

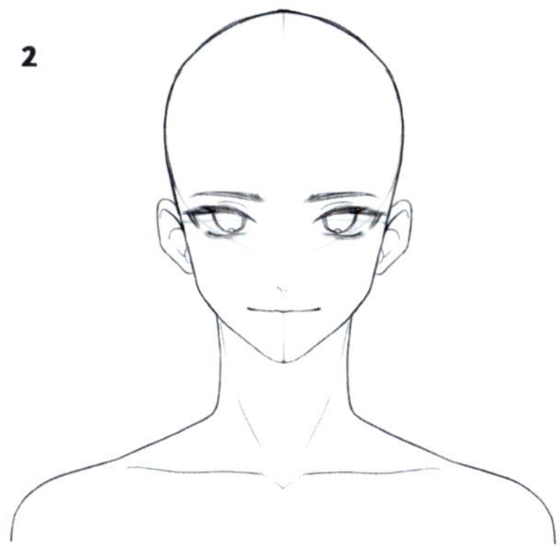

3

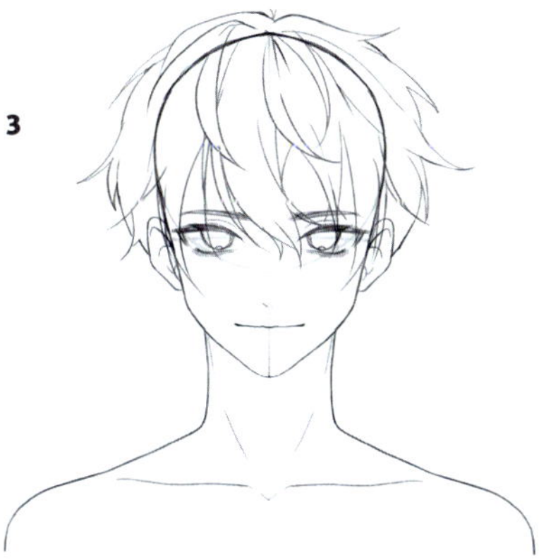

4

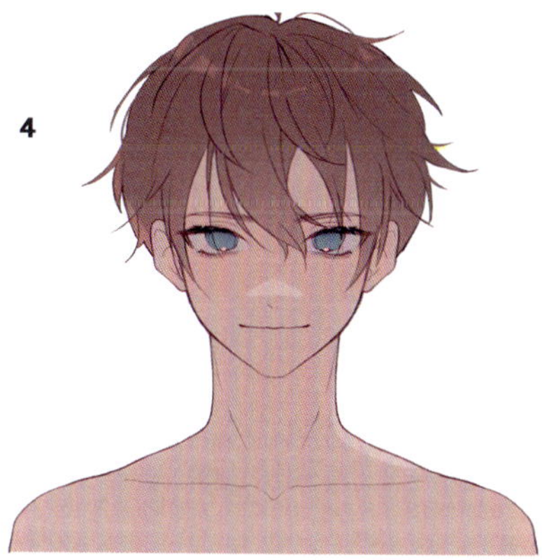

1 Das Kinn einer männlichen Figur ist stärker definiert und länger als bei einer weiblichen Figur. Deswegen zeichne ich die mittlere Linie diesmal etwas weiter unten aus dem Kreis heraus.
2 Die Augen sitzen etwas höher, sie sind kleiner und schmaler geformt. Außerdem verlängere ich den Mund etwas.
3 Anschließend füge ich die Haare hinzu.
4 Zum Schluss entferne ich die Hilfslinien und koloriere.

ALTER UND PERSÖNLICHKEIT

Die Darstellung der Gesichtszüge ist entscheidend, um die Persönlichkeit der Figur zu unterstreichen und ihr Alter zu zeigen. Jüngere Charaktere werden in der Regel mit runderen Gesichtern gezeichnet und erhalten größere Augen mit höher gelegten Augenbrauen. Dies verleiht ihnen ein kindliches und unschuldiges Aussehen. Bei älteren Charakteren sitzen die Nase und der Mund hingegen tiefer.

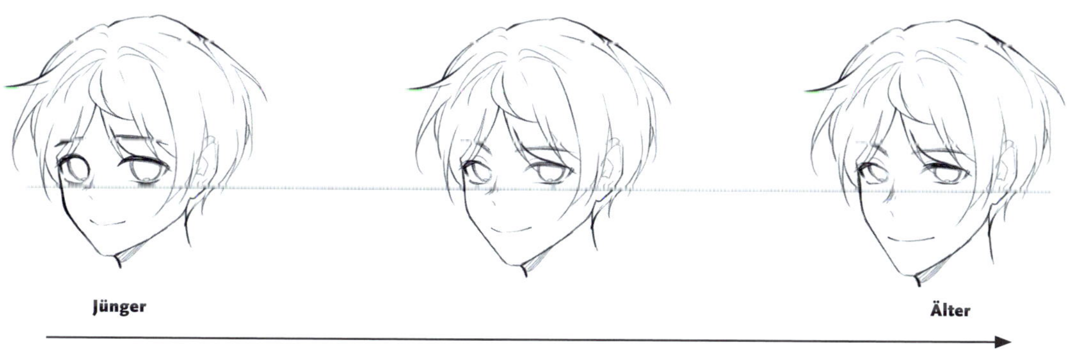

Gesichter aus anderen Blickwinkeln

Natürlich betrachtete man Figuren nicht immer nur nach vorne. Um dynamischere Motive zeichnen zu können, müssen wir uns damit beschäftigen, wie das Gesicht aus verschiedenen Blickwinkeln aussieht.

¾-ANSICHT

Schauen wir uns zunächst an, wie man das Gesicht aus einer ¾-Perspektive zeichnet. Diese Perspektive ist einer der beliebtesten Gesichtswinkel, insbesondere bei Anfängern:

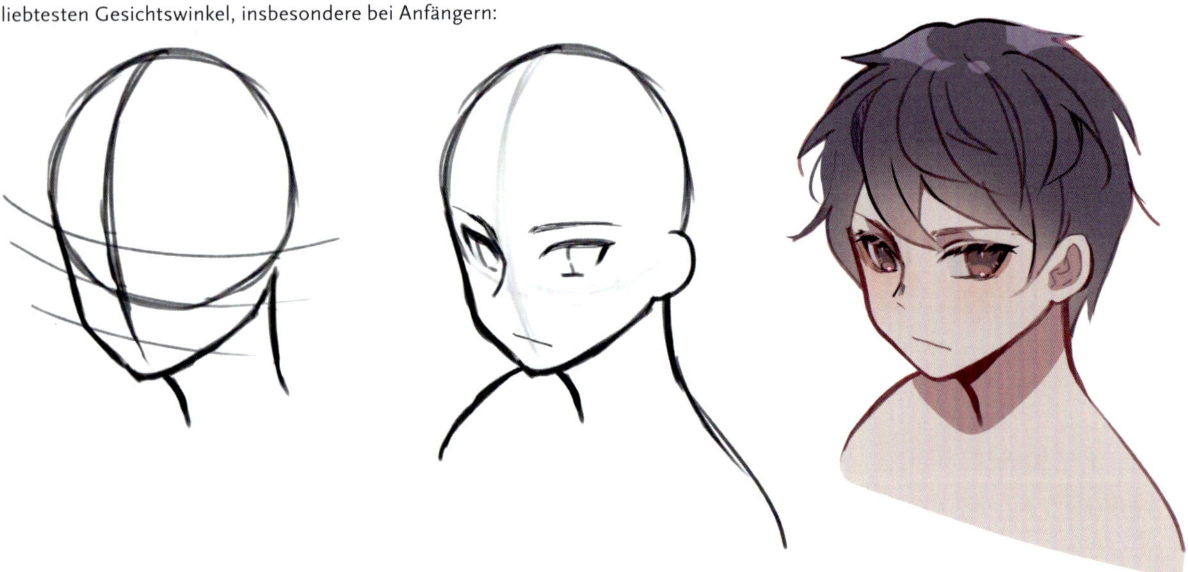

1 Wie bei der Frontperspektive beginnen wir mit einem Kreis, diesmal ist die senkrechte Hilfslinie jedoch in die Richtung gewölbt, in welche die Figur blickt. Auch die horizontale Hilfslinie zeichnen wir gewölbt ein. Ausgehend von den Punkten, an denen sich Kreis und Hilfslinie schneiden, kannst du den Kiefer zeichnen. Durch den Winkel sieht man die Form der Wange deutlicher, deswegen werden sie runder gezeichnet. Zeichne parallel zwei weitere horizontale Hilfslinien ein, um das Gesicht besser ausarbeiten zu können.

2 Bei der ¾-Perspektive ist die eine Hälfte des Gesichts deutlich besser zu sehen, während sich bei der anderen alles optisch verkürzt. Die beiden Gesichtshälften werden von der senkrechten Linie getrennt, die wir am Anfang gezeichnet haben. Genau auf diese Linie setzen wir die Nase. Generell gilt: Je weiter entfernt, desto kleiner sieht alles aus. Deswegen müssen wir das Auge auf der abgewandten Gesichtsseite links kleiner zeichnen. Dasselbe gilt auch für die Augenbrauen.

3 Wenn alles stimmig aussieht, arbeite ich die Details aus und koloriere die Zeichnung. Achte dabei darauf, dass der Schatten anders auf Hals und Schultern fällt als bei der Frontperspektive. Du solltest dir außerdem überlegen, in welche Richtung du die Figur blicken lassen willst

PROFIL Neben der ¾ Perspektive ist es wichtig zu lernen, wie man Figuren im Profil zeichnet. Die Darstellung aus der Seitenansicht unterscheidet sich vom bisherigen Vorgehen bei der Gesichtsdarstellung und kann etwas komplex erscheinen. Keine Sorge, auch hier werde ich dir zeigen, wie man Schritt für Schritt darangeht.

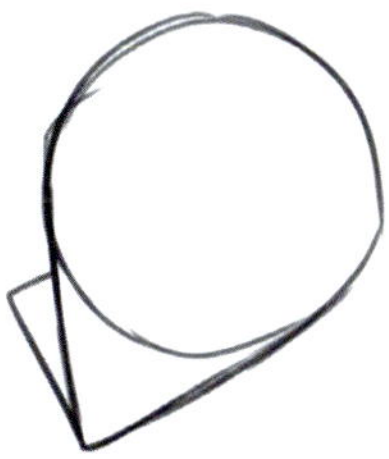

1 Sobald der übliche Kreis gezeichnet ist, füge ich zwei Dreiecke hinzu: ein großes Dreieck, das die Kieferpartie darstellt und gleich direkt daran ein etwas kleineres, das die Nase formen soll.

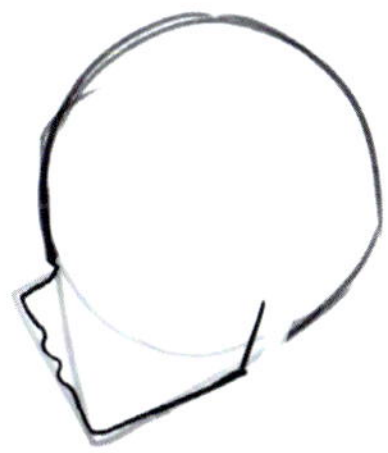

2 Im nächsten Schritt definiere ich die Konturen und fange dabei meist beim kleinen Dreieck an. Ich zeichne grob die Formen der Nase und der Lippen ein. Die Lippen liegen ungefähr auf der Hälfte des Dreiecks. Den Kiefer kürze ich rechts etwas ab und Winkel ihn an, dort wird später das Ohr eingezeichnet.

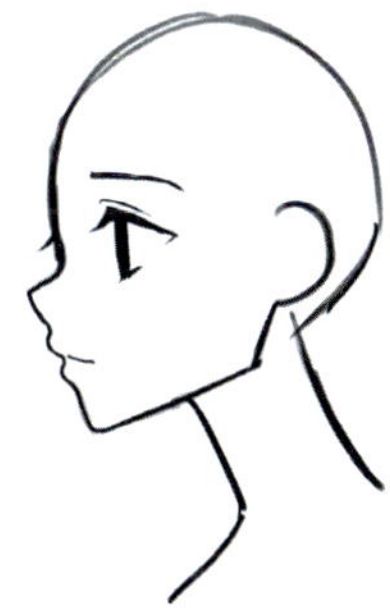

3 Aus dieser Perspektive sieht man nur ein Ohr und eine Augenbraue. Auch von den Augen ist nur eines komplett zu sehen. Die Grundform der Augen ist diesmal ganz anders. Du kannst sie dir wie ein weiteres Dreieck vorstellen oder wie das Zeichen >.

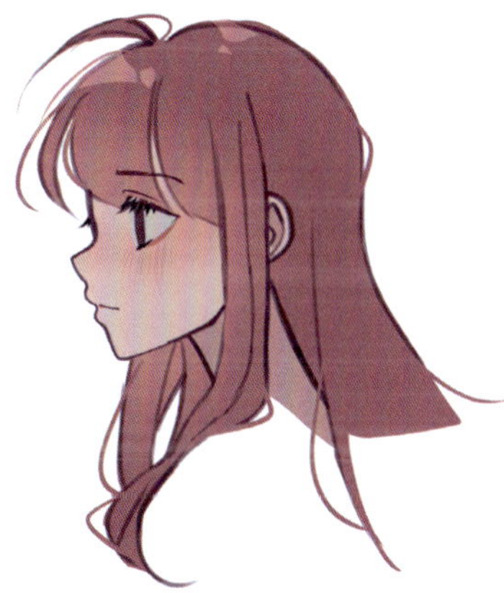

WEITERE ANSICHTEN

Neben diesen Perspektiven gibt es noch zahlreiche andere, die man aus probieren kann. Rechts siehst du, wie man mithilfe eines Kreises und zweier Linien grob darstellen kann, in welche Richtung die Figur schaut.

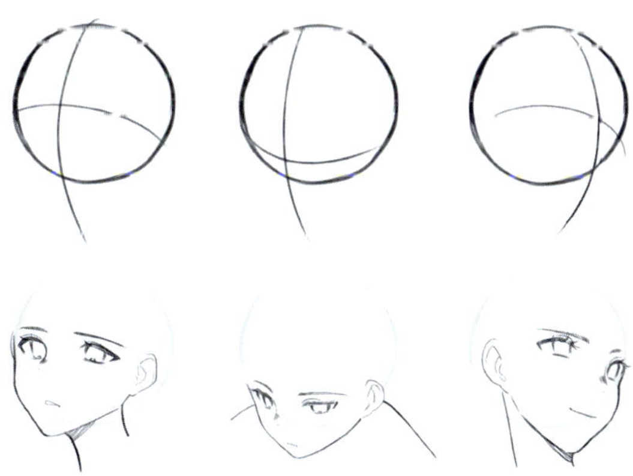

Augen zeichnen

Manga-Augen sind im Gegensatz zu realistischen Augen stark stilisiert, wodurch sie einfacher zu zeichnen sind. Sie sind oft groß und ausdrucksstark, um die Emotionen und Persönlichkeit des Charakters hervorzuheben. Deswegen sind Augen wichtig, um einen überzeugenden Manga Charakter zu zeichnen. Ich lasse mir beim Zeichnen Zeit und füge gerne viele Details hinzu.

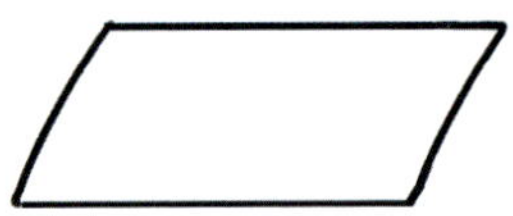

1 Bevor ich mit dem Auge anfange, überlege ich mir erst einmal, welche Form diese haben sollen. Die Form eines Parallelogramms ähnelt echten Augen am meisten.

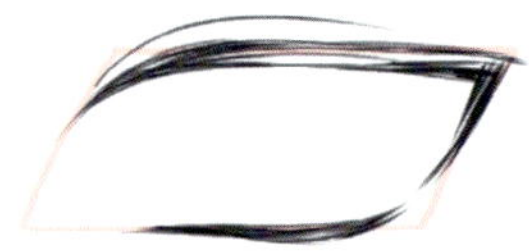

2 Als nächsten Schritt zeichne ich dann die Augenform und lasse sie rechts und links offen. Ich verwende dabei viele dünne Linien, um dem Auge mehr Details zu verleihen.

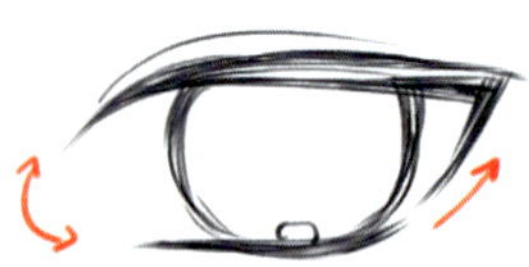

3 Achte beim Entwurf des Auges darauf, dass dieses eine stimmig wirkende Form hat. Beim Hinzufügen der Pupille verdecke ich den oberen Teil mit dem Augenlid.

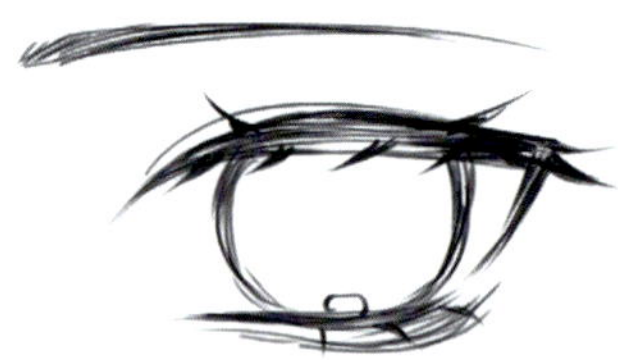

4 Nachdem ich die Grundstruktur des Auges gezeichnet habe, füge ich weitere Details hinzu, die dem Auge mehr Ausdruckskraft verleihen. Dazu gehören Wimpern, Augenbrauen und Augenlider. Um dem Auge noch mehr Tiefe zu verleihen, schattiere ich den unteren Bereich des Auges.

Für das Zeichnen der Augen kannst du viele verschiedene Formen verwenden. Allgemein kann man aber sagen: je runder und größer das Auge, desto verspielter und süßer wirkt der Charakter. Schmale Augen hingegen sehen ernster und erwachsener aus.

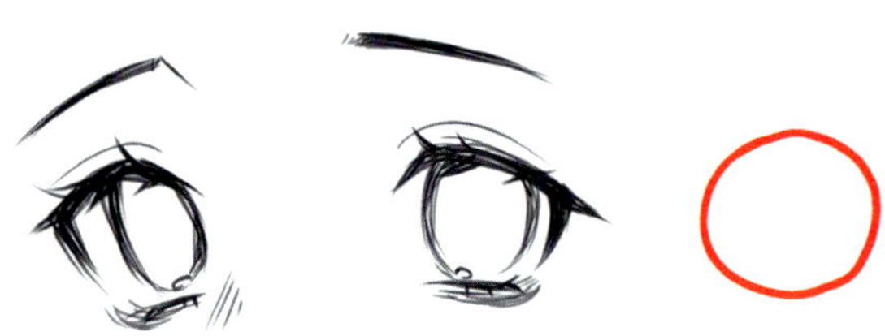

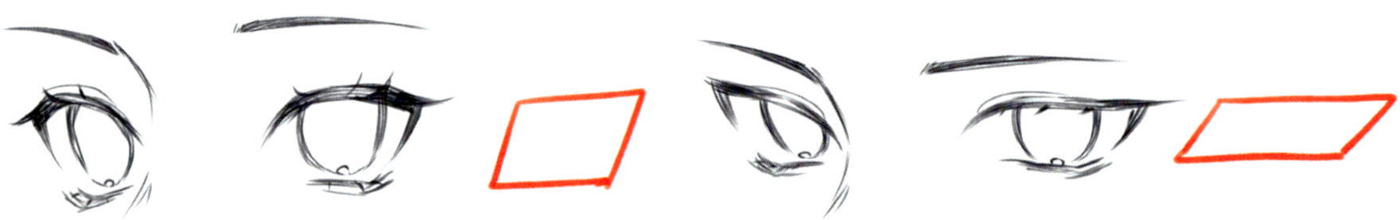

WIMPERN

Es gibt viele verschiedene Möglichkeiten, Wimpern beim Zeichnen von Manga-Augen darzustellen. Ich habe einige Beispiele skizziert, um zu zeigen, wie man sie auf unterschiedliche Weise zeichnen kann. Je nach Stil und Charakter können Wimpern dünn oder dick, kurz oder lang, gerade oder geschwungen sein.

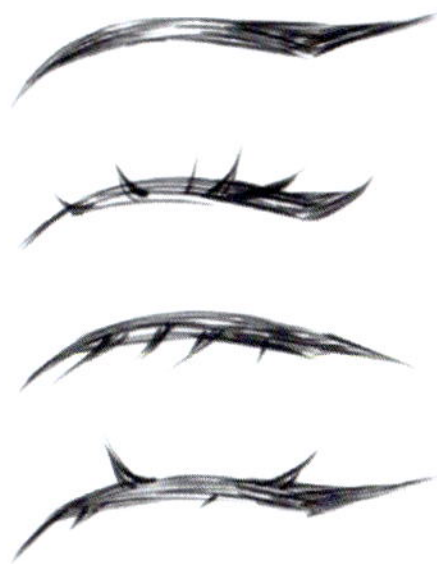

AUGENBRAUEN

Beim Zeichnen der Augenbrauchen zeichne ich die Grundform und schraffiere im Nachhinein die einzelnen Härchen.

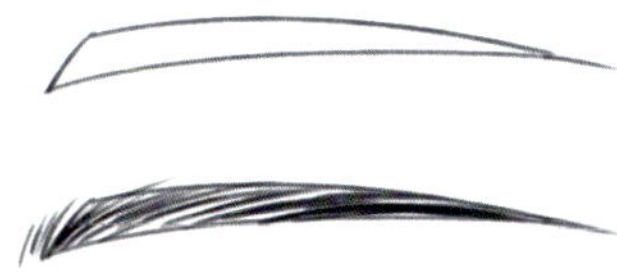

AUGEN KOLORIEREN

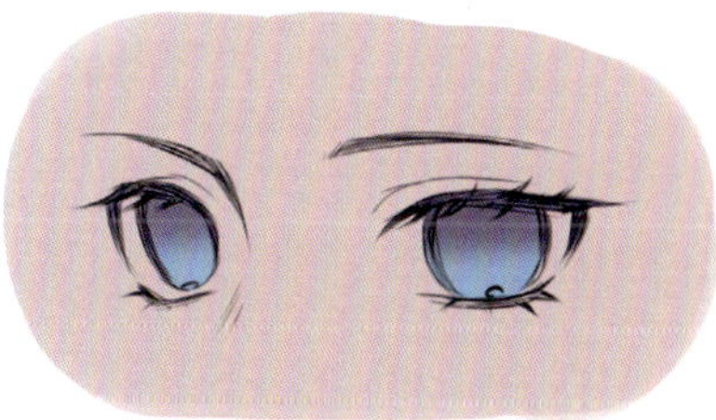

1 Ich fange simpel an und verleihe der Iris eine Grundfarbe. Zusätzlich zu dieser kreiere ich einen Farbverlauf, der oben dunkel ist und durch den Schattenwurf der Wimpern entsteht.

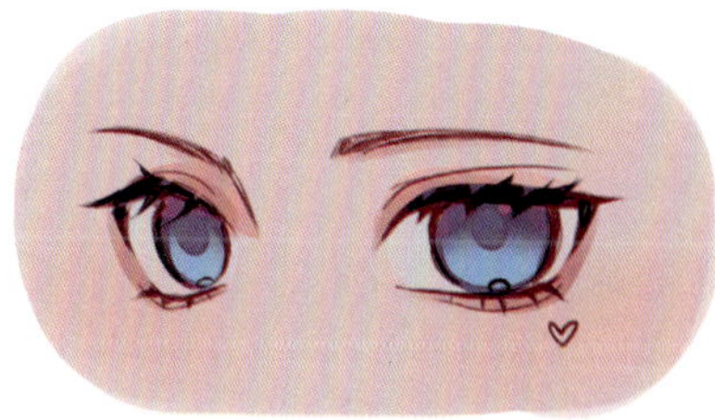

2 Die Haut schattiere ich um die Augen herum, um das Gesicht durch die leichte Rötung lebendig wirken zu lassen. Danach mache ich die Wimpern länger und dunkler. Ich deute die Pupille an und füge dem Blau oben etwas Pink hinzu. Auch das Augenweiß rund um die Iris muss koloriert werden.

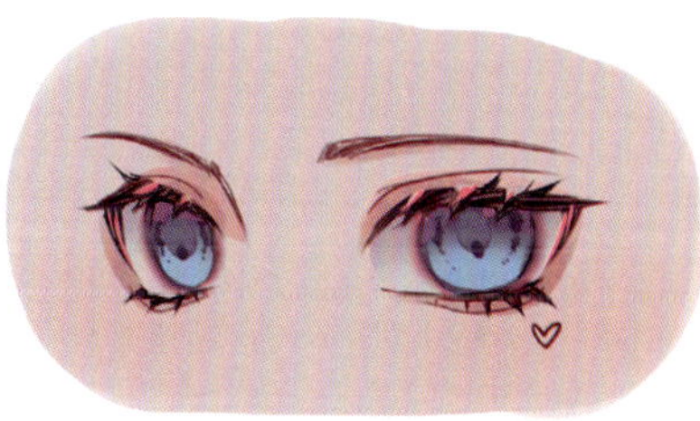

3 In die Augen können beliebig viele Details eingefügt werden. Hier habe ich unregelmäßige Linien gezeichnet. Ich füge gerne an verschiedenen Stellen etwas Pink mit hinzu. Probiere einfach aus, was dir gefällt.

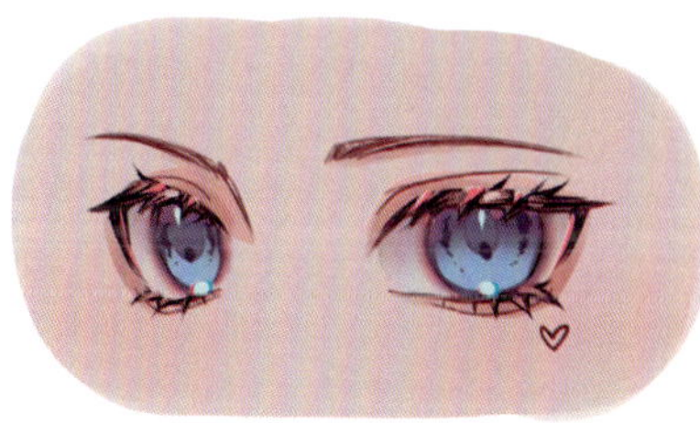

4 Zum Schluss füge ich noch weiße Highlights hinzu. Dadurch wirkt das Auge lebendig und strahlend.

Beim Kolorieren eines Auges kann man verschiedene Schattierungen von Farben verwenden oder den Farbverlauf von Innen nach außen gestalten. Die Anzahl und Form der Farbflächen können variieren, je nachdem, welchen Effekt man erzielen möchte.

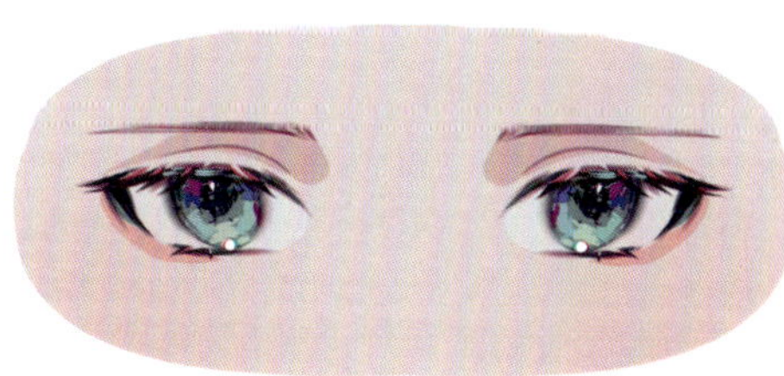

Haare zeichnen

Es gibt viele verschiedene Arten von Manga-Haaren, von kraus und lockig bis hin zu ganz glatt. Haare und Frisuren können deine Figur sogar ein Stück weit charakterisieren. Mädchen haben oft längere und ausgefallenere Haare, während Jungs tendenziell kurze und einfache Frisuren tragen.

LANGE HAARE

1

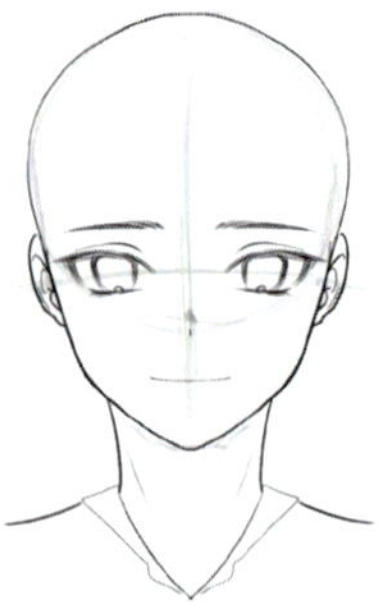

2

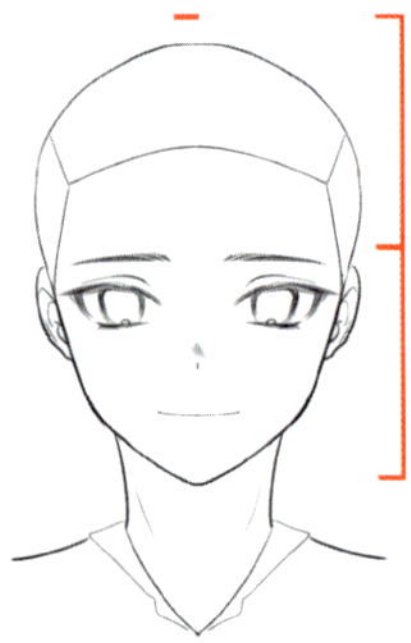

3

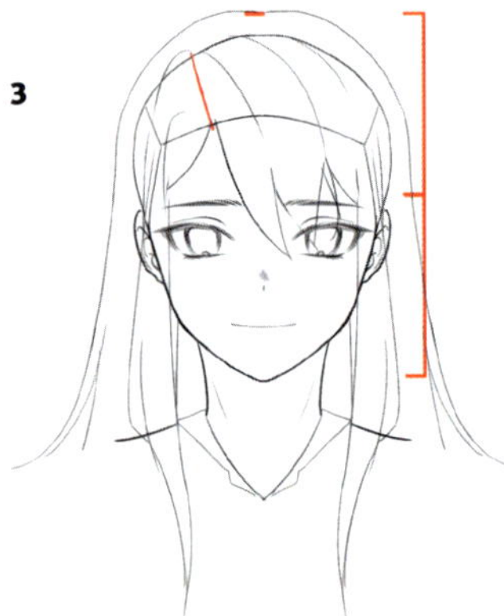

4

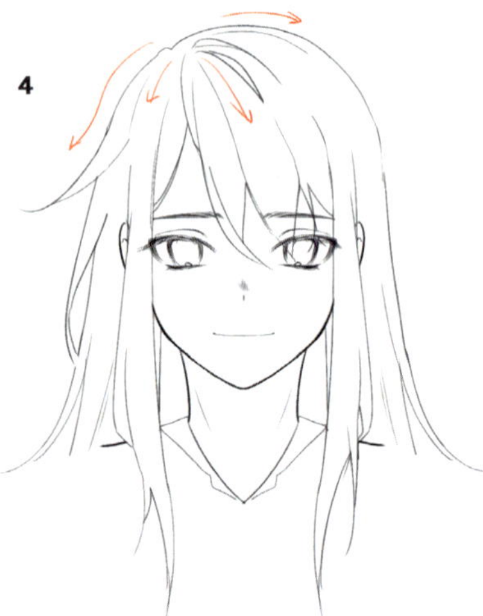

Äußere Einflüsse wie zum Beispiel Wind kann das Aussehen der Haare beeinflussen.

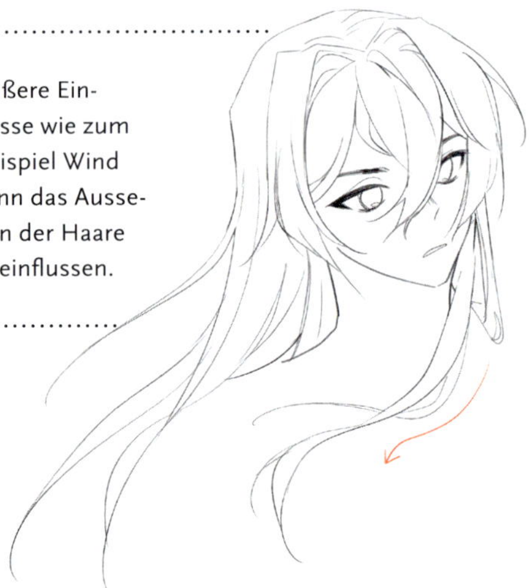

1 Zeichne zur Orientierung zuerst den kompletten Kopf ohne Haare. **2** Um den höchsten Punkt des Kopfes festzulegen, misst man am besten den Abstand von Kinn bis zu den Augenbrauen und fügt dieselbe Länge noch einmal über den Augenbrauen an. Haare haben sehr viel Volumen, deshalb liegt der höchste Punkt ein Stück über dem Kreis, der die Kopfform definiert. Danach zeichne ich den ungefähren Haaransatz ein. **3** Im nächsten Schritt entscheide ich, wo der Scheitel sein soll. Je nach Frisur kann sich dieser an unterschiedlichen Stellen befinden. Die Haare werden ausgehend davon gezeichnet, um eine natürliche Form zu erzeugen. **4** Beim Endresultat sollten die Haare vom Scheitelpunkt ausgehen.

STRÄHNEN

Da es unmöglich ist, jedes Haar einzeln zu zeichnen, wird Manga-Haar in Strähnen dargestellt. Achte aber darauf, dass du auch nicht jede einzelne Strähne zeichnest, sondern den gesamten Haarverlauf mit nur einigen Strähnen durchsetzt. Dadurch kannst du das Haar realistisch und dennoch vereinfacht darstellen.

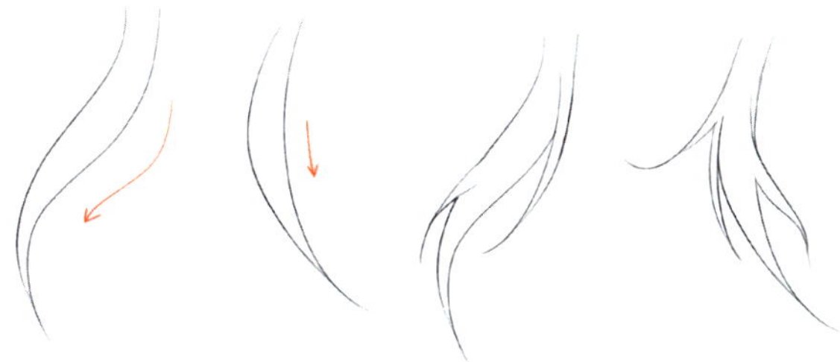

KURZE HAARE

Beim Zeichnen von kürzeren Haaren geht man ähnlich vor wie bei langen Haaren. In diesem Beispiel habe ich denselben Kopf wie links gezeichnet und die Haare entsprechend angepasst. Die Herausforderung besteht vor allem darin, deren Verhalten zu verstehen. Oft stehen einzelne Strähnen ab und werden zackiger gezeichnet, da sie nicht wie bei langen Haaren durch das eigene Gewicht nach unten gezogen werden.

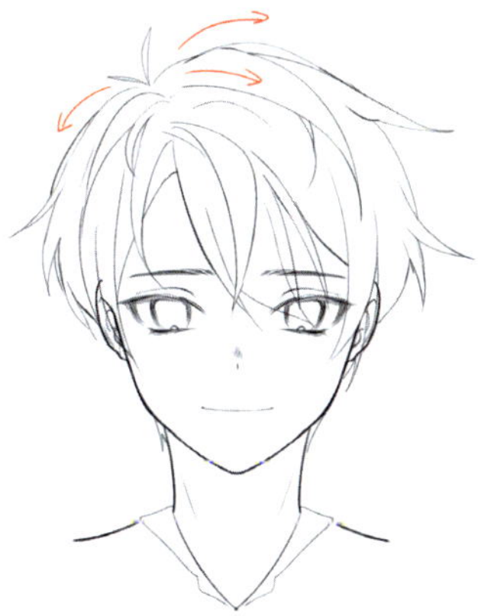

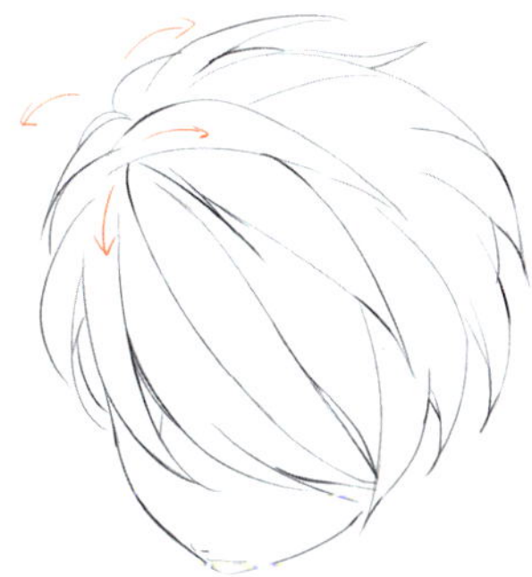

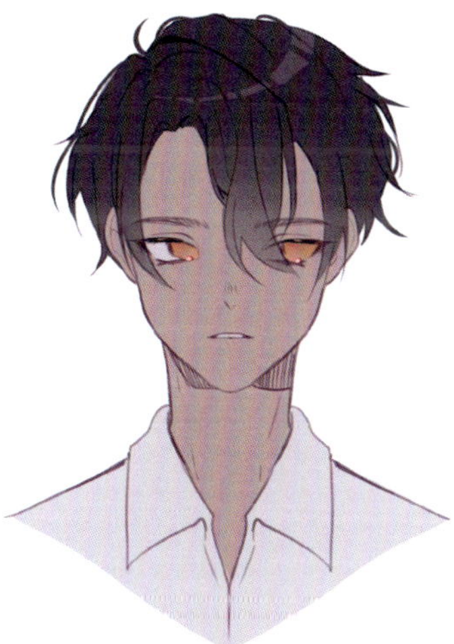

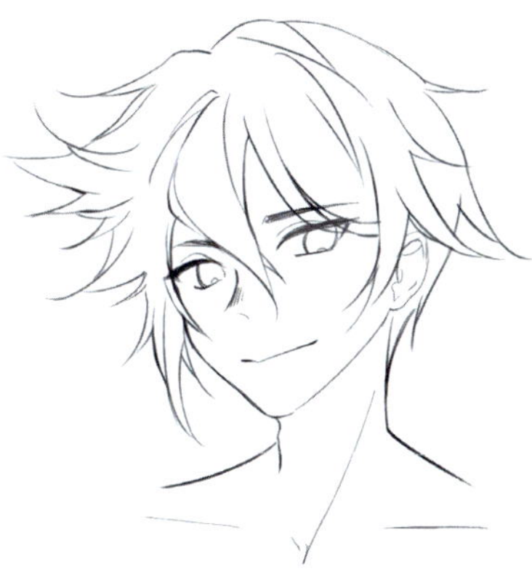

Auch wenn männliche Charaktere zu kürzeren Haaren tendieren, hat man trotzdem viel Spielraum zur Gestaltung. Hier habe ich den Pony und das Volumen der Haare verändert.

AHOGE

In einigen Fällen sieht man, dass die Figuren mit einem sogenannten Ahoge gezeichnet werden. Dieser Begriff bezeichnet eine oder mehrere abstehende Haarsträhnen, die auf dem Kopf des Charakters platziert werden. Ahoge werden häufig verwendet, um die Naivität oder Unbeschwertheit des Charakters darzustellen.

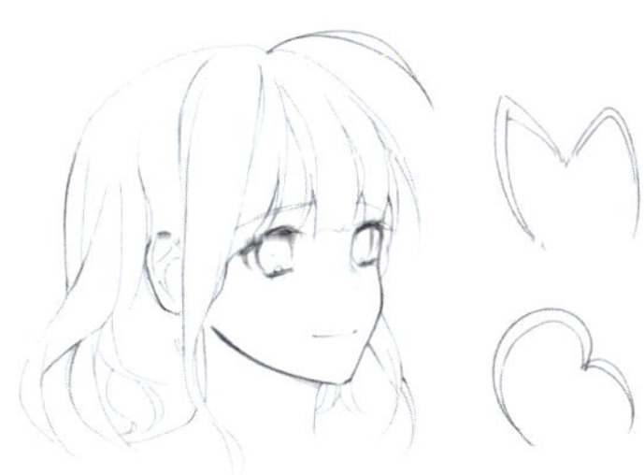

Frisuren

Haare gibt es in vielen Formen und Farben. Das Zeichnen von verschiedenen Haartypen und Frisuren ist nicht immer einfach, deshalb betrachten wir zunächst die Grundformen.

GRUNDSTRUKTUR

Grob kann man Haare in glatt, wellig und lockig unterteilen. Je lockiger die Haare, desto mehr Volumen haben sie. Sobald ich die Grundstruktur der Haare festgelegt habe, füge ich in den nächsten Schritten immer mehr Details ein. Einzelne dünne Haarsträhnen, die abstehen, können dem Haar ein volleres Gesamtbild geben.

1

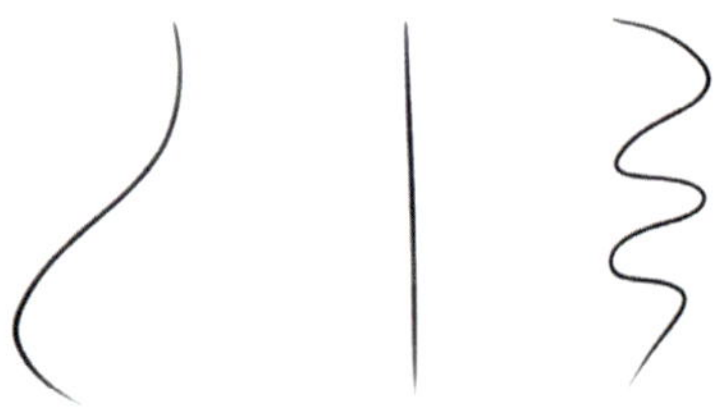

2

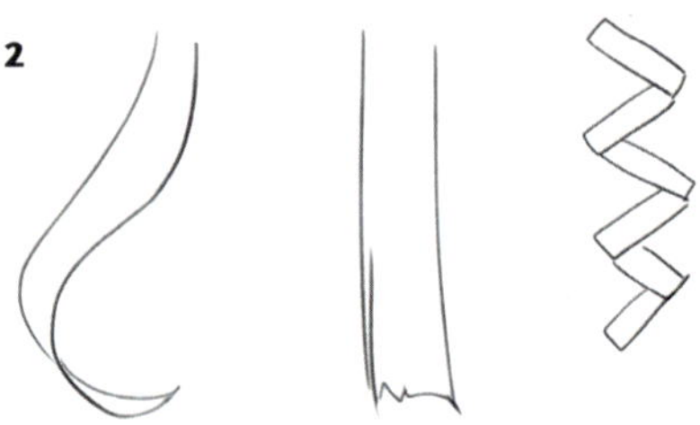

3

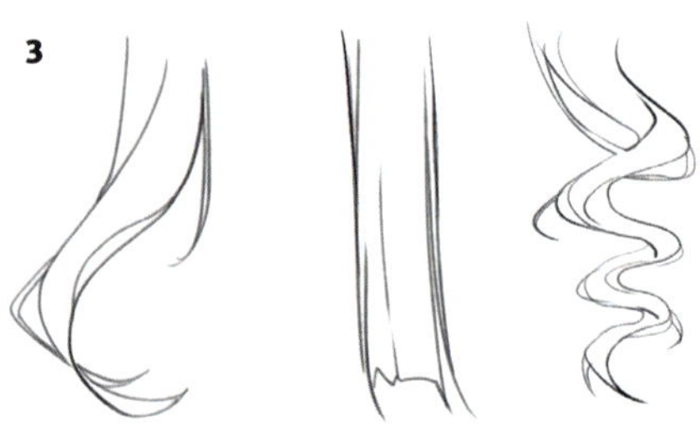

LOCKEN

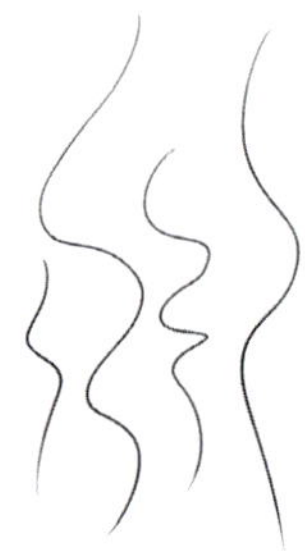

Beim Zeichnen von welligen Haaren folge ich gerne einer S-Form. Achte darauf, dass die Strähnen nicht der gleichen Form folgen, sondern unterschiedliche Welligkeit besitzen. Dadurch wirkt das Haar realistischer. Selbst bei kürzeren Haaren kannst du leichte Wellen in den Spitzen andeuten.

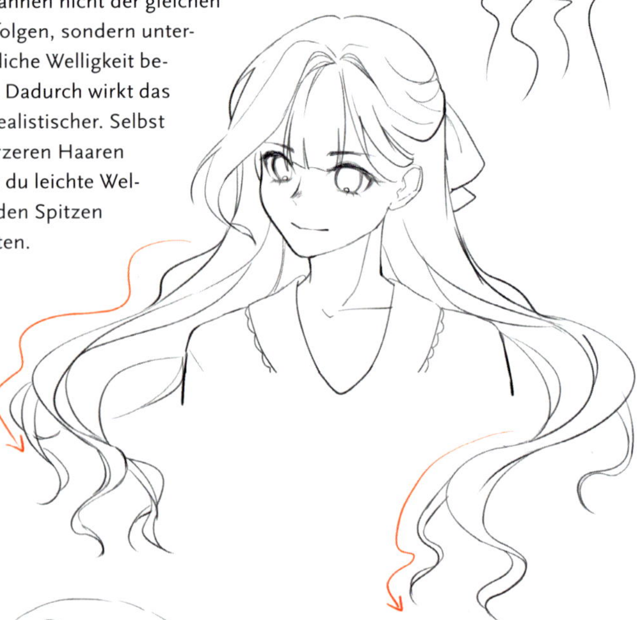

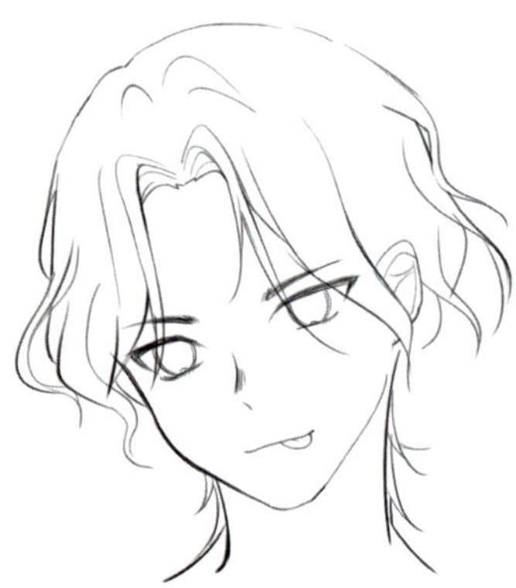

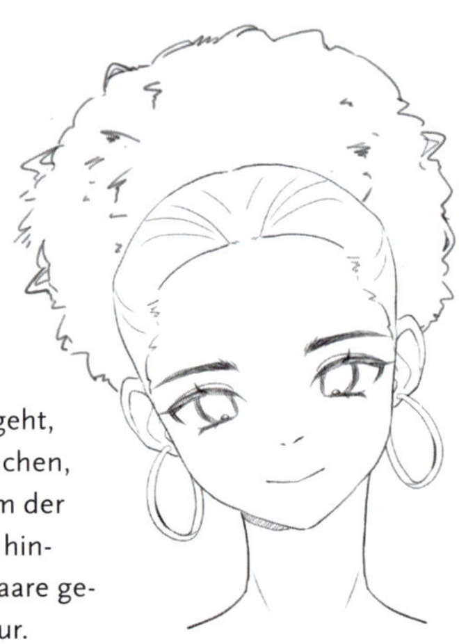

Wenn es um besonders krause Haare geht, zeichne ich nicht jedes einzelne Strähnchen, sondern skizziere zuerst die Grundform der Haare und füge dann die Haarstruktur hinzu. Aufgrund der dichten Masse der Haare genügt schon eine Andeutung der Struktur.

ZÖPFE

In Mangas sieht man oft Frisuren mit zusammengebundenen Haaren. Dabei solltest du darauf achten, dass die Haare zum gebundenen Zopf hingezogen werden. Der Zopf kann beispielsweise ein loser Pferdeschwanz sein oder geflochten.

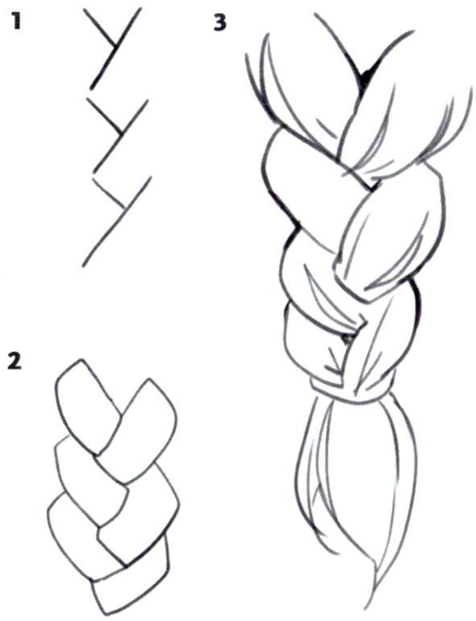

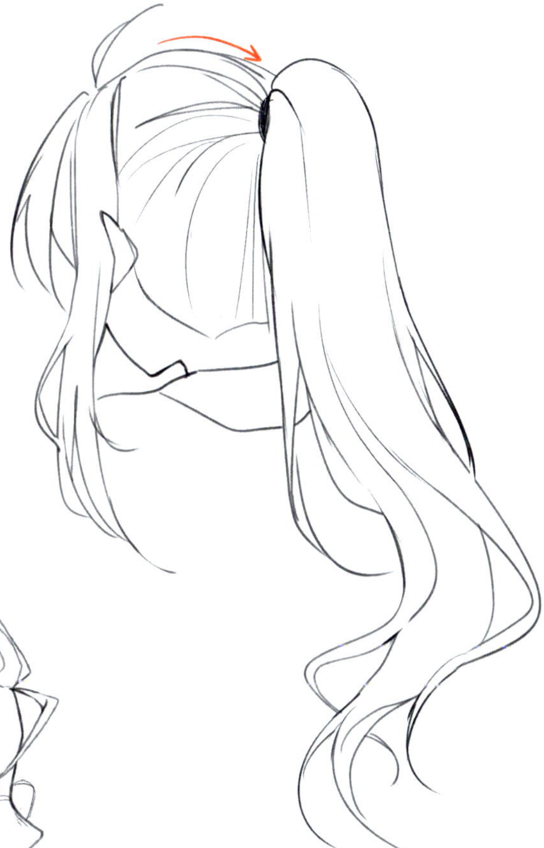

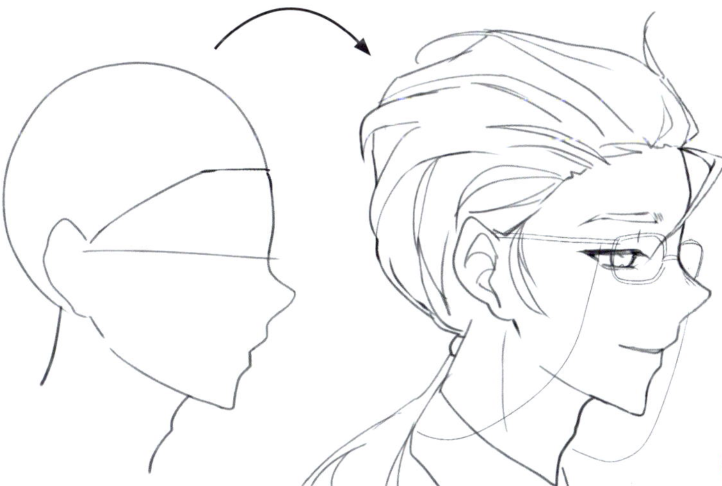

Zusammengebundenes Haar kann schwieriger zu zeichnen sein, da die Haarlinie perfekt platziert werden muss, um eine unverhältnismäßig große oder kleine Stirn zu vermeiden. Um diese Schwierigkeit zu umgehen, kannst du die grobe Haarlinie bereits in der Skizze mit einbeziehen.

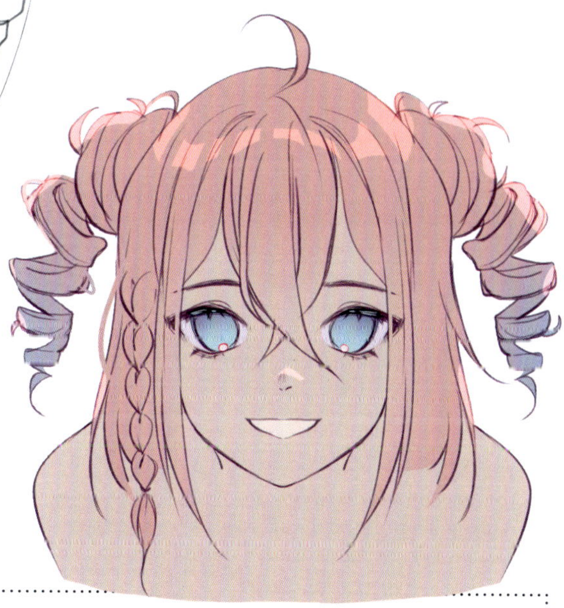

Das Schöne beim Zeichnen von Manga-Haaren ist, dass deiner Fantasie keine Grenzen gesetzt sind. Die Frisur darf völlig unrealistisch sein, bunte Farben haben und die Schwerkraft ignorieren. Du kannst alles ausprobieren, das dir gefällt.

Mimik

Gesichtsausdrücke sind ein wesentlicher Bestandteil, um die Gefühle und Intentionen der Figur darzustellen. Im Gegensatz zu anderen Kunstformen bietet der Manga die Möglichkeit, Gesichtsausdrücke zu übertreiben und zu vereinfachen. Schon kleine Anpassungen an Augenbrauen oder Mundwinkeln können die Mimik stark verändern. Beim Zeichnen von verschiedenen Ausdrücken nehme ich mir gerne Emojis als Referenz. Diese eignen sich gut, da sie nur mit wenigen Strichen und Punkten Emotionen darstellen.

AUGEN

Die Augen einer Figur können dem Betrachter sofort vermitteln, wie diese sich fühlt. Wenn die Figur schockiert ist, öffnen sich ihre Augen weiter und die Pupillen verkleinern sich. In traurigen Momenten spielen hingegen die Augenbrauen eine wichtige Rolle, da sie nach unten gezogen werden und die Augen dadurch einen müden oder bedrückten Ausdruck bekommen können.

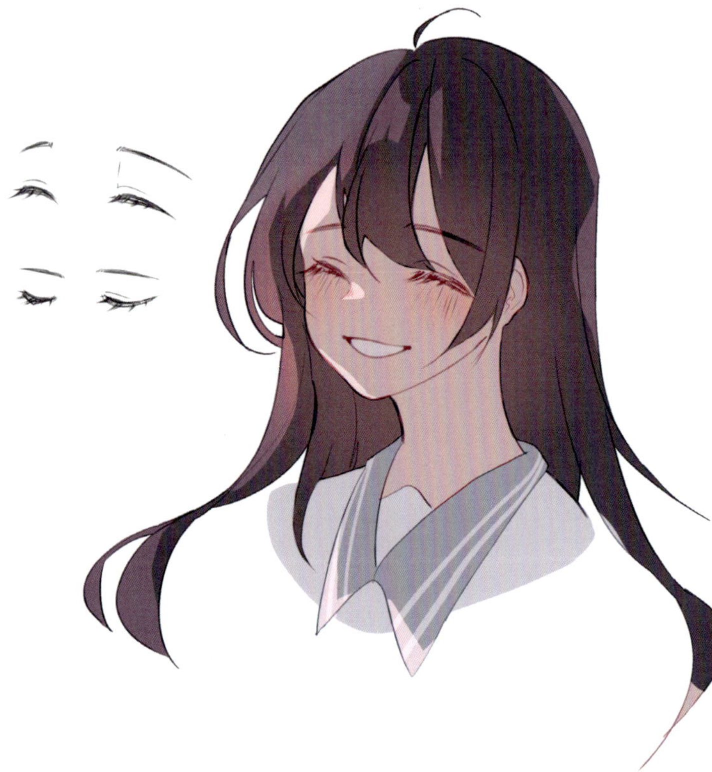

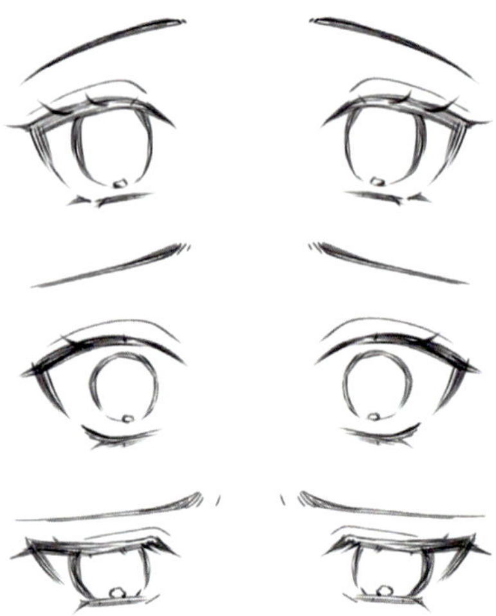

EMOTIONEN

In der folgenden Zeichnung möchte ich demonstrieren, wie leichter Veränderungen in Augenbrauen und Mund sich auf die Mimik des Charakters auswirken.

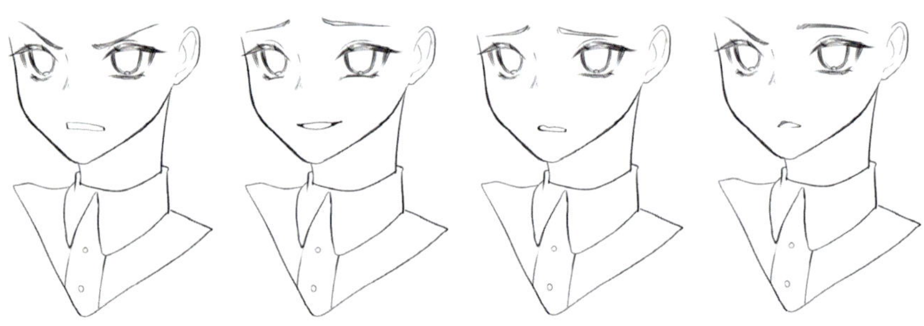

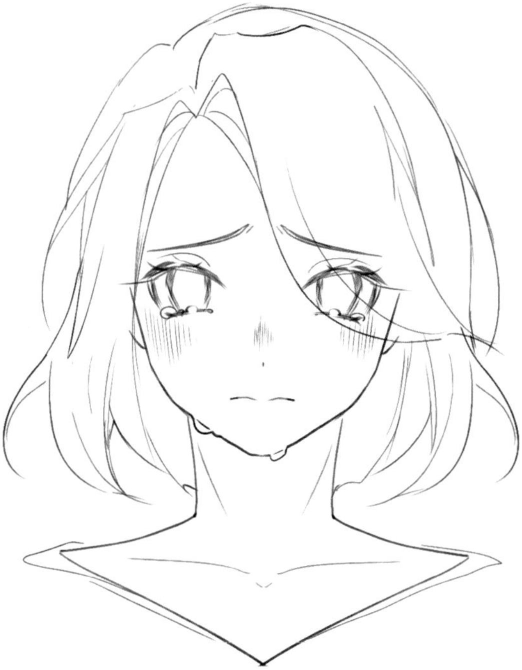

Soll ein Gesicht traurig wirken, sind Tränen ein wichtiges Element. Meistens zeichne ich sie groß und rund um an die Augen. Die Augen werden durch die Tränen feucht, was zu stärkeren Lichtreflexionen führt, daher füge ich mehr Highlights in das Auge ein. Wenn ich einen leicht frustrierten Blick zeichnen möchte, ziehe ich das untere Augenlid und den Mund nach oben. Außerdem darf man nicht vergessen, dass das Gesicht beim Weinen stark errötet ist.

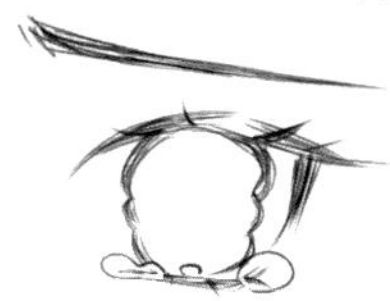

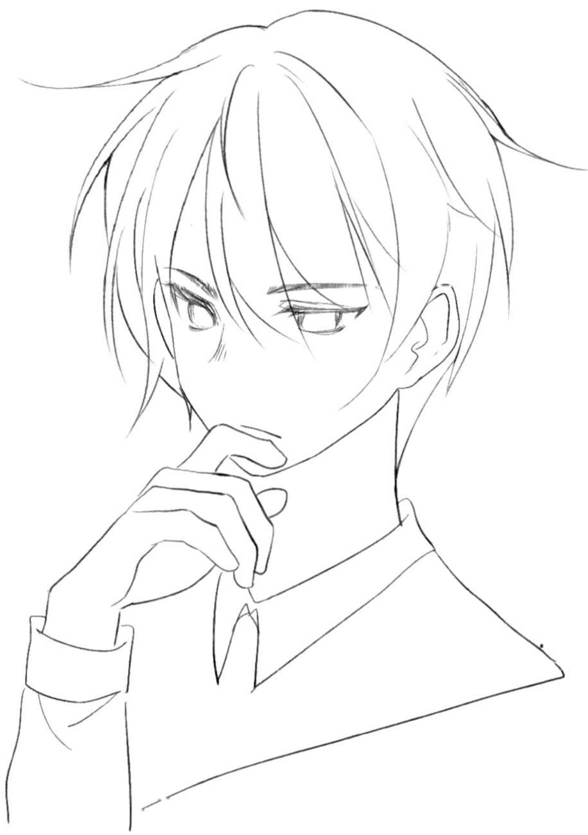

GESTIK

Die Mimik des Charakters kann aber noch zusätzlich durch Handgesten unterstützt werden. Die Hand untermalt bei diesem Beispiel den nachdenklichen Blick des Charakters.

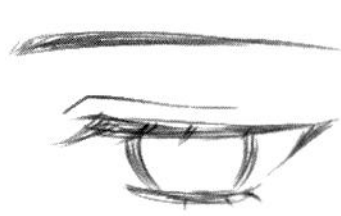

Man kann Gesichtsausdrücke noch stärker übertreiben, indem man beispielsweise den Mund sehr weit öffnet. Dies kann bedeuten, dass der Charakter zu emotional wird und seinen Ausdruck nicht mehr unter Kontrolle hat. Durch das Verkleinern der Pupillen wirkt der Gesichtsausdruck nun noch intensiver.

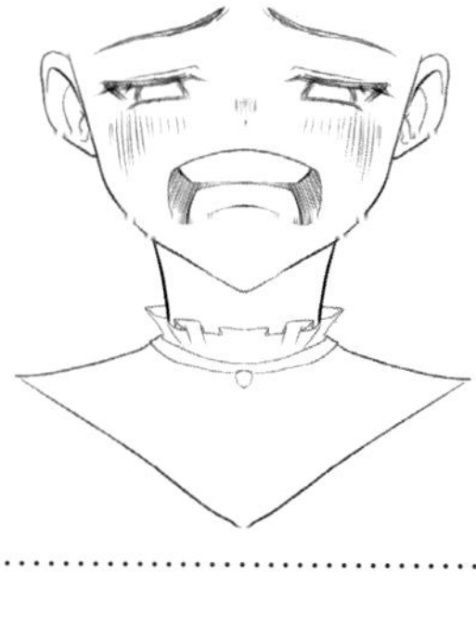

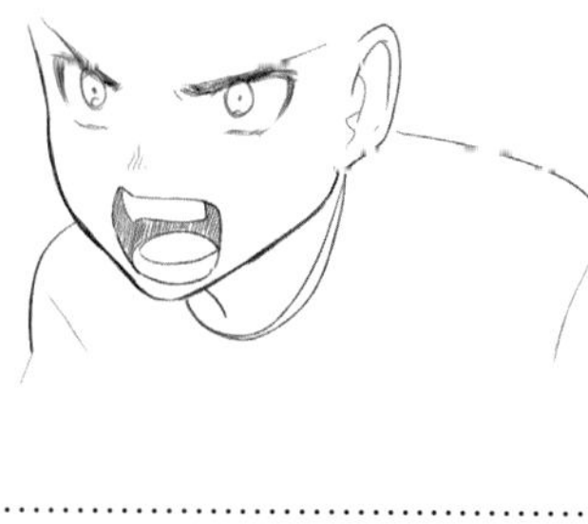

Hände zeichnen

Hände sind eine große Herausforderung beim Zeichnen. Es ist von Vorteil, die Anatomie der Hand zu kennen und in verschiedene Teile wie Finger, Handfläche und Handgelenk aufzuteilen. Dafür helfen Referenzbilder deiner eigenen Hand, sie zeigen dir, wo Schattierung und Linien liegen. Auch wenn das Zeichnen von Händen anfangs schwerfällt, lohnt sich das Üben, weil man viele verschiedene Posen mit ihnen darstellen kann.

GRUNDLAGEN

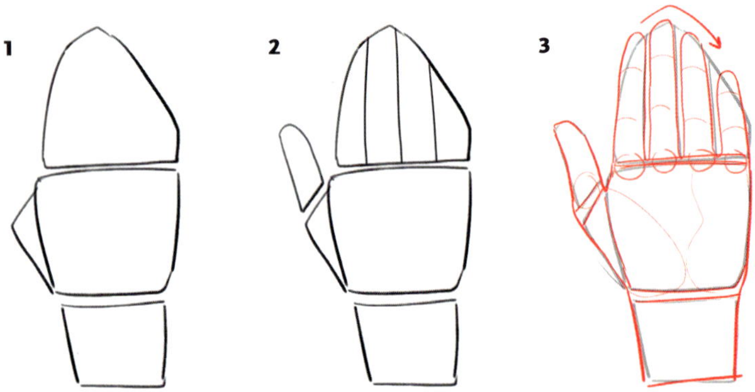

1 Im ersten Schritt schaue ich mir meine Hand an und wandle diese in einfach Formen um.
2 Danach zeichne ich mit einfachen waagerechten Linien die Finger ein.
3 Nun definiere ich die Form weiter und arbeite die Details aus. Zwischen den einzelnen Fingern lasse ich schmale Lücke, die Fingerspitzen sind ein wenig dünner geformt. Der Mittelfinger ist in den meisten Fällen der längste Finger.

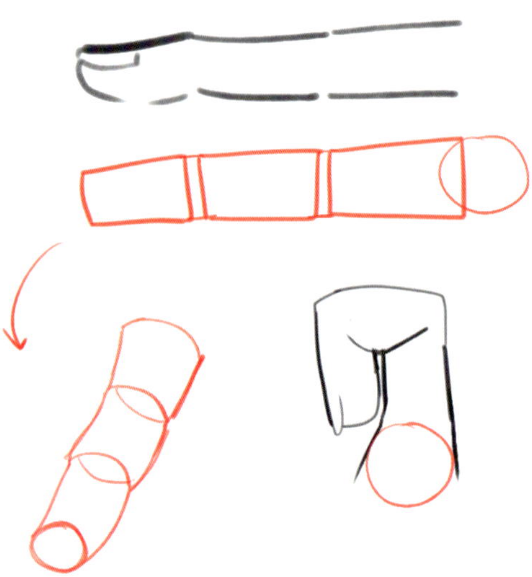

Wenn man verschiedene Handhaltungen zeichnen möchte, ist es wichtig zu wissen, wie sich die Finger bewegen und in welchen Winkeln sie geknickt werden können. Um das zu verstehen, kann man jeden Finger in drei separate Zylinder unterteilen. An den Stellen, an denen sie sich die Zylinder treffen, befinden sich die Gelenke der Finger.

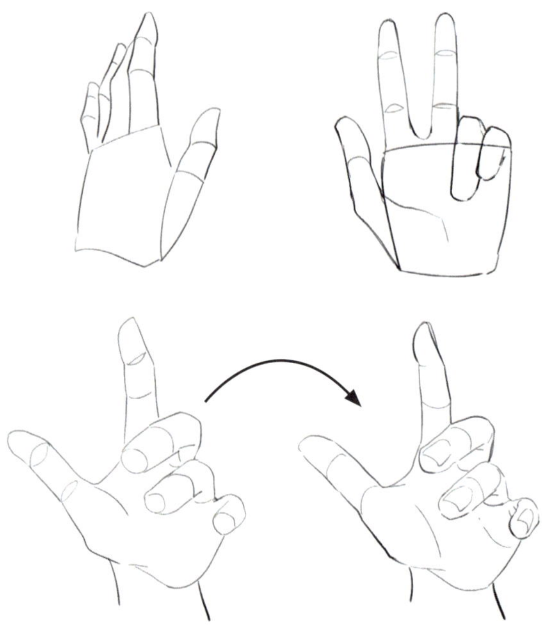

Das Aufbrechen der Hand in geometrische Formen hilft dir, die Finger aus unterschiedlichen Perspektiven und in verschiedenen Haltungen richtig zu zeichnen.

STILISIEREN DER HÄNDE

Auch Hände werden beim Zeichnen von Manga Charakteren vereinfacht. Weibliche Hände zeichne ich gerne sehr weich und elegant. Durch das weitere Zuspitzen der Finger deute ich Fingernägel an. Teilweise lasse ich sogar Linien verschwinden oder deute sie nur leicht an. Männliche Hände hingegen gebe ich mehr Details und die Linien sind deutlicher. Ich deute den Fingernagel nicht mehr so stark an, da männliche Figure zu kürzeren Nägeln tendieren.

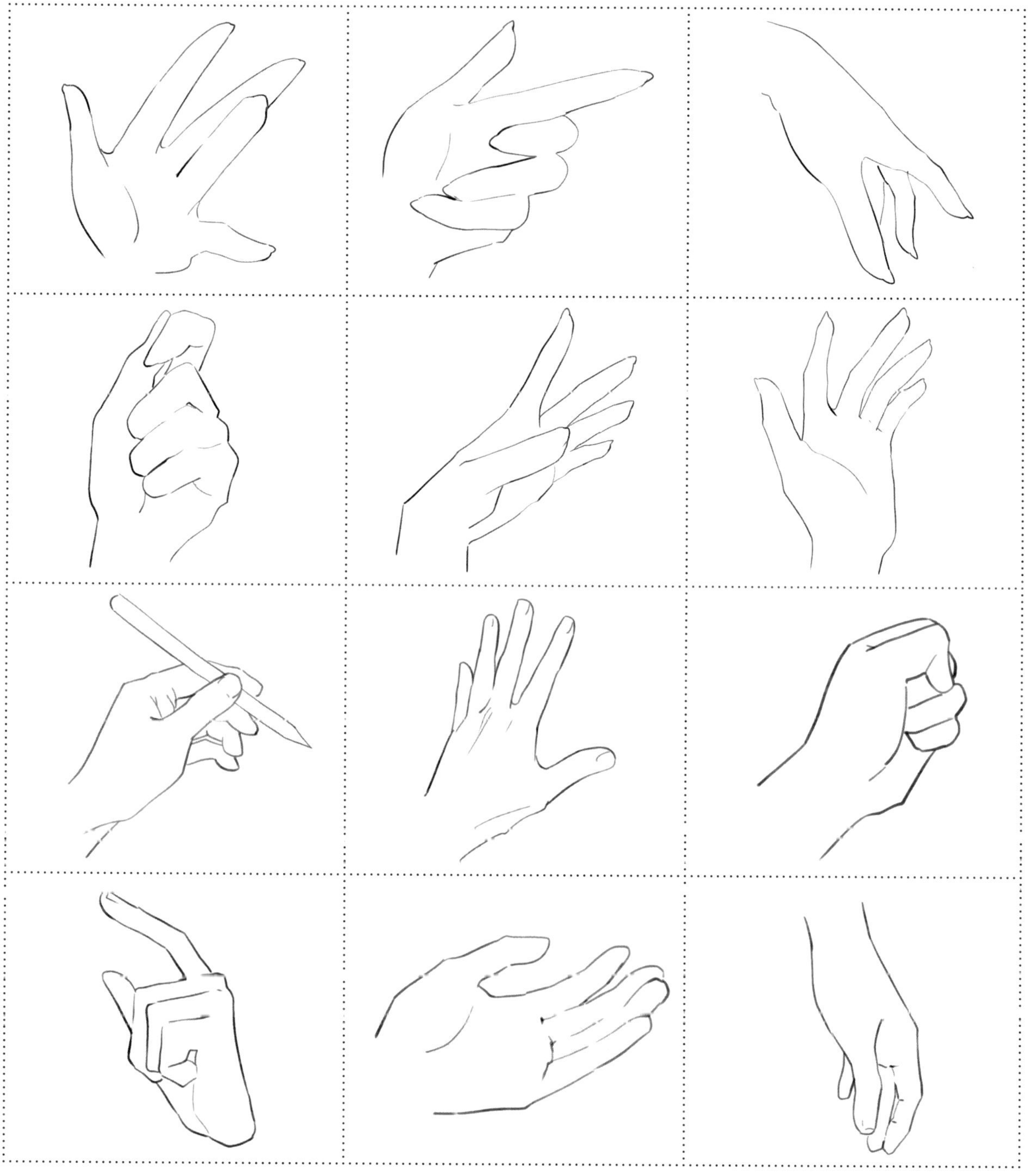

Kleidung am Charakter

Zu einer Manga-Figur gehört natürlich auch Kleidung. Zuerst solltest du die Figur immer unbekleidet zeichnen. Dadurch wird es viel einfacher, die Kleidung im nächsten Schritt „um" deinen Charakter zu legen und den Faltenwurf richtig abzuschätzen.

GRUNDLAGEN

Wie viel von der Körperform man nachher noch sieht, ist je nach Kleidung natürlich unterschiedlich. Bei lockerer Kleidung sieht man die Form des Körpers nicht mehr so gut wie bei sehr enganliegenden Kleidungen.

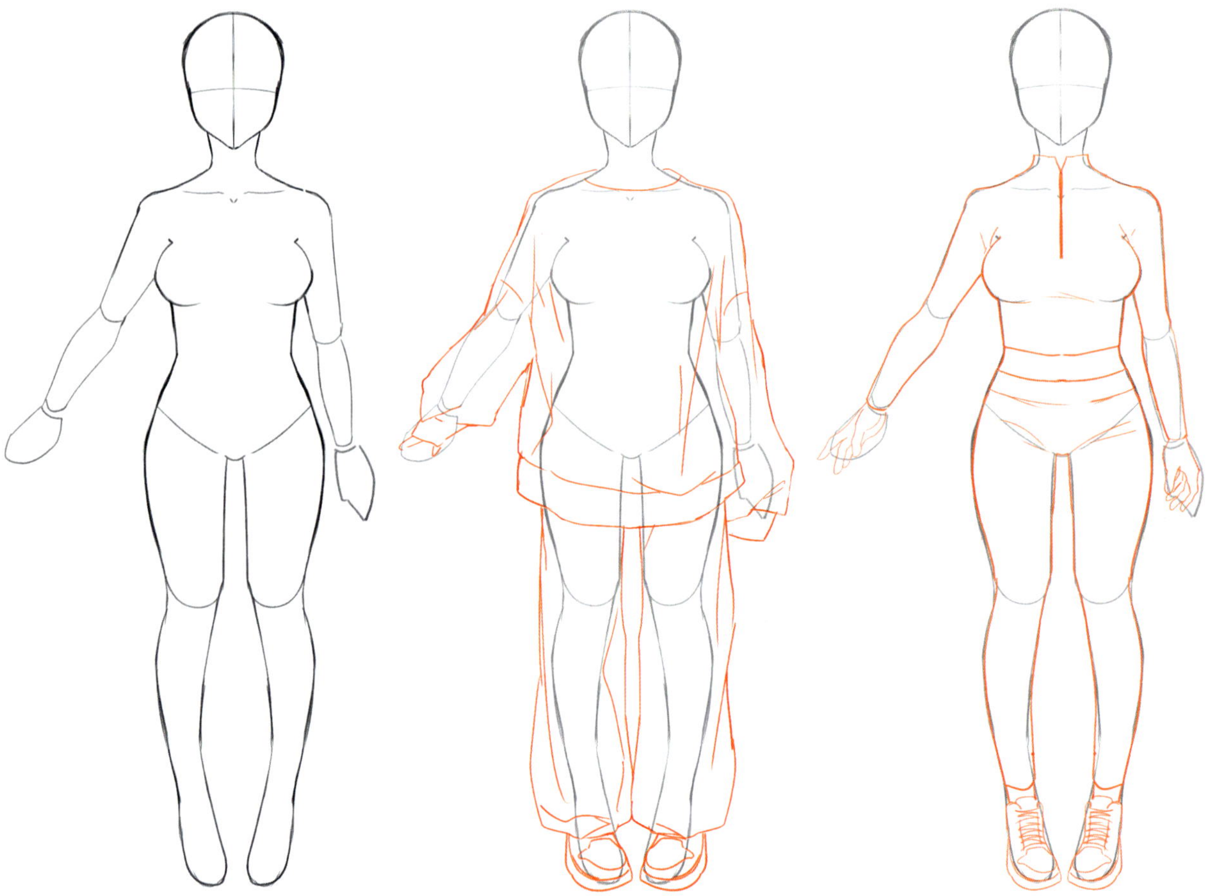

Ohne Kleidung | Weite Kleidung | Enge Kleidung

FEHLERVERMEIDUNG

Auf dieser Seite zeige ich dir anhand eines Beispiels, warum es sinnvoll ist, erst die Umrisse der Figur zu zeichnen und die Kleidung erst im zweiten Schritt zu zeichnen. Ansonsten schleichen sich nämlich schnell Fehler ein.

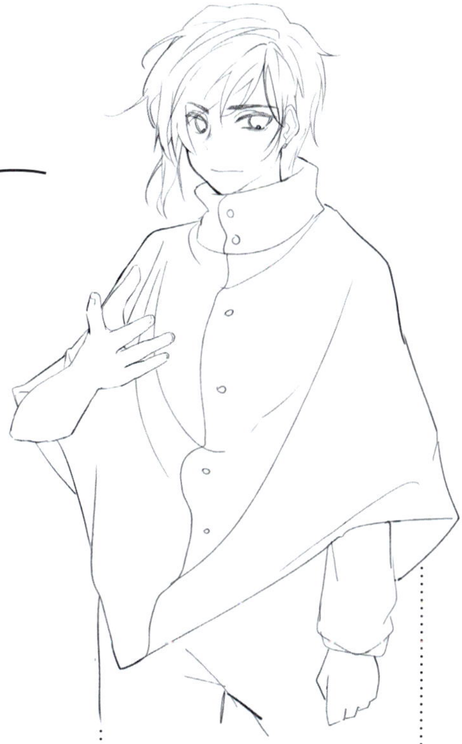

Schauen dir diese Zeichnung genauer an. Sie wirkt irgendwie unstimmig, oder? Findest du den Fehler?

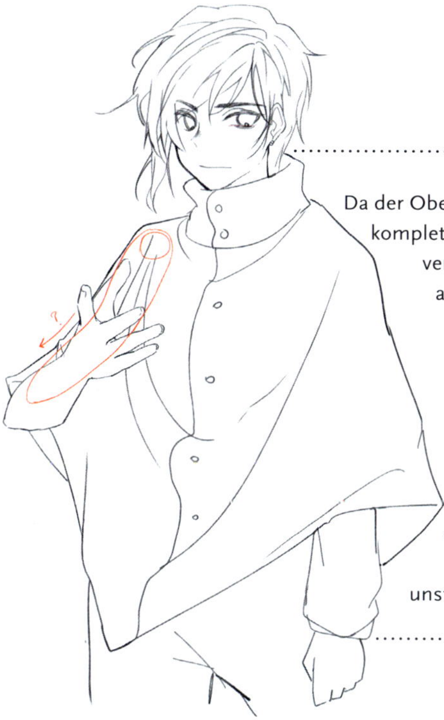

Da der Oberarm der Figur links komplett unter der Kleidung verborgen ist, fällt erst auf den zweiten Blick auf, dass der sichtbare Teil des Arms nicht zur Position der Schulter passt. Dadurch ist im Oberarm ein unnatürlicher Knick, der die Zeichnung unstimmig wirken lässt.

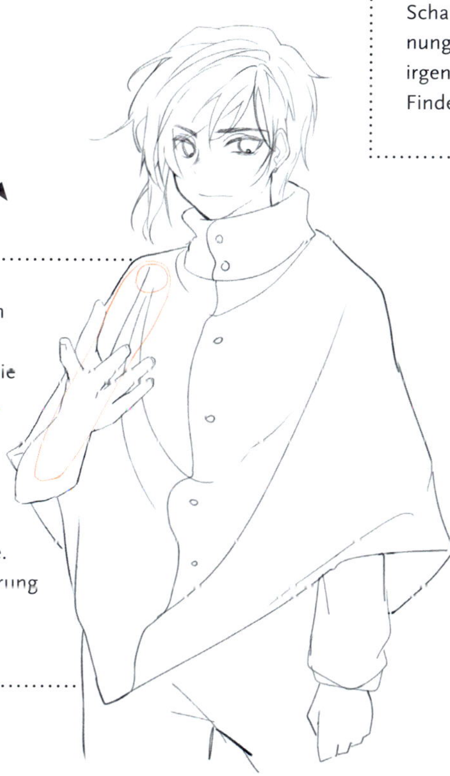

Solche Fehler lassen sich vermeiden, indem man zuerst die Grundanatomie des Charakters zeichnet. Ich habe das Problem behoben, indem ich den Unterarm bewegt und den Knick im Oberarm begradigt habe. Auch eine Umpositionierung der Schulter wäre eine Möglichkeit gewesen.

Falten zeichnen

Durch das Hinzufügen von Falten kann man die Bewegung und die Form des Körpers darstellen und der Figur Ausdrucksvermögen und Lebendigkeit verleihen. Während man als Einsteiger noch Schwierigkeiten hat, die verschiedenen Arten von Falten zu identifizieren und korrekt darzustellen, kann man mit etwas Übung und Kenntnissen in der Anatomie und Physik realistischere und dynamischere Kleidungsstücke zeichnen.

FALTENWURF

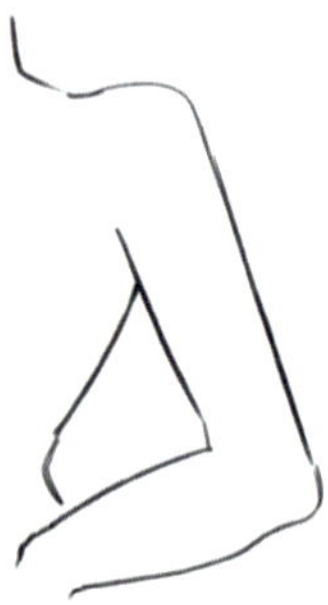

1 Für die Darstellung realistischer Falten hilft es, zunächst die Körperpartien zu identifizieren, an denen Falten am häufigsten auftreten. Typischerweise bilden sich Falten an Schultern, Ellbogen, Handgelenken, Hüften und Knien.

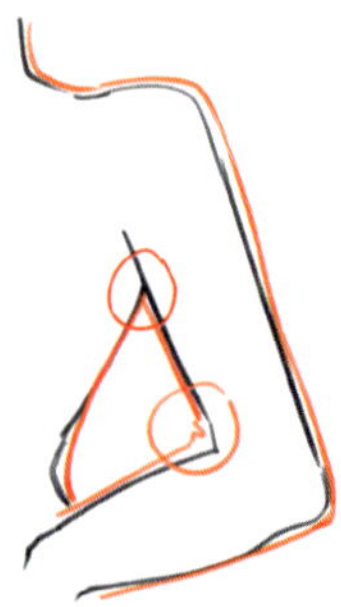

2 Sobald man diese Stellen kennt, kann man gezielt auf sie achten und die Falten entsprechend einzeichnen.

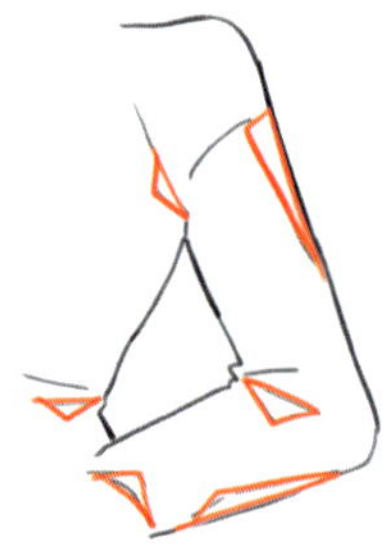

3 Falten bilden oft eine Dreiecksform. Diese variieren je nachdem, wie stark ausgeprägt die Falten sind. Neigt eine Stelle dazu, starke Falten zu produzieren, sind die Dreiecke schmaler.

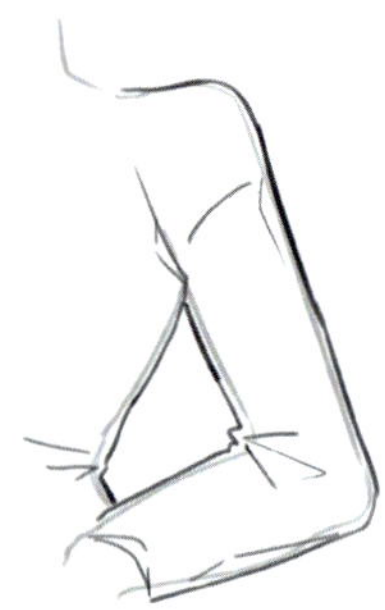

4 Die gesamte Form des Dreiecks solltest du aber nicht beibehalten. Füge Lücken zwischen die Linien, statt eine geschlossene Form zu zeichnen.

1

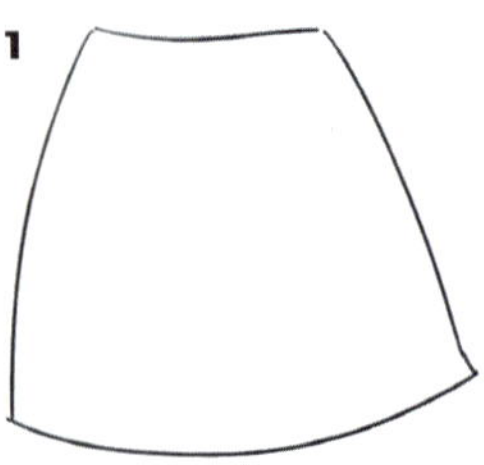

2

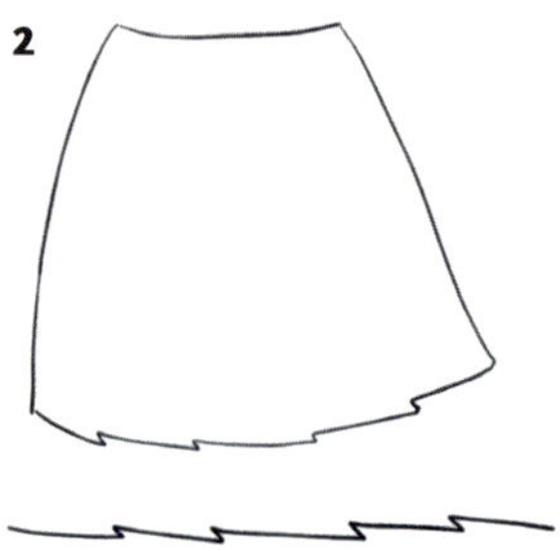

3

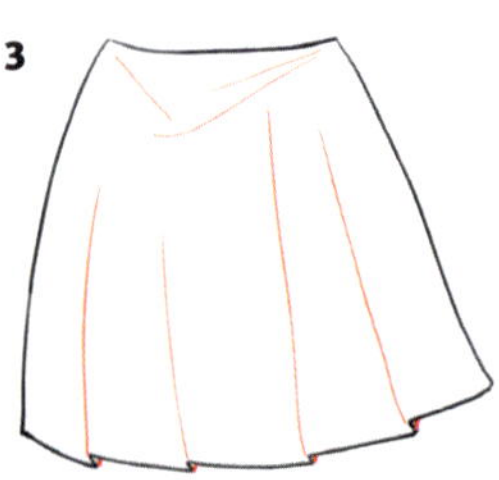

4

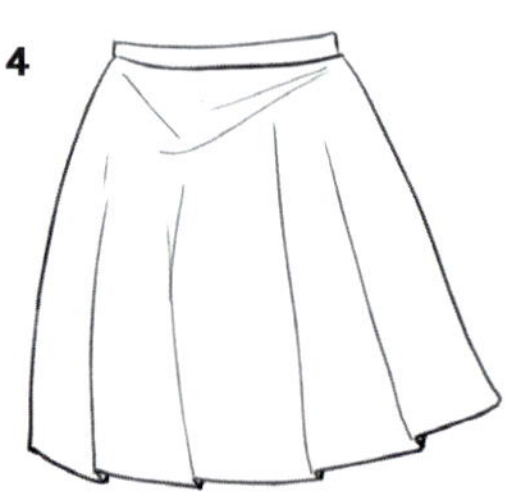

RÖCKE

1 Ein Kleidungsstück, das sich oft in Mangas findet, sind Röcke. Dafür zeichne ich zunächst einen groben Umriss.
2 Als Nächstes füge ich grob die Falten am Saum hinzu. Bei Faltröcken ist es meist eine Art Blitzform.
3 Ausgehend von der Kontur zeichne ich die Falten nach innen ein. Dabei arbeite ich mit etwas dünneren Linien, damit die Form des Rocks mehr heraussticht.
4 Zuletzt arbeite ich den Rock komplett aus.

VERSCHIEDENE KLEIDUNGSSTÜCKE

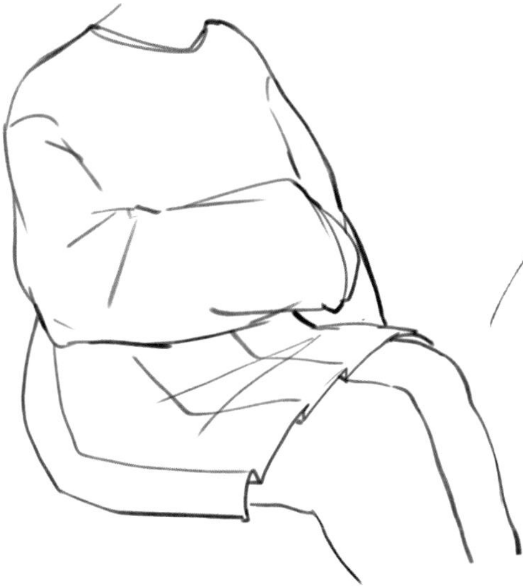

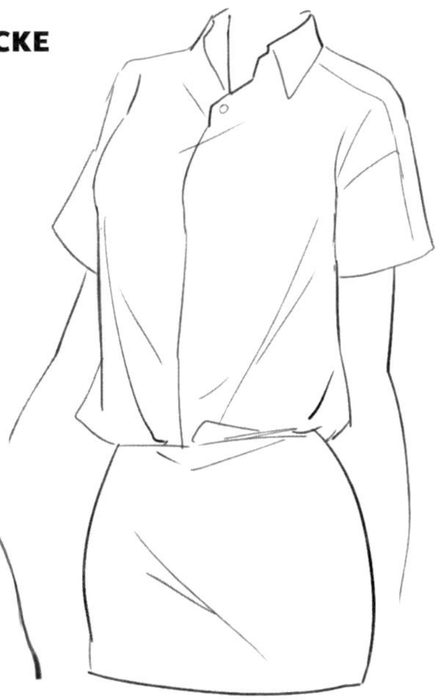

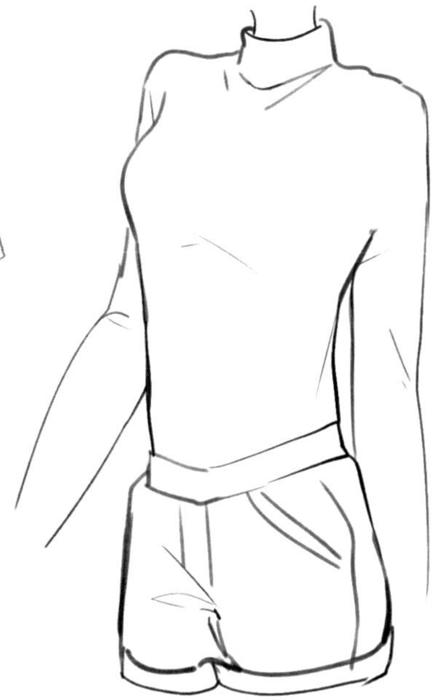

Je nach Stoff und Schnitt können sich die Falten stark verändern. Bei sehr lockerer Kleidung bilden sich besonders viele Falten aus, sie entstehen hauptsächlich durch die Schwerkraft, die den Stoff nach unten ziehen.

Bei dieser Bluse entstehen die Falten vor allem im unteren Bereich, da der Stoff in den Rock gesteckt wurde und dadurch nicht glatt anliegt. Weitere Falten befinden sich an den Ärmeln und an der Brust.

Die gleiche Figur ist hier dargestellt, nur mit anderer Kleidung. Es bilden sich nicht viele Falten aus, dadurch entsteht der Eindruck eines enganliegenden Kleidungsstücks, das zugleich weich wirkt. Bei weichem Stoff haben die Falten keine scharfen Kanten und ähneln eher Strichen als Dreiecken.

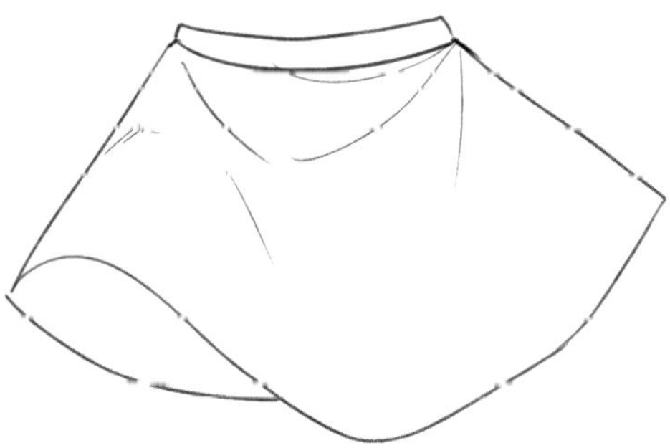

Im Grunde lassen sich alle Arten von Kleidung auf diese Weise zeichnen. Wichtig ist, dass die Falten nicht exakt gleich aussehen. Falten sind asymmetrisch und wirken natürlicher, wenn sie alle unterschiedlich zueinander sind.

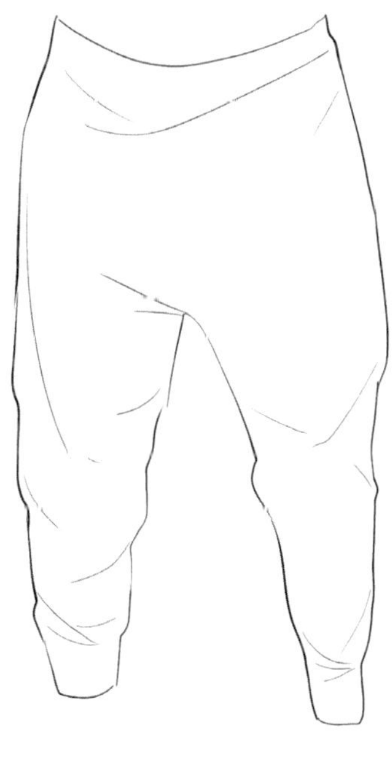

Beim Entwurf dieser Hose habe ich bereits an den Außenkanten viele Unebenheiten eingearbeitet. Während des Zeichnens der Falten konnte ich mich dann an diesen Unebenheiten orientieren.

2. Mysteriöse Elemente

Das Genre Mystery ist bekannt dafür, die Leser durch eine starke Atmosphäre in ihren Bann zu ziehen. Das gelingt durch detaillierte und gut gezeichnete Elemente, die Stimmung erzeugen und zum Nachdenken anregen. Oft haben etwa Gegenstände, Tiere oder Blumen eine symbolische Bedeutung, welche die Geschichte erst richtig spannend macht.
In diesem Kapitel stelle ich dir einige Elemente vor, mit denen du deinen Zeichnungen eine mysteriöse Aura verleihen kannst.

Gegenstände

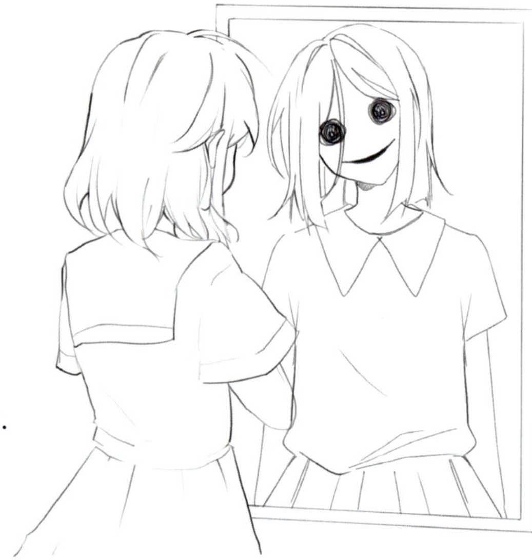

Nicht nur die Figur allein kann eine mysteriöse Aura ausstrahlen, sondern die Umgebung und die Gegenstände, die sich um sie herum befinden, spielen dabei eine tragende Rolle. Gegenstände wie zerbrochene Spiegel, verrostete Truhen, Schlüssel oder Artefakte sind wie geschaffen für eine Szenerie, die Neugier im Betrachter weckt und die Fantasie anregt.

BLICK IN DEN SPIEGEL

Ein Spiegel ist ein beliebtes Mittel für Mystery Elemente, da er oft als Metapher für Verzerrungen von Realität und Identität verwendet wird. Spiegel können eine unheimliche Atmosphäre erzeugen, wenn er Dinge reflektiert, die nicht da sein sollten. Im folgenden Beispiel zeige ich dir, wie man den Effekt eines zerbrochenen Spiegels einsetzen kann, um eine unheimliche Wirkung zu erzielen. Dafür nutze ich die Tools, die das digitale Zeichnen bietet. Wer traditionell zeichnet, sollte den Effekt zunächst mit Bleistiftskizzen ausprobieren und die Details erst beim fertigen Bild ausarbeiten.

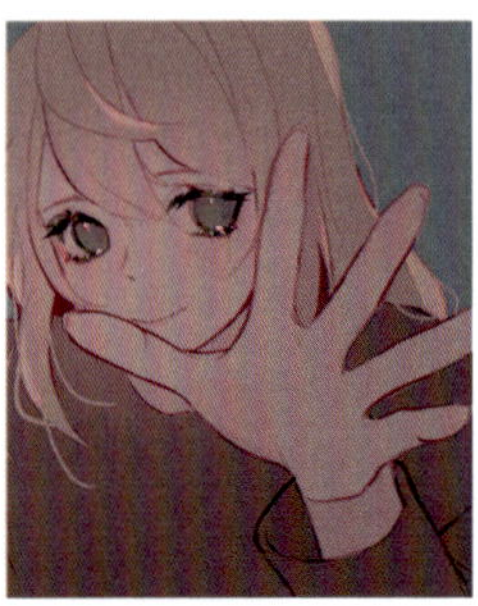

1 Als Grundlage dient eine beliebige Figur, die dir gefällt. Es kann sich auch um eine völlig alltäglich wirkende Figur handeln, das bildet einen interessanten Kontrast zum Effekt.

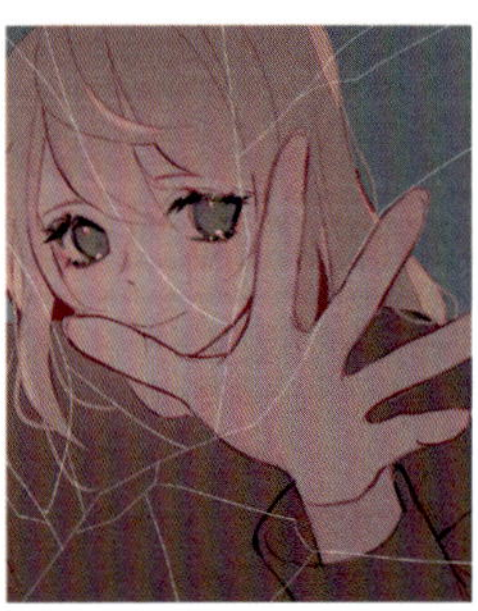

2 In einer neuen Ebene füge ich mit einem weißen Stift die Risse ein. Beachte dabei, dass sich die meisten Linien an der Stelle bilden, wo der Spiegel gebrochen ist. In meinem Beispiel befindet sich diese unten links, weshalb die Linien nach oben rechts hin weniger werden.

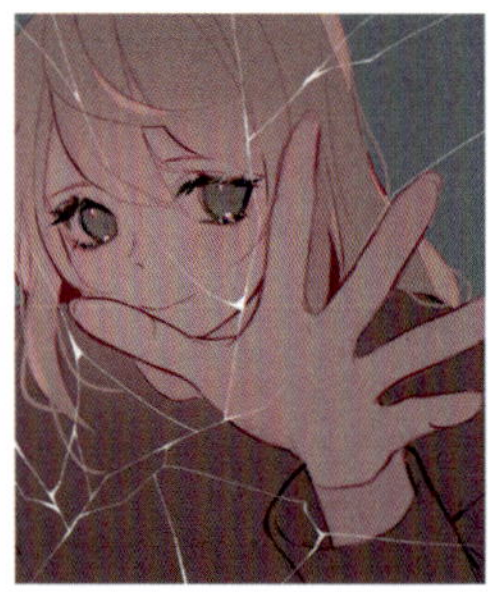

3 Im nächsten Schritt definiere ich die Risse. Wo sich die Risse treffen, habe ich das Weiß darin verstärkt. An anderen Stellen habe ich die Linie weicher gemacht.

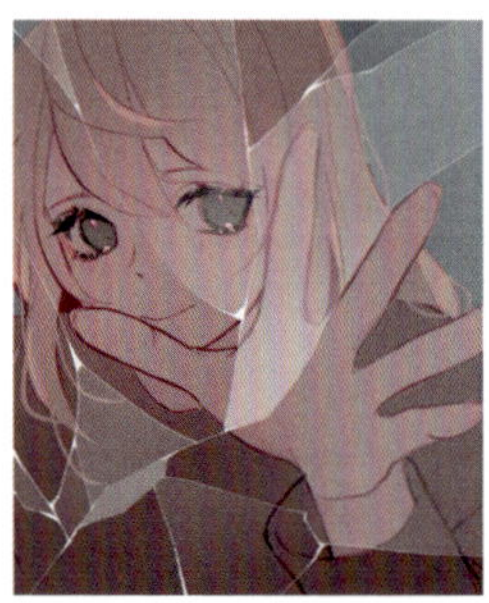

4 Dann wähle ich willkürlich einige der Flächen aus, die durch den Riss entstanden sind, und fülle sie mit einem leicht transparenten weißen Schimmer aus. Die Intensität des Schimmers solltest du dabei variieren.

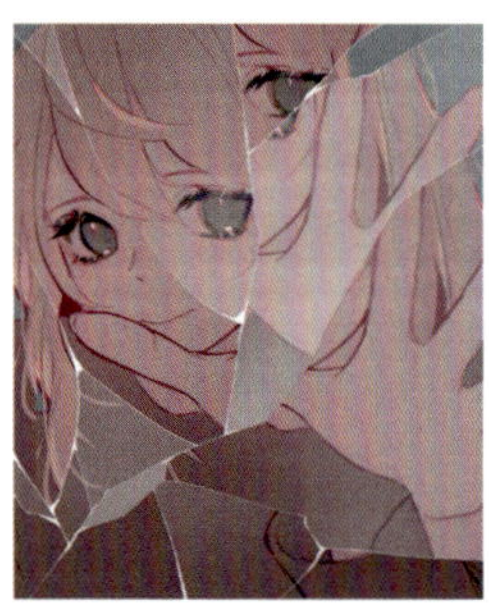

5 Um den Effekt eines zerbrochenen Spiegels zu verstärken, verwende ich meine Originalzeichnung erneut. Ich wähle zufällige Teile der Zeichnung aus und verschiebe sie in verschiedene Richtungen, so dass sie immer noch auf die Flächen passen. Dadurch entsteht die Illusion eines zerbrochenen Spiegels, bei dem die beschädigten Flächen das Bild anders reflektieren.

WEITERE GEGENSTÄNDE

Eine Vase ist oft kostbar und gleichzeitig leicht zerbrechlich, das erzeugt eine gewisse Spannung. Eventuell kann sie schon ein paar Risse aufweisen, sodass sich der Betrachter unwillkürlich fragt, wie lange sie wohl noch halten wird. Blumen stehen oft im Zusammenhang mit der Vergänglichkeit des Lebens.

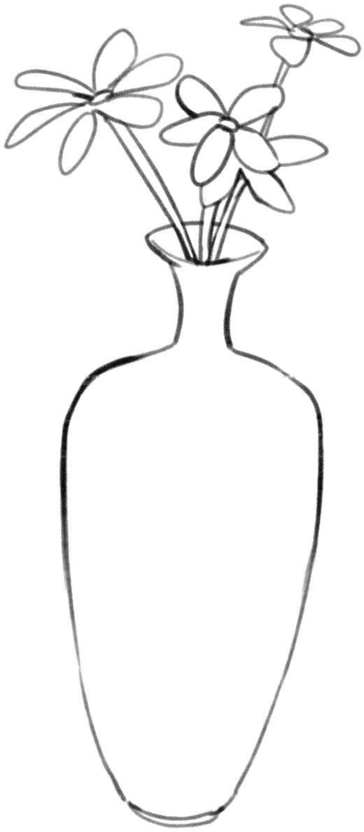

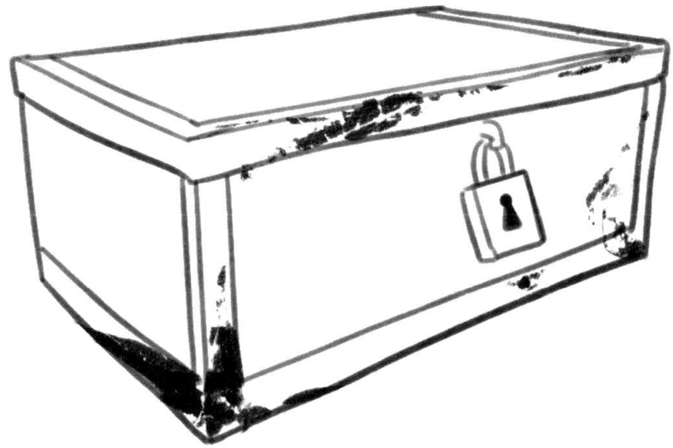

Eine verschlossene Truhe weckt sofort die Neugier. Was befindet sich wohl darin, womöglich ein Schatz oder doch etwas Unheimliches? Auch das Design spielt eine Rolle, wirkt die Truhe alt oder verrostet, erweckt sie den Anschein eines lang vergessenen Geheimnisses.

Zur verschlossenen Truhe gehört natürlich ein Schlüssel. Eine ungewöhnliche Form des Schlüssels betont seine Besonderheit und kann zeigen, dass er Zugang zu etwas Wichtigem gewährt. Durch den Schlüssel lässt sich das Rätsel um die Truhe lösen – eventuell kann der Schlüssel in den falschen Händen aber auch eine Bedrohung darstellen.

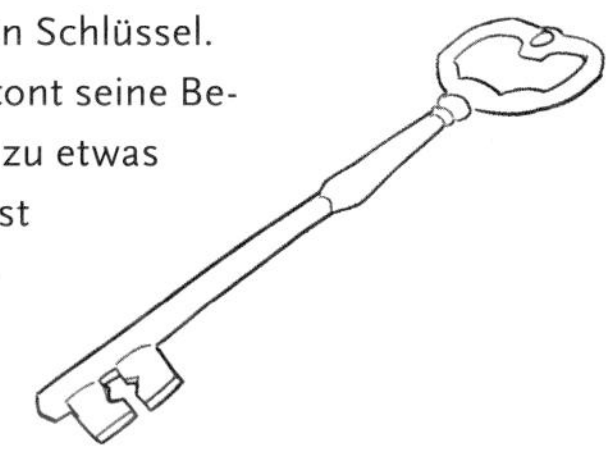

Auch klassische Gegenstände wie die als Katana bezeichneten Samurai-Schwerter dürfen nicht fehlen. Sie haben in der japanischen Kultur eine lange Tradition und werden oft als Symbol für Ehre und Tapferkeit angesehen.

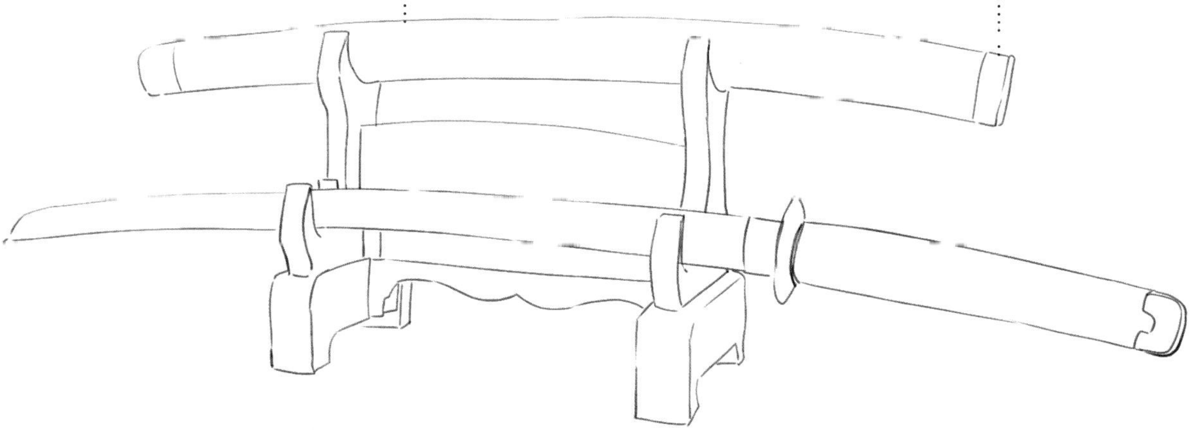

Symbolische Tiere

Tiere haben in vielen Kulturen eine symbolische Bedeutung, die oft mit Mythen und Legenden verbunden ist. Deshalb lassen sich Tiere gut einsetzen, um der Zeichnung eine tiefere Bedeutung zu verleihen. Im Folgenden möchte ich einige Tiere vorstellen, die gut zum Genre Mystery passen.

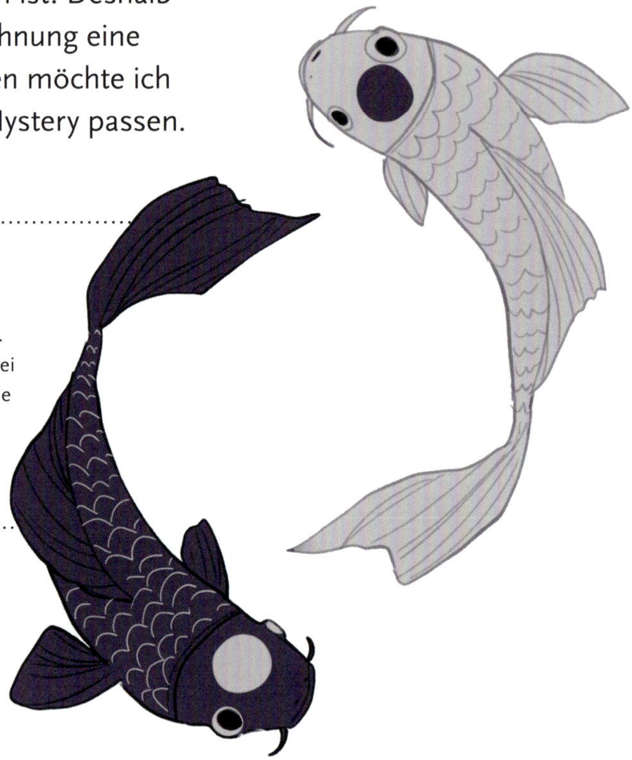

In der japanischen Kultur werden Koi-Karpfen oft als Zeichen für Ausdauer, Stärke und Erfolg angesehen. Kois werden oft als Paar gehalten, bei dem männliche und weibliche Fische unterschiedliche Farben haben und gelten deshalb als Symbol für die Balance und Harmonie.

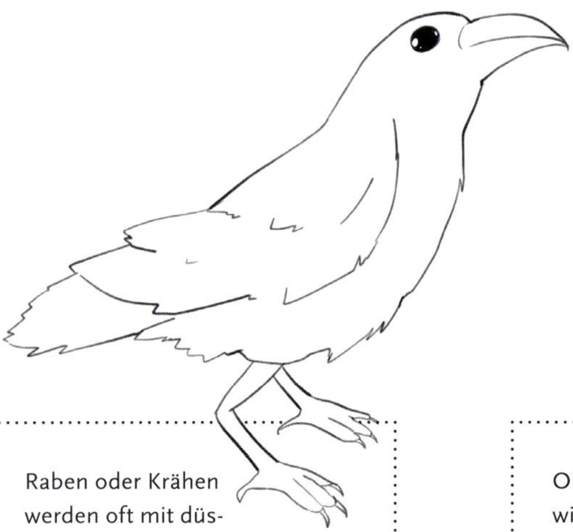

Raben oder Krähen werden oft mit düsteren und unheimlichen Themen in Verbindung gebracht. In vielen Kulturen gelten sie als Boten des Todes oder als Symbol für Magie und Hexerei. Ihr schwarzes Gefieder und ihr krächzender Ruf verstärken ihren geheimnisvollen Charakter zusätzlich.

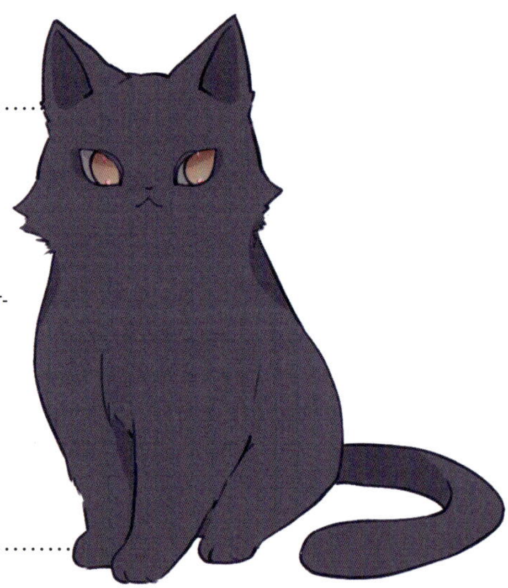

Obwohl wir schon lange wissen, dass schwarze Katzen kein Unglück bringen, sind diese ein beliebtes Stilmittel für Übernatürliches. Sie werden auch gerne als Begleiter von Hexen dargestellt. Die tiefschwarze Fellfarbe verleiht ihnen eine geheimnisvolle und mysteriöse Aura.

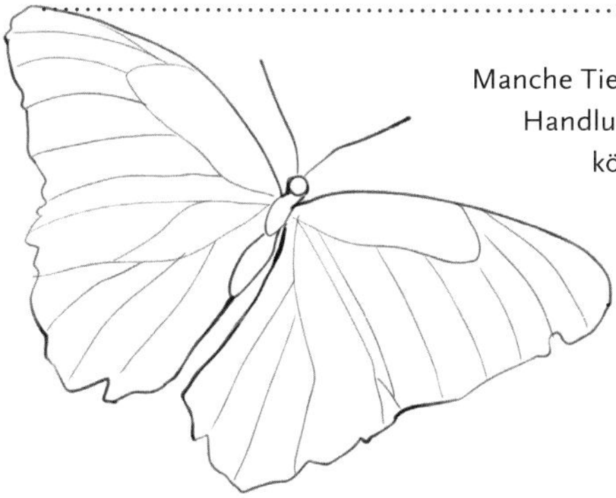

Manche Tiere erscheinen nur kurz, um auf etwas hinzuweisen und spielen für die weitere Handlung keine große Rolle. Schmetterlinge eignen sich dafür hervorragend, sie können sich etwa kurz auf einen Gegenstand setzen, um ihn in den Fokus zu rücken, bevor sie lautlos wieder davon flattern. Manchmal können Schmetterlinge aber auch ein Symbol für Vergänglichkeit darstellen.

Tiere können ihre Bedeutung auch auf eine Figur übertragen. Schlangen werden oft Eigenschaften wie List, Gefahr oder Kaltblütigkeit zugeschrieben. Dadurch, dass diese Figur mit der Schlange vertraut wirkt, werden ihm diese Eigenschaften ebenfalls zugeschrieben.

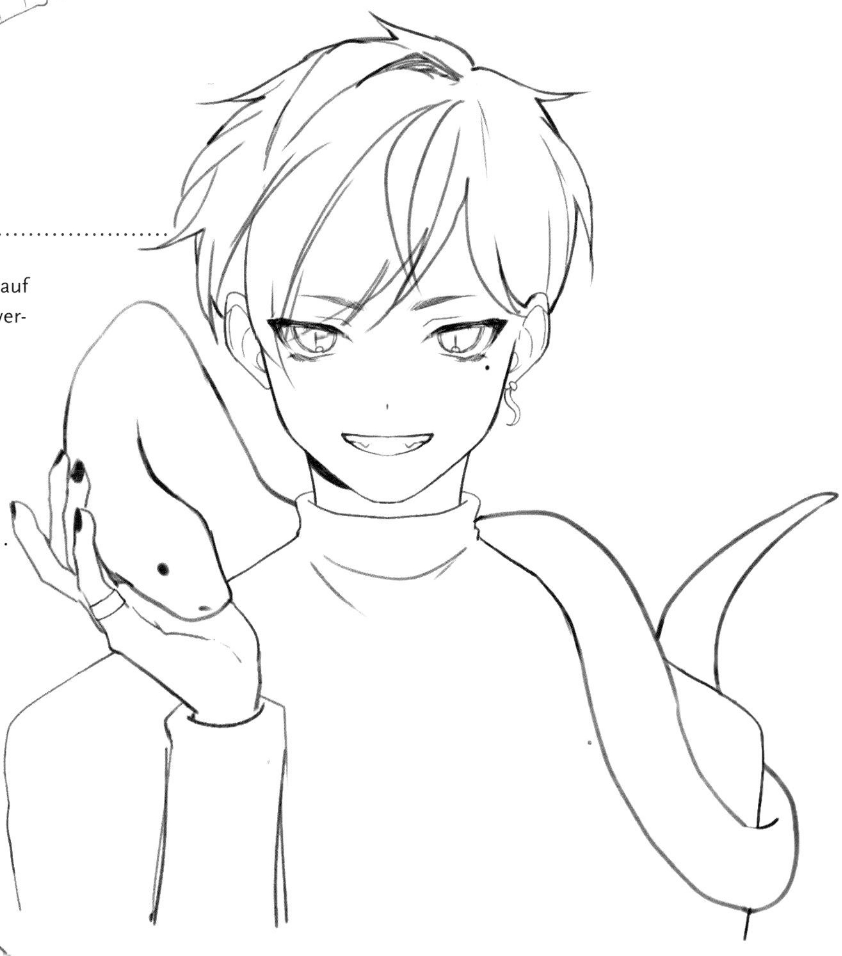

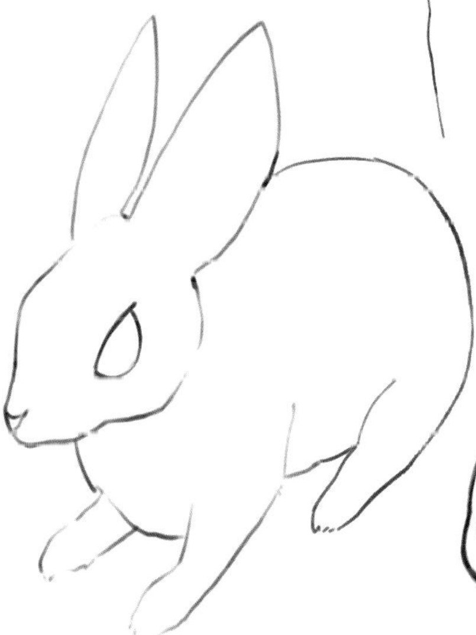

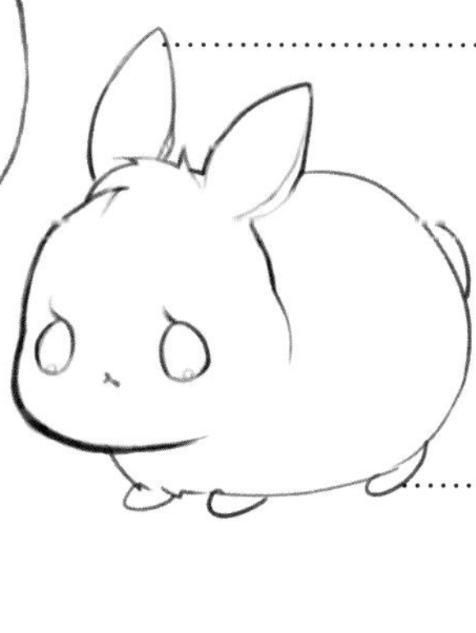

Der Zeichenstil, in dem Tiere gezeichnet werden, verursacht einen großen Unterschied in unserer Wahrnehmung. In unheimlichen und gruseligen Szenen bevorzugen viele Künstler einen realistischen Zeichenstil. Ist das Tier vereinfacht und niedlich gezeichnet, wirkt es in einer solchen Szene schnell fehl an Platz.

Mensch und Natur

Natürliche Elemente können sowohl am Firmament, in Tier- und Pflanzenwelt als auch in Bezug auf den menschlichen Körper gefunden werden, der im Grunde auch ein Teil der Natur ist. Dabei können verschiedene Stimmungen von faszinierend bis gruselig erzeugt werden.

BLUT

Blut ist vor allem aus Subgenres wie Krimis oder Horror nicht wegzudenken und kann je nach Kontext auf ein Verbrechen hinweisen oder als Symbol für Macht, Opfer oder Transformation dienen. Da es ein wichtiges Element der Handlung sein kann, solltest du dir Zeit nehmen, um Blutspuren- und Spritzer überzeugend darzustellen:

1

2

3

4

1 Eine wichtige Komponente ist die präzise Darstellung der Konturen. Dafür greife ich zu spitz zulaufenden Linien, um die charakteristischen Spritzer und Tropfen des Bluts ausdrucksstark darzustellen. Vor dem eigentlichen Zeichnen solltest du in einer groben Skizze überlegen, von wo und in welche Richtung das Blut gespritzt oder gelaufen ist, um die korrekte Ausrichtung zu bestimmen. An einigen Stellen verwische ich die Außenlinien, da Blut meist verschmiert ist.
2 Man sollte nicht außer Acht lassen, dass Blut eine Flüssigkeit ist und verläuft. An den Stellen, an der sich das meiste Blut sammelt, ist die Lache am dunkelsten. Dazu schattiere ich die betroffene Stelle dunkel und lasse die Ränder hell.
3 Um den Effekt zu verstärken, wähle ich eine noch dunklere Rottönung, die fast schon an Schwarz grenzt. Ich mische die Farben aber nicht mehr so stark miteinander und hinterlasse erkennbare Konturen.
4 Zuletzt füge ich noch Details wie kleinere Blutspritzer und Highlights hinzu. Bei besonders frischem Blut kannst du klare weiße Glanzpunkte hinzufügen.

Blut kann auch völlig andere Formen annehmen, die Technik des Schattierens bleibt dabei aber unverändert. Auch hier ist es wichtig, die Konturen des Blutes präzise zu zeichnen.

Verschmiertes Blut

Wunde

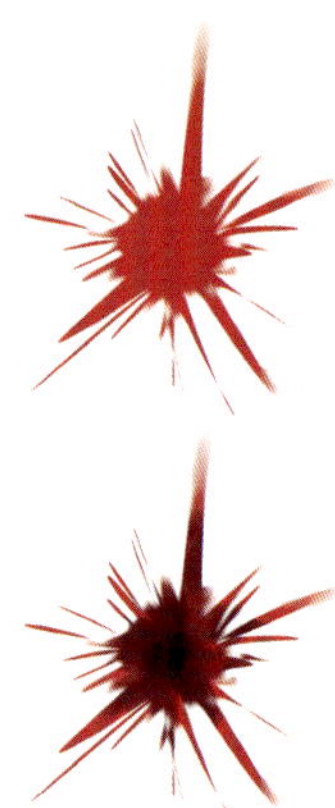

Spritzer

TRÄNEN

Tränen sind ein natürliches Ausdrucksmittel des menschlichen Körpers. Das Auftreten von Tränen steht meist mit starken Gefühlen in Verbindung, die beim Betrachter Neugier auf die Hintergründe des Gefühlausbruchs hervorruft.

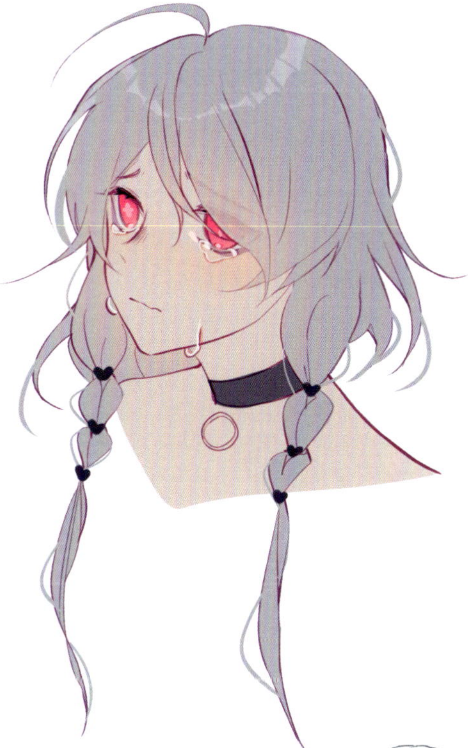

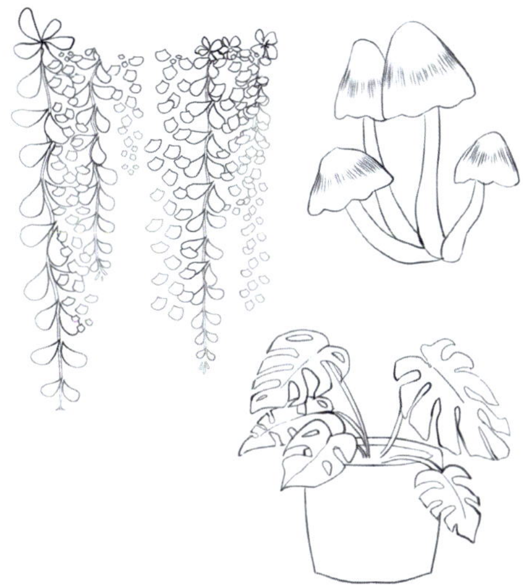

PFLANZEN

Generell symbolisieren Pflanzen neues Leben, Wachstum und Veränderung, aber auch Vergänglichkeit. Sie können auch giftige oder heilende Eigenschaften haben.

KNOCHEN

Totenköpfe oder Skelette sind eine beliebte Metapher für Tod und Vergänglichkeit. In vielen Kulturen haben sie eine symbolische Bedeutung und können als Warnung vor Gefahren dienen. Werden Knochen von Blumen umgeben gezeichnet, wird durch den Kontrast ihre Symbolik noch verstärkt.

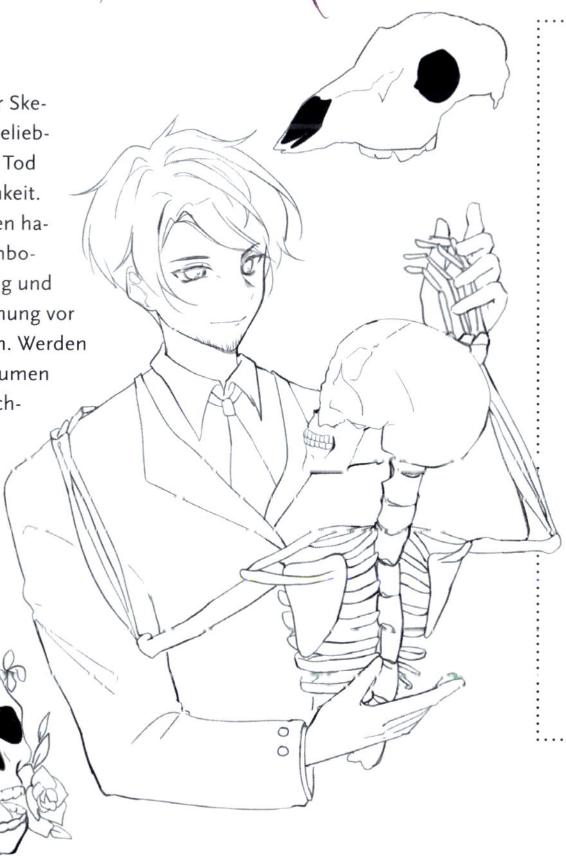

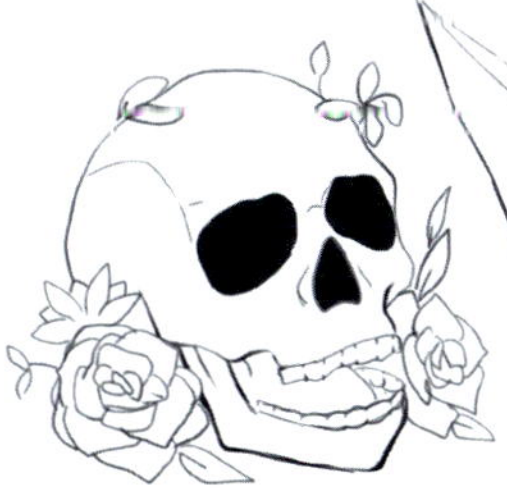

MOND

Unsere Kenntnisse über Dinge, die weit außerhalb unseres unmittelbaren Erfahrungsbereichs liegen wie Mond, Sterne oder Sonne, sind beschränkt – deshalb umgibt sie eine rätselhafte Aura. Das gilt besonders für den Mond, dem zudem oft noch übernatürliche Kräfte zugeschrieben werden. Je nach gewünschter Stimmung kann der Mond auf verschiedene Art und Weise gezeichnet werden. Es gibt etwa die Möglichkeit, mit einem texturierten Pinsel zu arbeiten, um mehr Details zu erzeugen. Selbst eine simple Zeichnung kann auf diese Weise eine interessante Wirkung erzielen.

Bedeutung von Blumen

Mit Blumen lassen sich sehr unterschiedliche Wirkungen erzeugen. In der „Sprache der Blumen“ gelten viele Blumenarten als Symbol, die einer Zeichnung eine völlig neue Bedeutung geben können. Durch ihre fragile Schönheit können sie einen reizvollen Kontrast zur Umgebung darstellen und die emotionale Wirkung verstärken.

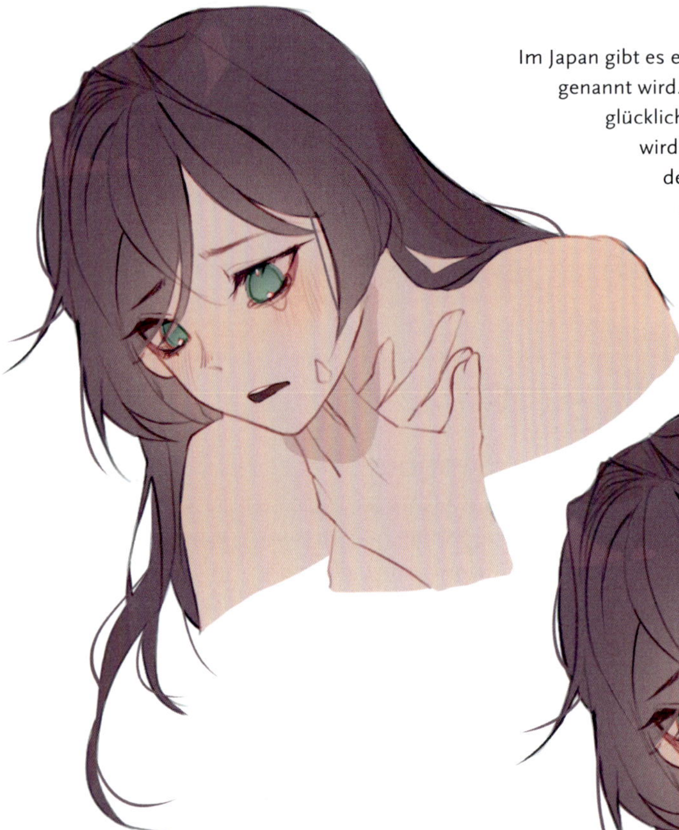

Im Japan gibt es eine ausgedachte Krankheit, die “Hanahaki-Disease” genannt wird. Diese Krankheit wird verursacht, wenn eine Person unglücklich in jemanden verliebt ist und ihre Liebe nicht erwidert wird. Infolgedessen wachsen Blumen und Pflanzen in den Lungen, welche schließlich zum Tod führen. Für mich ist dies ein faszinierendes Beispiel dafür, wie man mit Blumen als Stilmittel einsetzen kann.

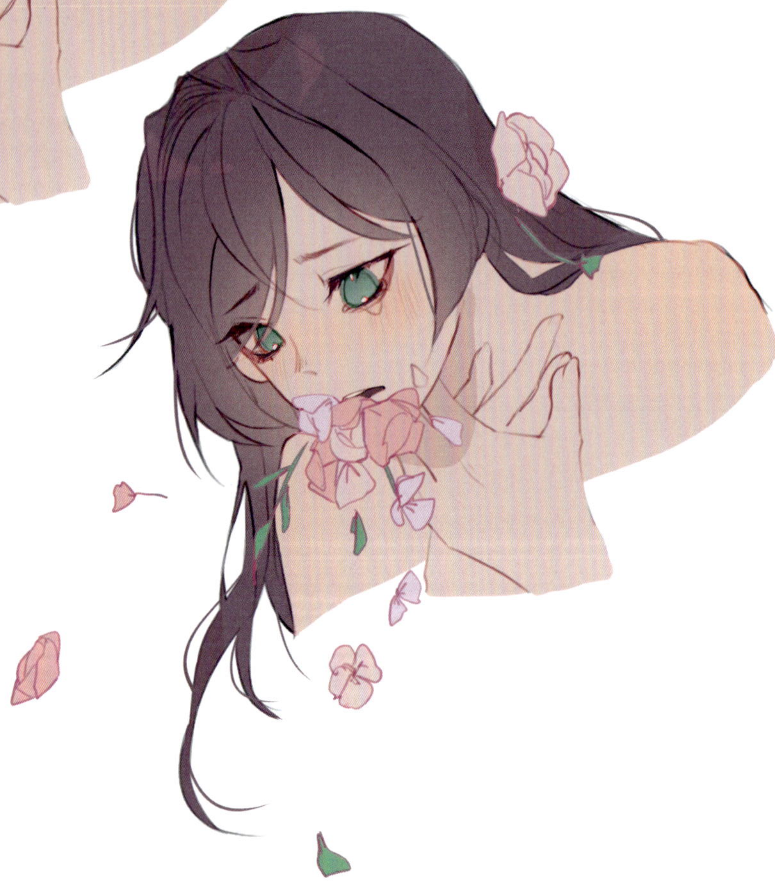

Auf dieser Seite möchte ich dir ein paar Blumen vorstellen, die eine besondere Bedeutung haben und sich oft in Mystery-Settings finden:

UME-BLÜTEN

Ume sind eine Art von japanischen Pflaumenbäumen, deren Blüten eine einzigartige Form und Farbe haben. Sie blühen im Winter und symbolisieren die Fähigkeit, in der Dunkelheit zu blühen. Ume-Blüten werden auch mit Schönheit und Vergänglichkeit assoziiert und oft in Verbindung mit mystischen oder spirituellen Themen gebracht.

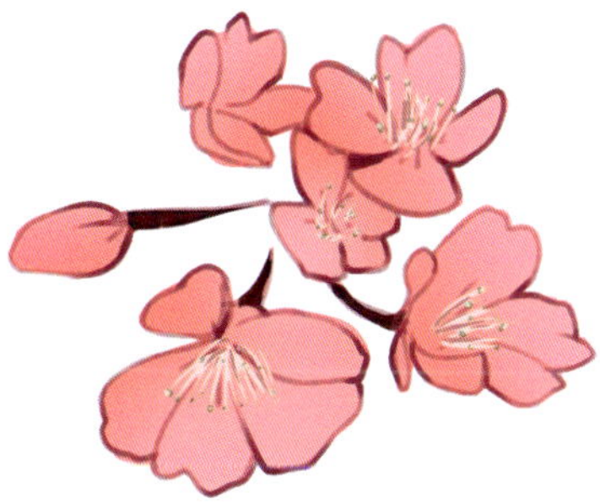

KIRSCHBLÜTEN

Die Kirschblüte wird in Japan jährlich als Hanami (Kirschblütenfest) gefeiert. Kirschblüten gelten als Symbol für den Beginn des Frühlings, der Schönheit und des Aufbruchs. Da man die Blütenpracht jedoch nur kurz bewundern kann, symbolisieren sie auch die Vergänglichkeit des Lebens.

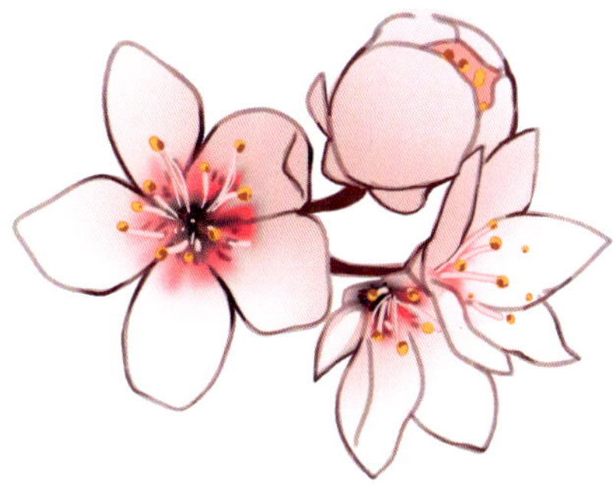

ROTE SPINNENLILIE

Rote Spinnenlilien sind leuchtende Sommerblumen, die in ganz Asien heimisch sind. Sie werden mit endgültigen Abschieden in Verbindung gebracht und der Legende nach wachsen diese Blumen dort, wo sich die Wege für immer trennen. In alten buddhistischen Schriften wird gesagt, dass die rote Spinnenlilie die Toten durch Samsara führt, den Zyklus der Wiedergeburt.

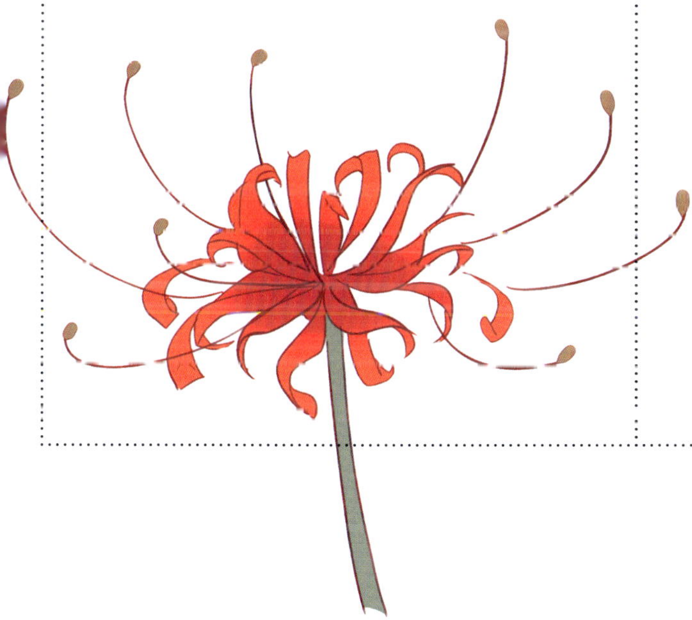

WEISSE LILIEN

Weiße Lilien haben eine Vielzahl von symbolischen Bedeutungen. In einigen Kulturen und Religionen werden Lilien als Symbol für Reinheit, Unschuld und spirituelle Erleuchtung angesehen. In anderen Kontexten können sie aber mit Tod und Trauer in Verbindung gebracht werden. Die Kontrastwirkung von weißen Lilien auf einem dunklen Hintergrund kann dazu beitragen, eine geheimnisvolle und mysteriöse Atmosphäre zu erschaffen.

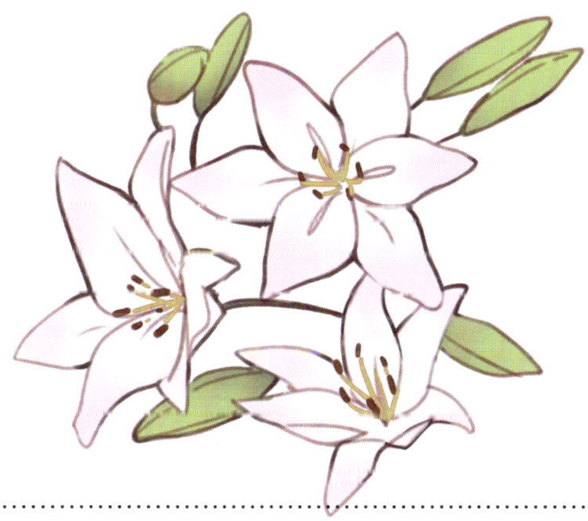

Übernatürliche Wesen

Seit jeher haben übernatürliche Wesen eine faszinierende Rolle in der Literatur und Kunst gespielt. Sie sind häufig das Zentrum von Erzählungen über Geheimnisse, Mysterien und Übernatürliches. Ob es sich um mythologische Wesen, Geister, Dämonen oder andere Phänomene handelt, übernatürliche Wesen wirken auf Menschen eine Faszination aus. Grund dafür könnte sein, dass sie uns die Möglichkeit geben, unsere Ängste und Hoffnungen in eine fiktive Welt zu projizieren oder dass sie eine Verbindung zu einer Welt jenseits unserer eigenen schaffen. Auf jeden Fall haben übernatürliche Wesen eine starke Wirkung auf uns und bieten uns unendlich viele Möglichkeiten, kreative Geschichten und Kunstwerke zu erschaffen.

MYTHOLOGISCHE WESEN

In vielen Kulturen werden Drachen mit Macht, Stärke und Weisheit in Verbindung gebracht. Sie werden oft als fliegende Kreaturen dargestellt und können sowohl Schreckensgestalt als auch Beschützer sein. In der asiatischen Kultur werden Drachen meist als schlangenartige Wesen dargestellt. Beim Zeichnen solltest du stets mit einer Linie beginnen, um eine Vorstellung davon zu haben, wie sich der Körper zusammensetzt.

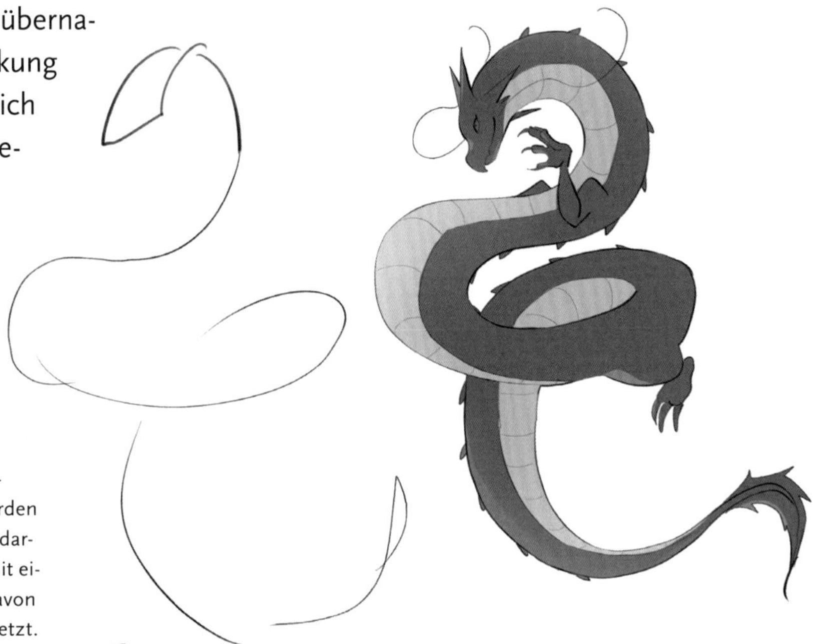

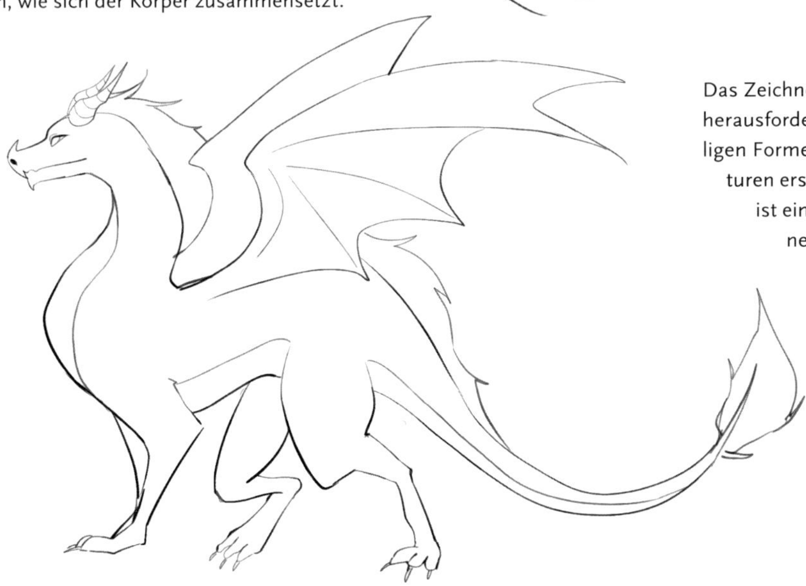

Das Zeichnen von Drachenkreaturen ist herausfordernd, da diese Wesen in unzähligen Formen, Typen, Arten und Hauttexturen erscheinen können. Jeder Drache ist einzigartig und kann einen eigenen Charakter haben. Hier habe ich zum Beispiel ein Exemplar gezeichnet, das mit vier Beinen und Flügeln eher in der europäischen Tradition steht.

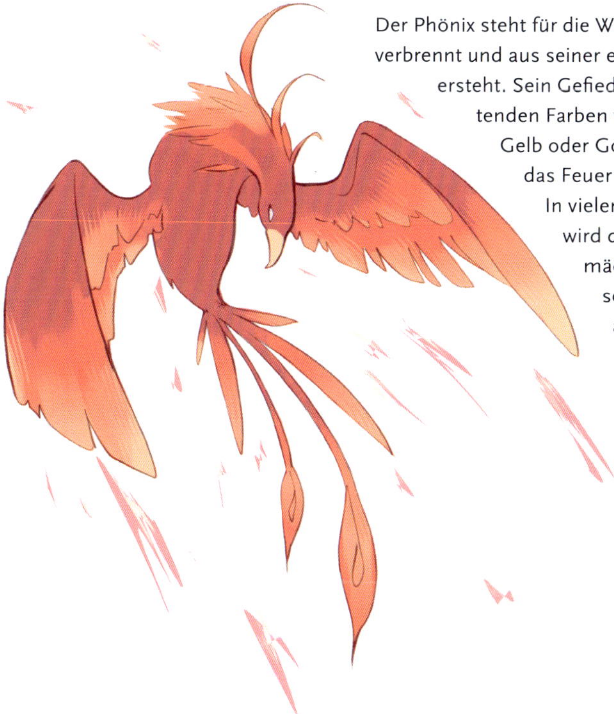

Der Phönix steht für die Wiedergeburt, da er verbrennt und aus seiner eigenen Asche aufersteht. Sein Gefieder ist oft in leuchtenden Farben wie Rot, Orange, Gelb oder Gold gehalten, um das Feuer widerzuspiegeln. In vielen Geschichten wird der Phoenix als mächtiger und weiser Begleiter oder als Beschützer des Lebens dargestellt.

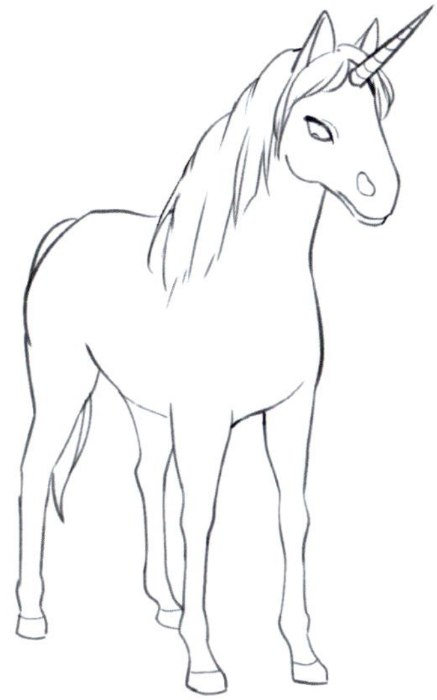

Einhörner werden mit Reinheit, Unschuld und Magie assoziiert und in vielen Legenden als Symbol für das Übernatürliche verwendet. Einhörner sollen magische Kräfte zu besitzen und diese auch verleihen können sowie die Fähigkeit haben, sich zu tarnen und so spurlos zu verschwinden.

ERFUNDENE WESEN

Neben den mythologischen Wesen kann man selbst Kreaturen erfinden, die keine geschichtliche Basis besitzen. Dazu kannst du beispielsweise Elemente aus verschiedenen Tieren und Wesen kombinieren, um etwas Einzigartiges und Geheimnisvolles zu erschaffen. Nutze dazu Farben, Formen und Symbolik, um eine mysteriöse Atmosphäre zu schaffen. Ob groß oder klein, freundlich gesinnt oder furchterregend – deiner Kreativität sind keine Grenzen gesetzt!

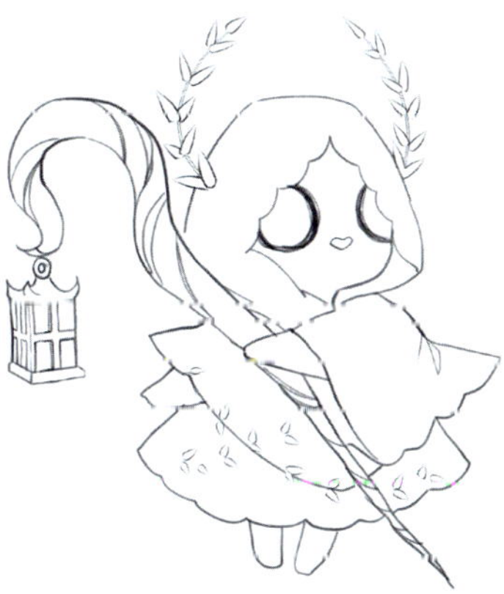

Hier siehst du einen kleiner Waldgeist. In vielen Geschichten sind Geister von verstorbenen Menschen in der Lage, mit den Lebenden zu interagieren.

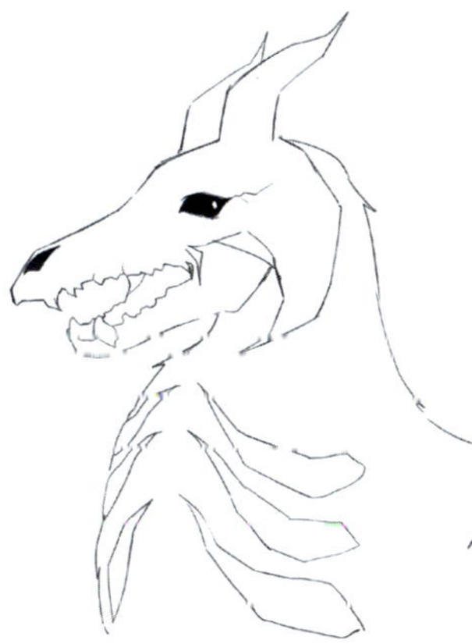

In dieser Abbildung habe ich Schädel und Knochen verwendet, um ein untotes Tier zu schaffen. Das tiefschwarze Auge mit dem einzelnen Lichtreflex verstärkt die unnatürliche Aura.

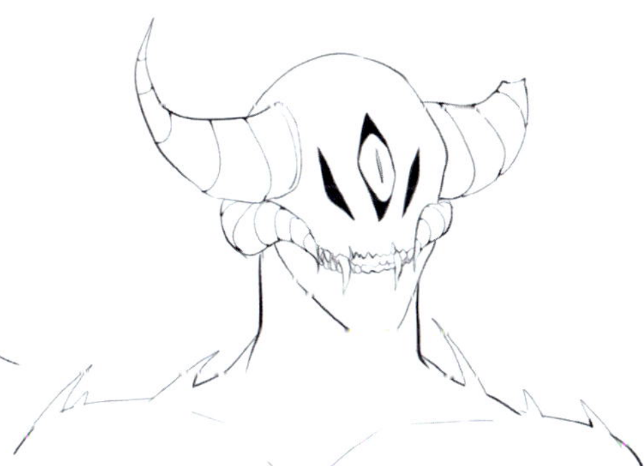

Dieses Monster wirkt schon durch sein fremdartiges Aussehen gruselig. Reißzähne und zusätzliche Augen eignen sich hervorragend, um eine bedrohliche Wirkung zu erzielen.

3. Charakterdesign

In diesem Kapitel werde ich dir die Grundlagen der Charaktergestaltung vorstellen. Du hast sicherlich schon viele wunderbar ausgearbeitete Charaktere bei anderen Künstler:innen gesehen und fragst dich nun, wie du selbst auch so eine Figur entwerfen kannst. Grundsätzlich entspringen die Charaktere natürlich der Fantasie der Künstler:innen, aber jeder hat dabei bestimmte Vorlieben, welche die Figuren einzigartig machen. Das können Faktoren wie Farben, Pose, Stil oder selbst ein Lieblingstier sein, das immer wieder auftaucht. Ich werde dir einige meiner bevorzugten Techniken zeigen, um einen geheimnisvollen und mystischen Charakter zu designen.

Kleidung

Die Kleidung deines Charakters kann viel über seine Persönlichkeit, Geschichte und Rolle in der Handlung aussagen. Kleidung kann auch Ausdruck der Individualität sein, auffällige Outfits zeigen etwa die rebellische Art deines Charakters. Im Genre Mystery gibt es keinen bestimmten Kleidungsstil, den alle Charaktere tragen. Oft sieht man normale Alltagskleidung, die nicht besonders auffällig sind. Dennoch gib es einige Kleidungsstücke, die gut zum Genre passen.

ALLTAGSKLEIDUNG

Es gibt viele Kleidungsstücke, die auf den ersten Blick alltäglich aussehen, sich aber hervorragend dazu eignen, im Verborgenen agieren oder sich vor etwas verstecken. Mäntel verdecken Teile des Körpers und Exemplare aus dunklem Stoff erlauben es dem Charakter sogar, sich ungesehen durch dunkle Bereiche zu bewegen. Eng um den Körper gezogen vermittelt dieses Kleidungsstück eine Atmosphäre von Anspannung oder Ängstlichkeit, vielleicht bewegt sich der Mantel aber auch auf unheimliche Weise, ohne dass es einen ersichtlichen Grund dafür gibt?

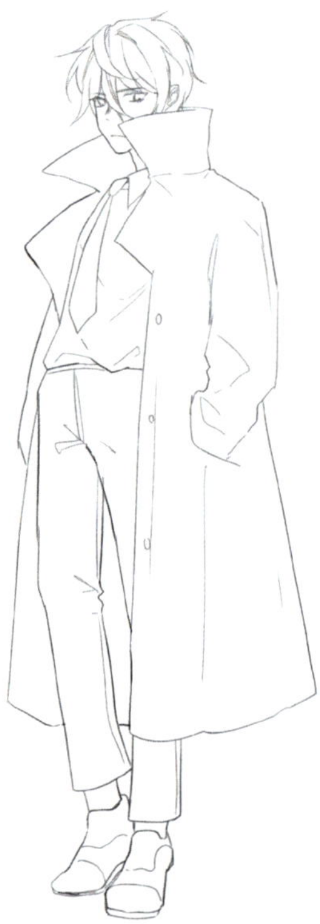

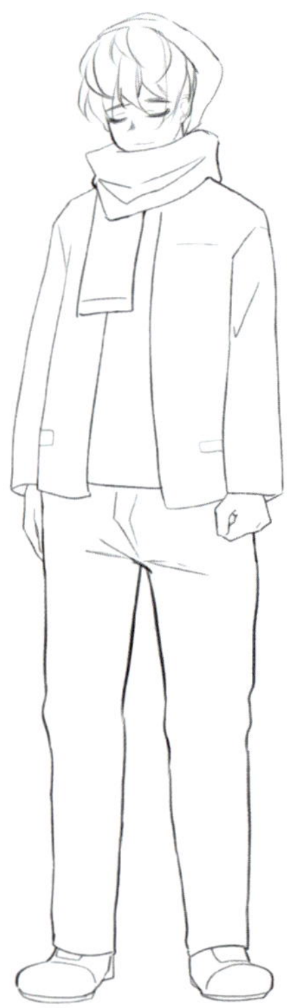

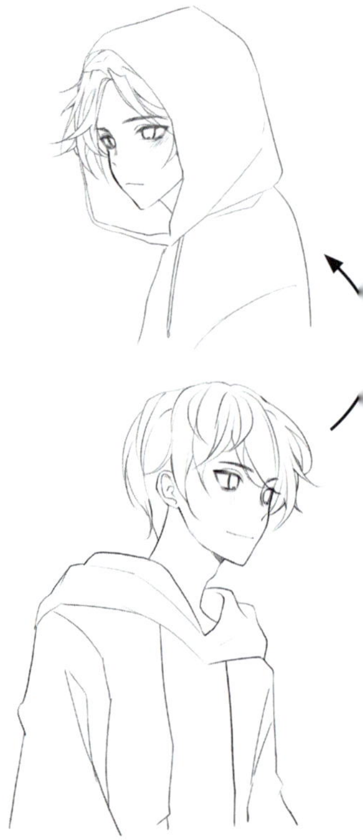

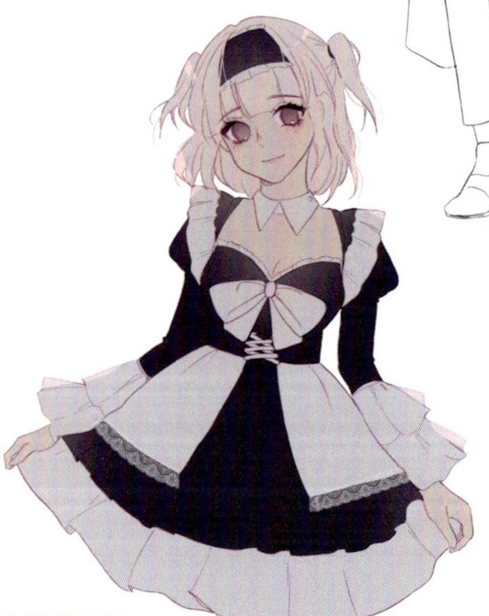

Ein Schal schützt nicht nur vor Kälte, er kann auch zum Verdecken des Gesichts verwendet werden. Damit kann die Identität verborgen bleiben oder vielleicht möchte der Charakter auch nicht, dass andere seine Mimik lesen können.

Hoodies können bequeme Alltagskleidung sein. Setzt man allerdings die Kapuze auf, können sie auch zum Tarnen der Identität verwendet werden und haben gleich eine ganz andere Wirkung.

UNIFORM

Uniformen wie dieses Dienstmädchen-Outfit können aus verschiedenen Gründen eine mysteriöse Aura ausstrahlen. Oftmals sind diese ein Hinweis auf bestimmte Organisationen oder Gruppierungen, die geheime oder unerklärliche Ziele verfolgen. In anderen Fällen können die Uniformen dazu dienen, Identitäten oder die wahre Natur einer Person zu verschleiern.

TRADITIONELLE KLEIDUNG

Kimonos sind traditionelle Kleidungsstücke, die in Japan eine wichtige Rolle spielen. Sie werden mit alten Ritualen, Geheimnissen und Legenden in Verbindung gebracht. Kimonos können als ein Hinweis auf die Identität oder den Charakter einer Figur dienen, die möglicherweise eine besondere Beziehung zu geheimnisvollen alten Traditionen hat. Darüber hinaus kann die Farbwahl und Musterung des Kimonos zusätzlich zur Atmosphäre beitragen.

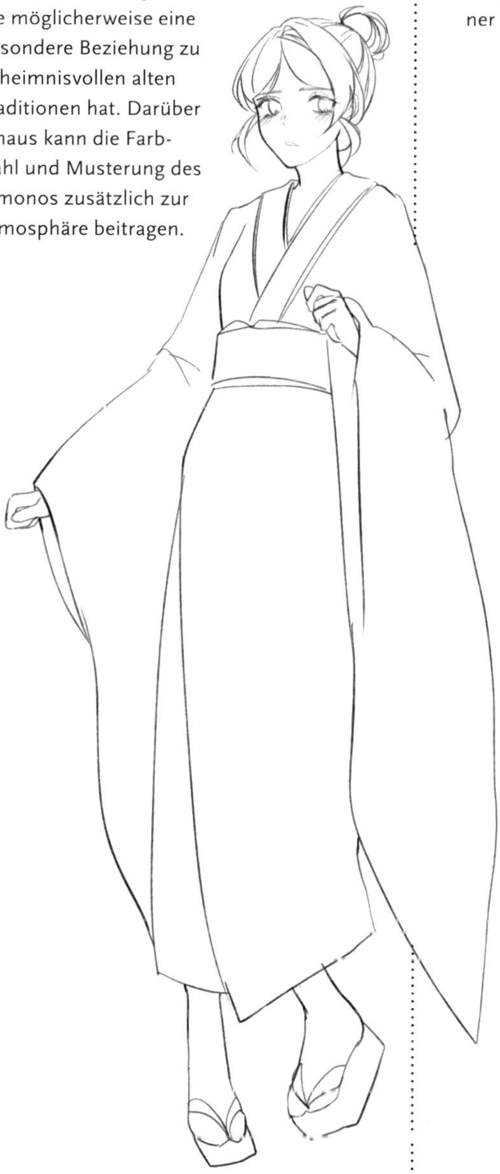

KLEIDUNGSZUSTAND

Der Zustand von Kleidung kann ebenfalls einiges aussagen, sie kann etwa zerrissen, verbrannt oder von Blut bedeckt sein. Dadurch lernt der Betrachter mehr über den Charakter wie zum Beispiel, dass dieser einen riskanten Beruf ausübt oder gerade knapp aus einer gefährlichen Lage entkommen ist.

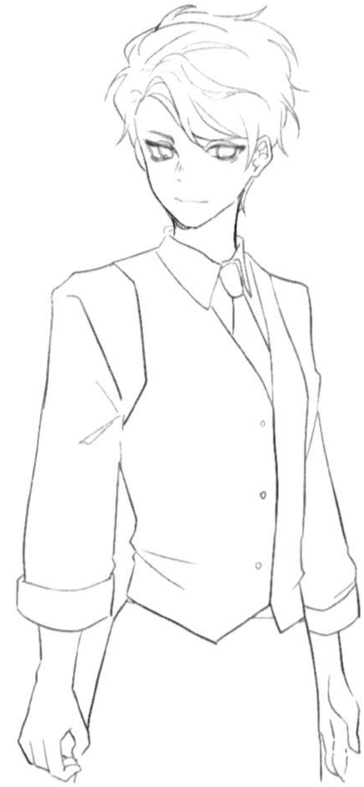

1 Zunächst entwerfe ich die intakte Kleidung, das macht es einfacher, alles korrekt zu zeichnen.

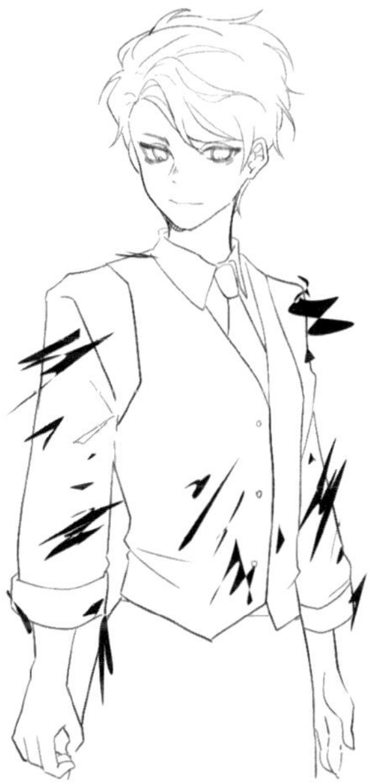

2 Im nächsten Schritt werden die Risse in der Kleidung hinzugefügt. Diese zeichne ich in einer neuen Ebene in Schwarz ein (beim traditionellen Zeichnen sollten die Risse mit Bleistift eingezeichnet werden).

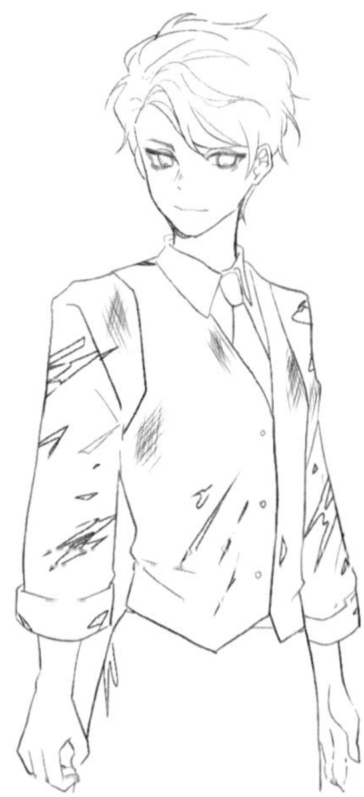

3 Im nächsten Schritt entferne ich die inneren Teile und retuschiere einige Linien nach. Das Einfügen von eine Kreuzschraffur schafft den Eindruck, dass der Stoff an diesen Stellen schmutzig ist.

Kleidungsaccessoires

Accessoires können leere Stellen in der Kleidung füllen und werden dort zu einem Hingucker. Je nach gewünschtem Effekt kannst du entscheiden, wie viele Accessoires du benutzen willst. Accessoires können nicht nur das Aussehen des Charakters vervollständigen, sondern auch seine Persönlichkeit und Hintergrundgeschichte widerspiegeln. In dieser Hinsicht sind die Auswahl und Platzierung von Accessoires eine kreative Möglichkeit, um einen Charakter zu gestalten.

MASKEN

Masken können das Gesicht eines Charakters teilweise oder vollständig bedecken. Dadurch können sie eine Aura des Geheimnisvollen und Unbekannten erzeugen, da der Betrachter nicht weiß, wer sich hinter der Maske verbirgt und welche Absichten diese Person hat. Auch Gefühle werden dadurch schwerer lesbar. Die Offenbarung des Gesichts kann im späteren Verlauf der Handlung oder sogar gar nicht passieren, denn manchmal kann es auch spannend sein, wenn am Ende der Geschichte einige Fragen unbeantwortet bleiben.

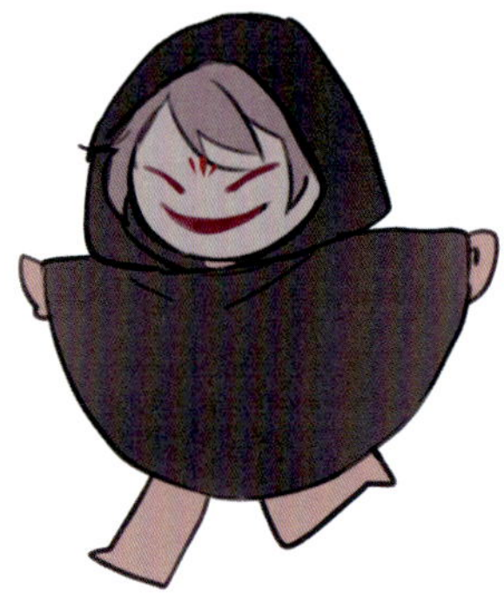

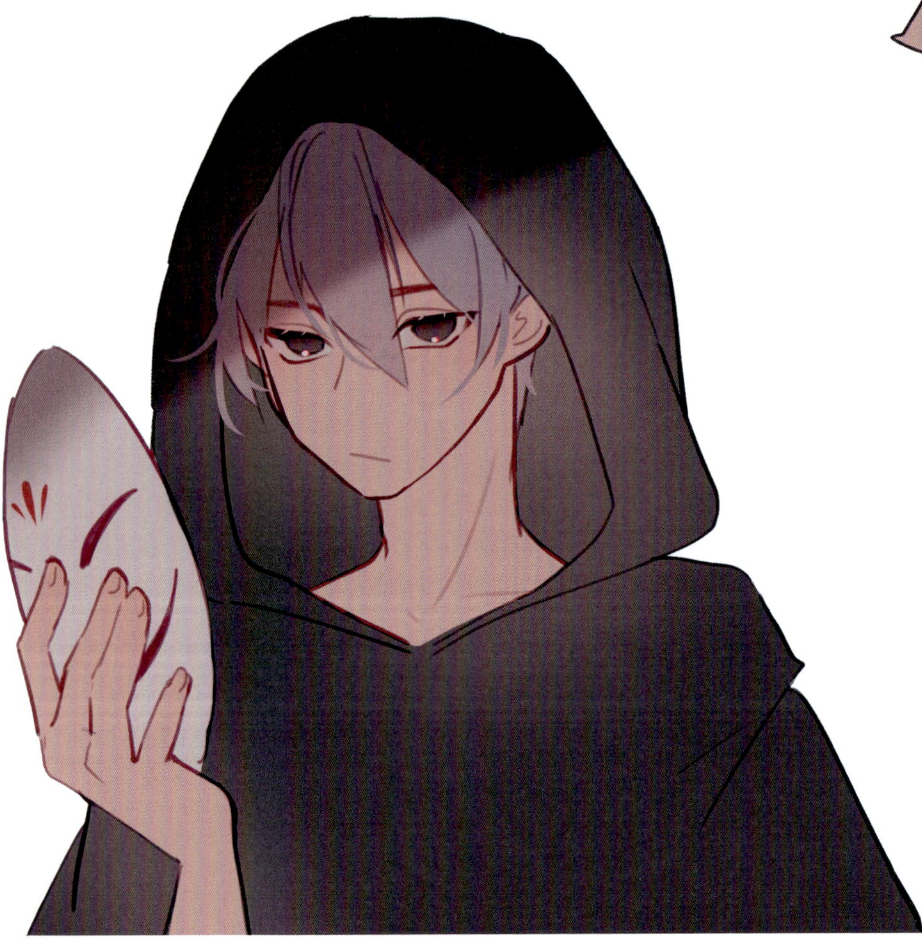

VERDECKTES GESICHT

Neben klassischen Masken gibt es jedoch auch zahlreiche weitere Möglichkeiten, das Gesicht vollständig oder teilweise zu verstecken, etwa durch eine Augenklappe, eine medizinische Maske oder einen breitkrempigen Hut.

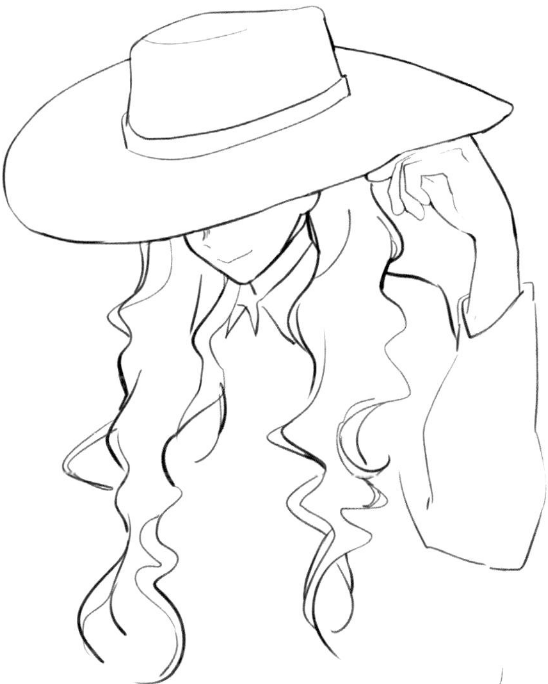

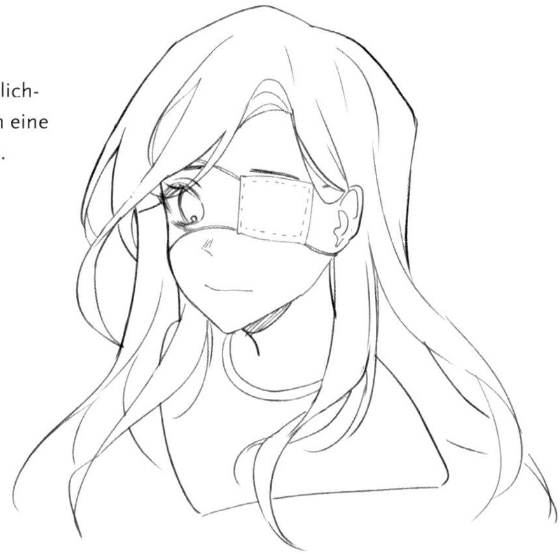

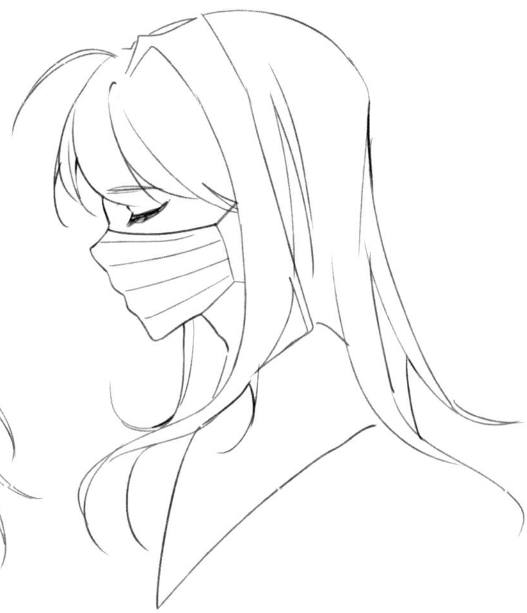

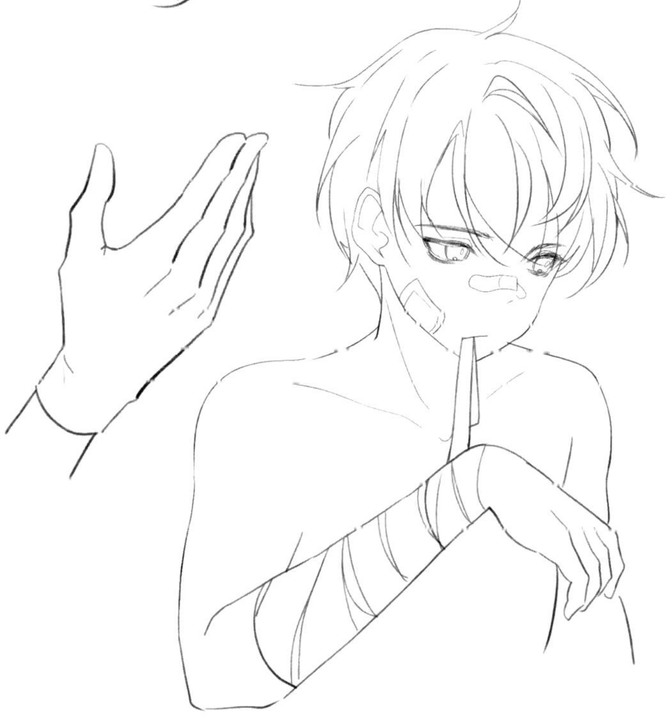

VERDECKTE KÖRPERTEILE

Neben dem Gesicht können andere Teile wie Hand oder Arm verdeckt werden, etwa durch einen Handschuh oder einen Verband. Im traditionellen Sinne sind Verletzungen zwar keine Accessoires, aber sie können als wichtiger Bestandteil des Charakterdesigns betrachtet werden.

Weitere Accessoires

Neben den Kleidungsaccessoires gibt es auch solche, die man bei sich trägt. Sie können durch eine ungewöhnliche Form, Symbolik oder durch den Kontext hervorstechen. Es kann sich dabei ebenso um ausgefallenen Schmuck handeln wie um ganz normale Alltagsgegenstände, die eine tiefere Bedeutung haben.

HALSKETTE

Eine Halskette mit einem obskuren Anhänger erweckt den Eindruck, dass der Träger ein Geheimnis verbirgt oder im Zusammenhang mit okkulten Themen steht. Ähnlich funktionieren spirituelle Gegenstände wie Tarotkarten oder Runensteine.

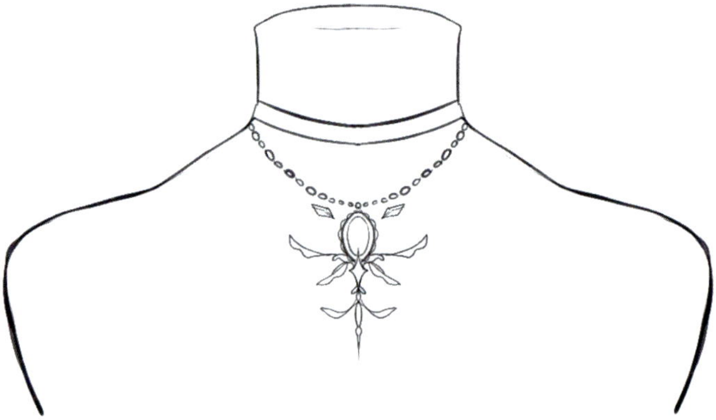

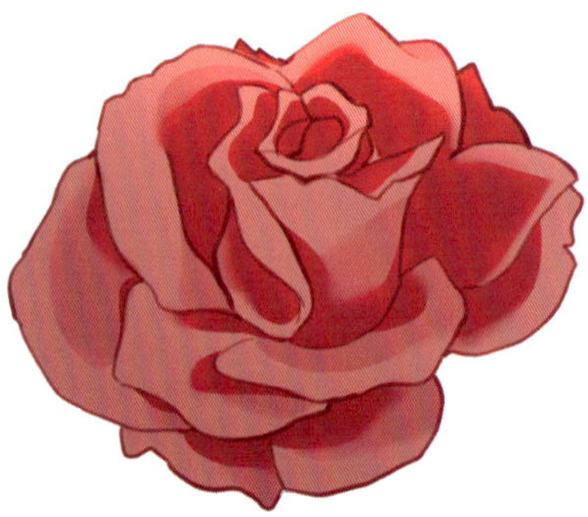

ROSE

Im letzten Kapitel habe ich dir bereits etwas über die Wirkung von Blumen erzählt. Aber natürlich können Blumen auch im Haar oder an der Kleidung getragen werden. Die Rose steht für Schönheit und Eleganz, kann aber auch die Vergänglichkeit und Schmerz widerspiegeln.

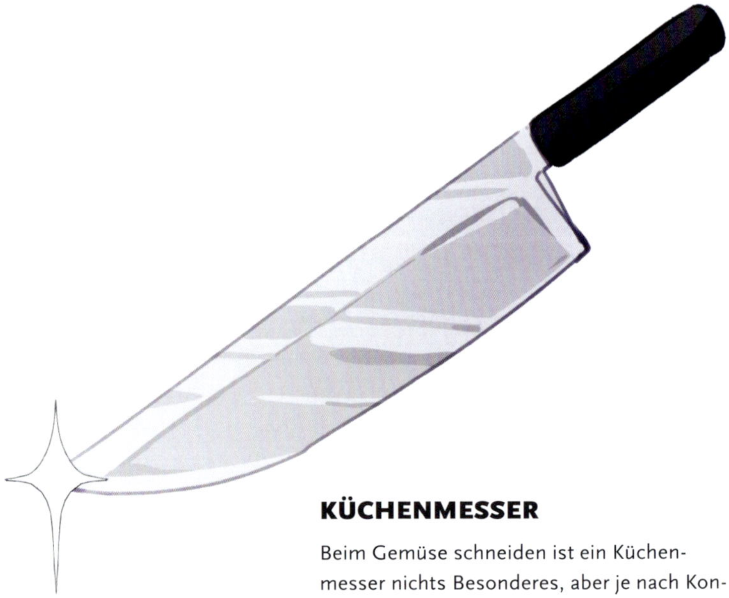

KÜCHENMESSER

Beim Gemüse schneiden ist ein Küchenmesser nichts Besonderes, aber je nach Kontext kann sich das schnell ändern. Wenn es jemand bei einem Streit in der Hand hält, wirkt das Messer sofort bedrohlich. Oder vielleicht gibt es im Verlauf der Handlung einen Mord, bei dem das Opfer erstochen wurde? In Mystery-Geschichten können Messer eine wichtige Rolle spielen und den Leser in Spannung versetzen.

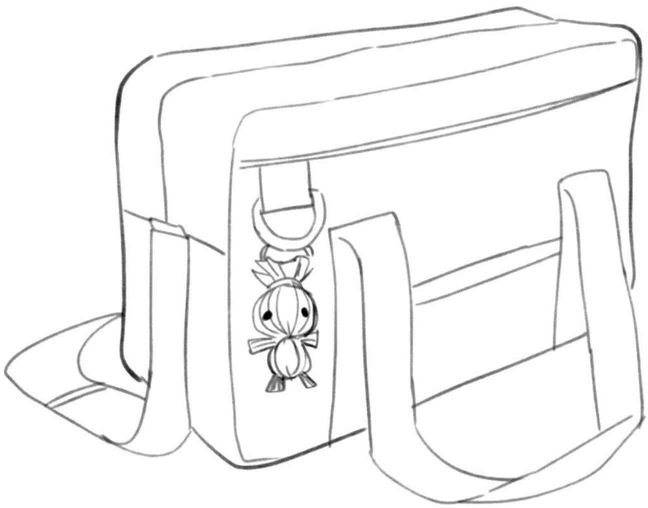

SCHULTASCHE MIT ANHÄNGER

Solche Schultaschen sind typisch für Japan und man sieht sie in vielen Mangas. Die eher schlichte Tasche kann spannend werden durch Details wie ein unheimlicher Anhänger, der Fragen über seine Bedeutung aufwirft. Eine Schultasche kann aber auch für die gesamte Handlung wichtig sein, eine zurückgelassene Tasche könnte etwa der einzige Hinweis auf eine verschwundene Figur sein oder ein Anzeichen dafür, dass jemand an einem bestimmten Ort war.

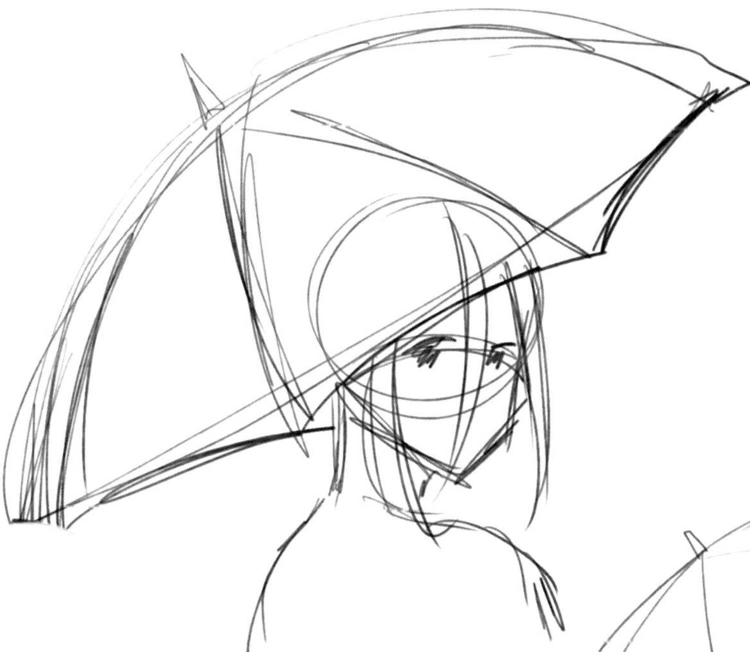

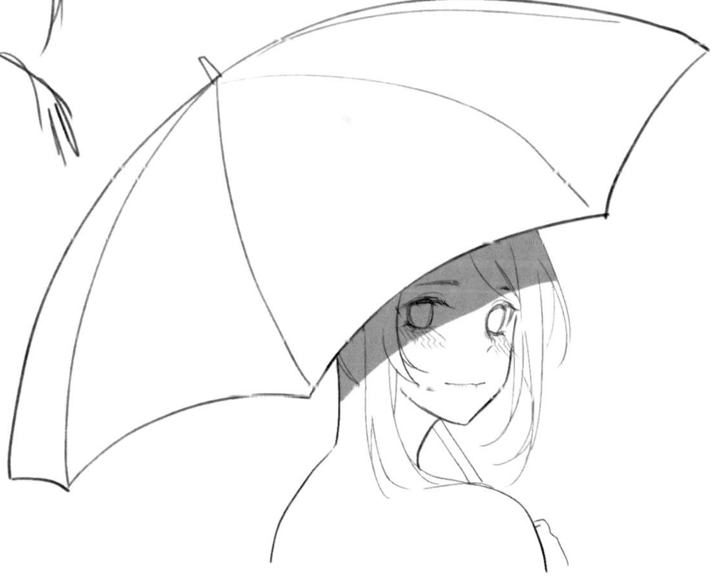

REGENSCHIRM

In Mystery-Geschichten werden Regenschirme oft als Symbol für Geheimhaltung oder als Hinweis auf unerwartete Ereignisse verwendet, wie zum Beispiel plötzliche Regenschauer. In manchen Fällen werden spitze Schirme sogar als Waffe eingesetzt.

Posen

Ob dein Charakter dominant und selbstbewusst oder ängstlich und zurückhaltend wirkt, hängt wie in der Realität von seiner Körperhaltung ab. In diesem Kapitel zeige ich dir, wie du Posen nutzt, um die Persönlichkeit deiner Figur darzustellen.

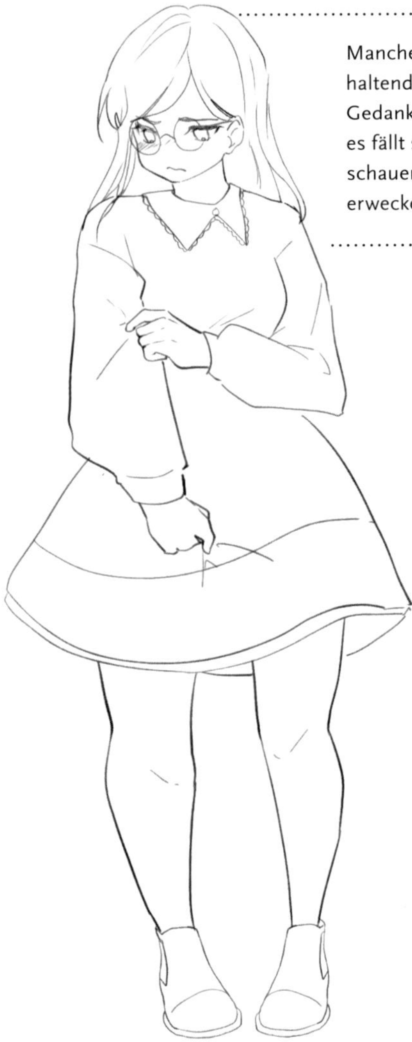

Manche Charaktere zeigen ein ruhiges und zurückhaltendes Verhalten und behalten ihre Gefühle und Gedanken für sich. Dadurch wirken sie unnahbar und es fällt schwer, ihre Absichten und Pläne zu durchschauen. Solche Figuren wirken geheimnisvoll und erwecken den Wunsch, mehr über sie zu erfahren.

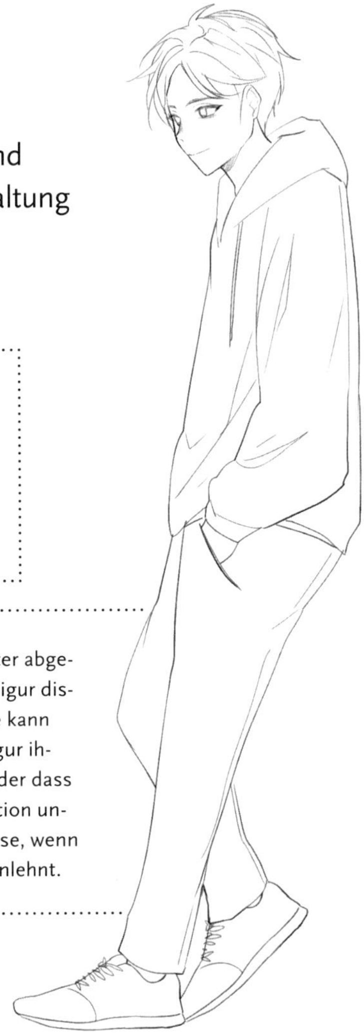

Durch eine seitliche, vom Betrachter abgewandte Körperhaltung wirkt eine Figur distanziert und unnahbar. Diese Pose kann darauf hindeuten, dass sich die Figur ihrer Umwelt nicht öffnen möchte oder dass sie sich in einer bestimmten Situation unwohl fühlt. Verstärkt wird diese Pose, wenn der Charakter sich an eine Wand anlehnt.

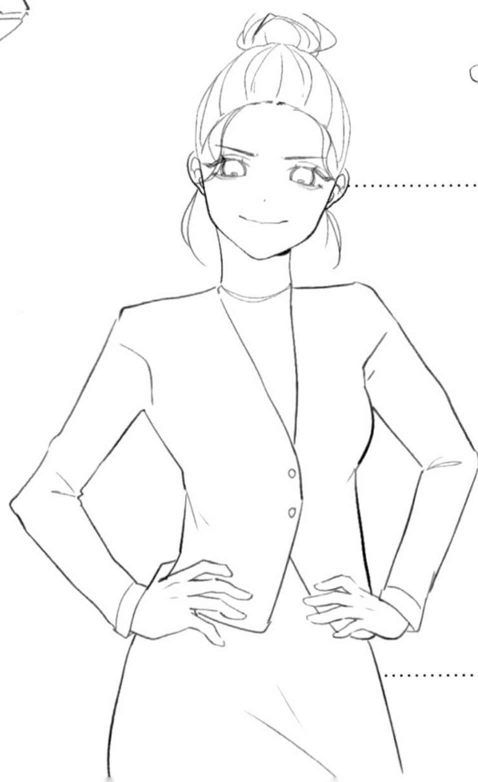

Im Gegensatz dazu strahlen selbstbewusste Posen eine starke und dominante Präsenz aus, etwa durch einen aufrechten Gang oder einen hochgehaltenen Kopf. Die Arme unterstreichen diese Haltung, wenn sie in die Hüfte gestemmt oder verschränkt sind. Aber auch die selbstbewusste Fassade kann dazu dienen, um die wahren Gefühle des Charakters zu verbergen.

Steht die Figur mit dem Rücken zum Betrachter, sind ihre Gesichtszüge nicht zu sehen, ihre Mimik bleibt der Fantasie des Betrachters überlassen. Diese Pose kann dazu dienen, eine gewisse Distanz zur Umwelt auszudrücken oder die Persönlichkeit der Figur zu verschleiern. Das Ausstrecken des Arms zeigt, dass der Charakter nach etwas greifen möchten – ein spannender Kontrast entsteht, wenn es sich dabei um etwas Unerreichbares handelt wie ein davonfliegender Schmetterling, ein Stern oder eine Halluzination.

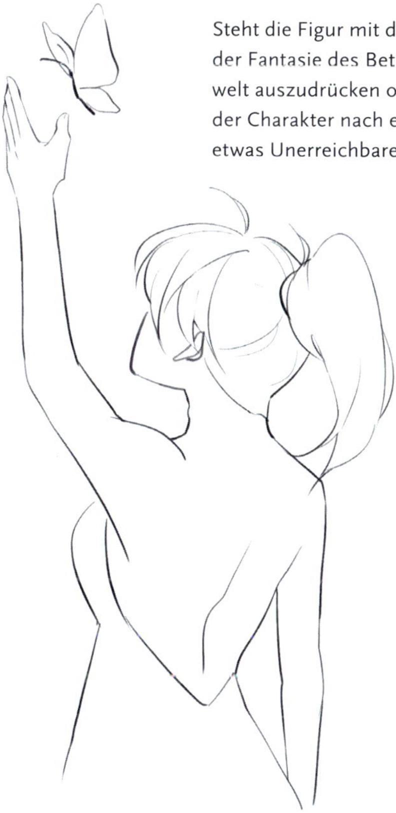

UNGEWÖHNLICHE POSEN

Eine fallende Figur erzeugt eine Atmosphäre der Hilflosigkeit und Bedrohung. Der Betrachter fragt sich, wie es zu diesem Szenario gekommen ist und was als nächstes geschieht. Die Pose lässt den Charakter verletzlicher wirken und kann auch metaphorisch für seinen mentalen Zustand stehen.

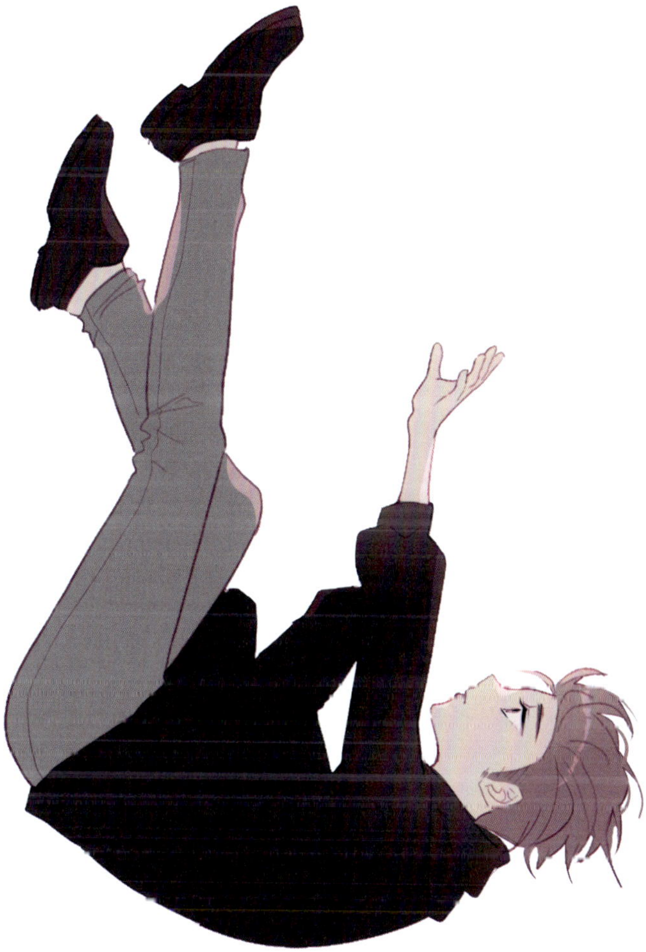

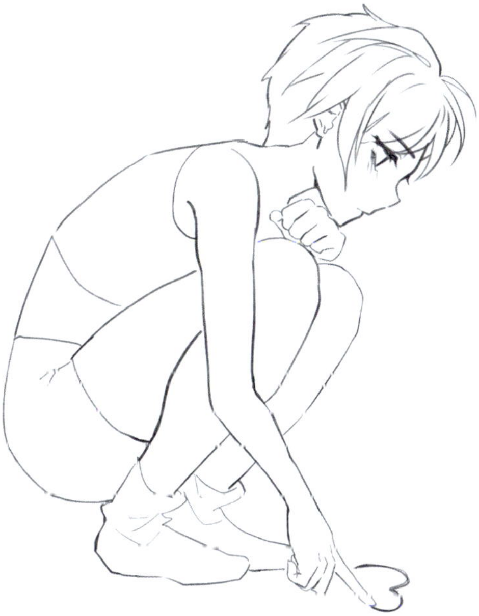

Eine Embryo-Position oder um die Knie gelegte Arme und ein gesenkter Kopf lassen eine Figur introvertiert wirken. Oft wird diese Haltung als Schutzmechanismus gegenüber der Umwelt interpretiert. Diese Pose vermittelt, dass der Charakter emotionaler oder psychischer Belastung ausgesetzt war.

Mimik und Gestik

Die Mimik einer Manga-Figur kann Hinweise auf ihren Charakter und ihre Rolle in der Geschichte geben. Ein leichtes Lächeln oder ein mysteriöser Blick können den Charakter rätselhaft und unergründlich erscheinen lassen. Es kann zunächst schwierig sein, eine spezielle Nuance der gewünschten Emotion zu visualisieren. Deshalb möchte ich dir einige Techniken zeigen, mit denen du die Mimik deiner Figuren schnell und einfach gestalten kannst.

MIMIK

Mit einem ausdrucklosen Gesicht und starrem Blick in die Ferne schauend wirkt eine Figur unnahbar. Diese Haltung deutet darauf hin, dass die Figur ihre Gefühle oder Gedanken abschirmt und dadurch eine gewisse Distanz zur Umwelt wahrt. Gleichzeitig kann diese Pose einen geheimnisvollen Charme haben und das Interesse des Betrachters wecken.

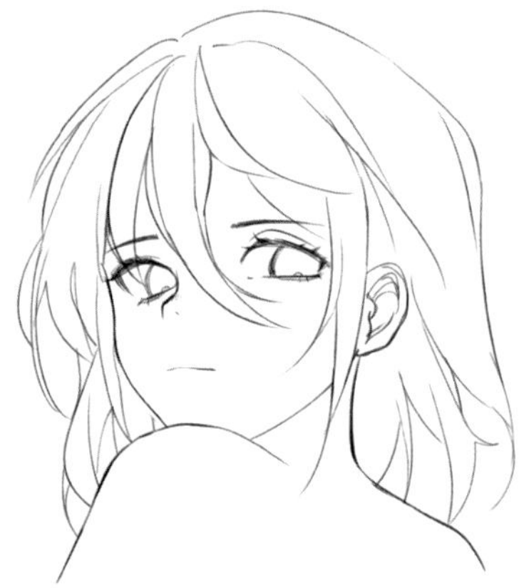

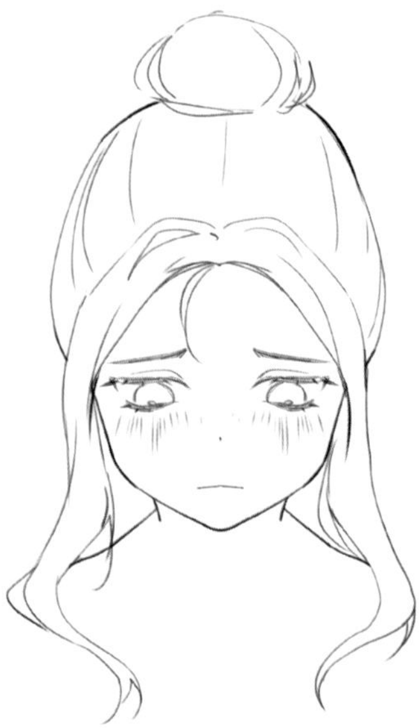

Wenn eine Figur ihren Kopf senkt und ihren Blick nach unten richtet, erweckt dies den Eindruck, dass sie tief in Gedanken versunken oder nachdenklich ist. Die Absichten lassen sich dadurch schwerer erkennen.

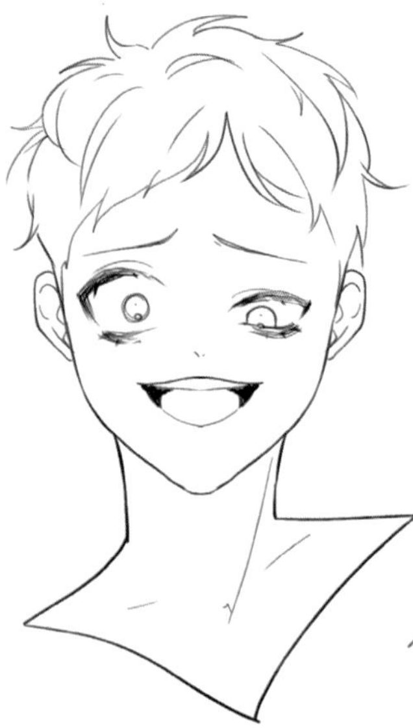

Im Genre Mystery finden sich oft auch Charaktere mit psychischen Problemen. Es ist wichtig, dies im Ausdruck ihrer Gesichter zu berücksichtigen, insbesondere durch verwirrte oder verrückte Gesichtsausdrücke. Das kann man erreichen, indem die Augen unterschiedlich groß gezeichnet werden, um einen Effekt des Zuckens oder Zitterns in den Augen zu erzeugen.

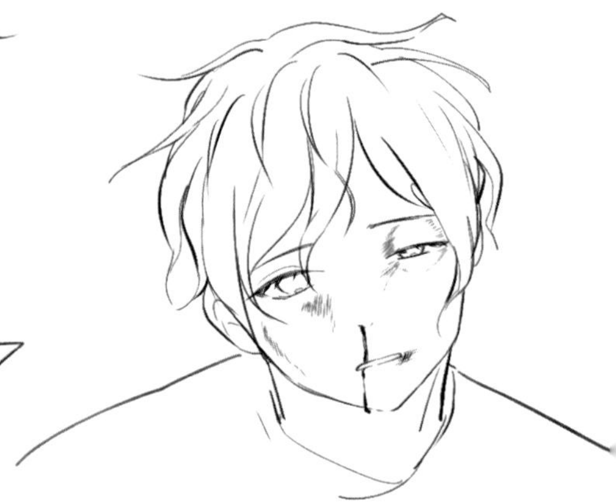

Auch Verletzungen wirken sich auf die Mimik aus, neben oberflächlichen Wunden kann etwa ein Auge zugeschwollen sein. Die Figur wirkt aufgrund der Schmerzen unglücklich und erschöpft.

GESTIK

Eine Person, die das Gesicht mit den Händen oder einem Gegenstand bedeckt, wirkt geheimnisvoll, da ihre Mimik nicht vollständig erkennbar ist. Besonders intensiv ist dieser Effekt, wen die Augen teilweise oder ganz verdeckt werden.

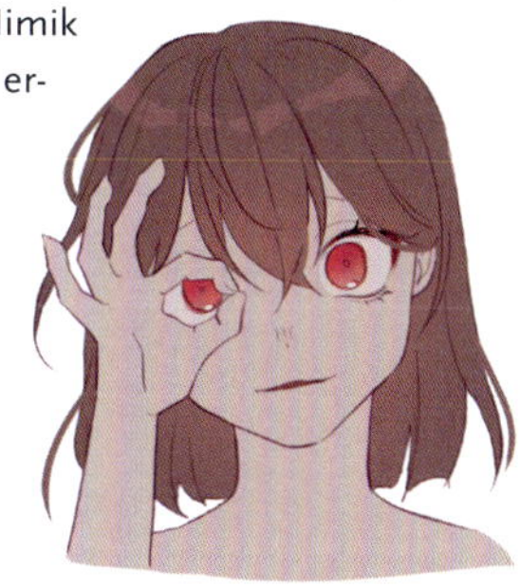

Der hinterhältige Blick eines Charakters kann durch das Schattieren um die Augen herum intensiviert werden, um das Gesicht zu verdunkeln.

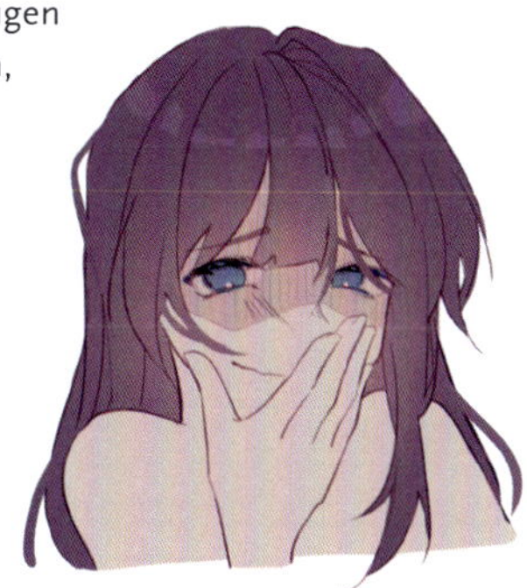

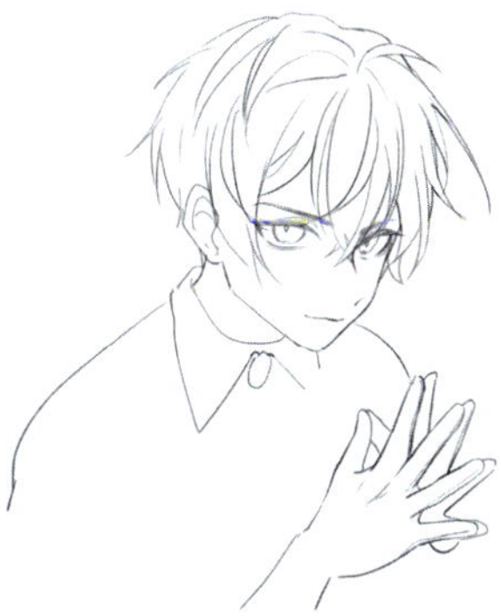

In dieser Szene schaut der Charakter von unten zum Betrachter, was normalerweise eine Unterlegenheit des Charakters betonen würde. Da er seinen Blick jedoch nicht abwendet und sehr selbstsicher wirkt, kehrt sich der Effekt ins Gegenteil um. Die Handgeste vermittelt Listigkeit und Intelligenz.

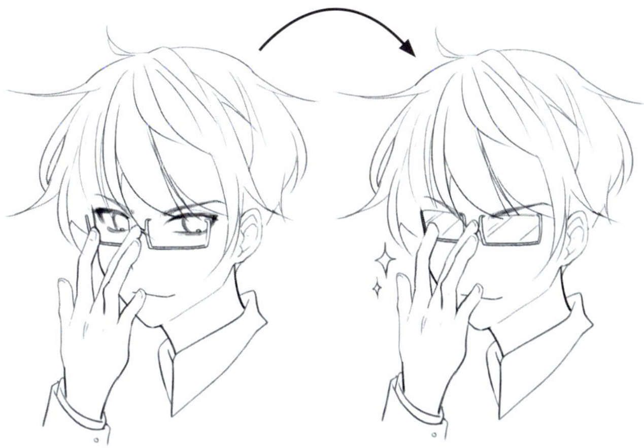

Die Geste des Hochschiebens einer Brille wird in Mangas häufig verwendet. Sie betont die Selbstsicherheit und Überlegenheit des Charakters, gleichzeitig kann sie genutzt werden, um die Augen des Charakters zu verbergen.

Innere Verletzungen, die von außen nicht zu sehen sind, können durch Gesten vermittelt werden, etwa indem der Charakter an seinen schmerzenden Hals greift.

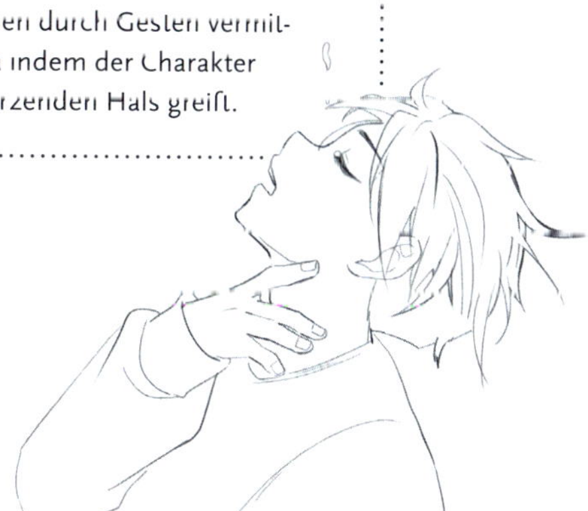

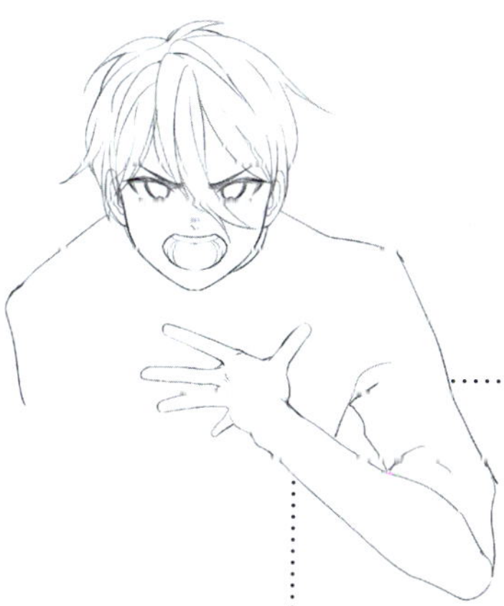

Eine starke Emotion lässt sich am besten durch eine möglichst dramatische Handgeste untermalen. Ist eine Figur aufgewühlt oder wütend, neigt sie dazu, besonders stark zu gestikulieren – etwa indem sie auf sich selbst oder andere deutet.

Überraschende Persönlichkeiten

Ein beliebter Überraschungseffekt ist es, die Persönlichkeit einer Figur in Kontrast zu seinem Aussehen zu stellen. Bisher haben wir schon einiges über typische Kleidung und Körperhaltung gesprochen, aber was ist, wenn die Persönlichkeit nicht mit dem übereinstimmt, was wir äußerlich wahrnehmen? Man lässt den Zuschauer raten, was wirklicher im Inneren einer Figur vorgeht und erzeugt damit Spannung und erzählerische Tiefe.

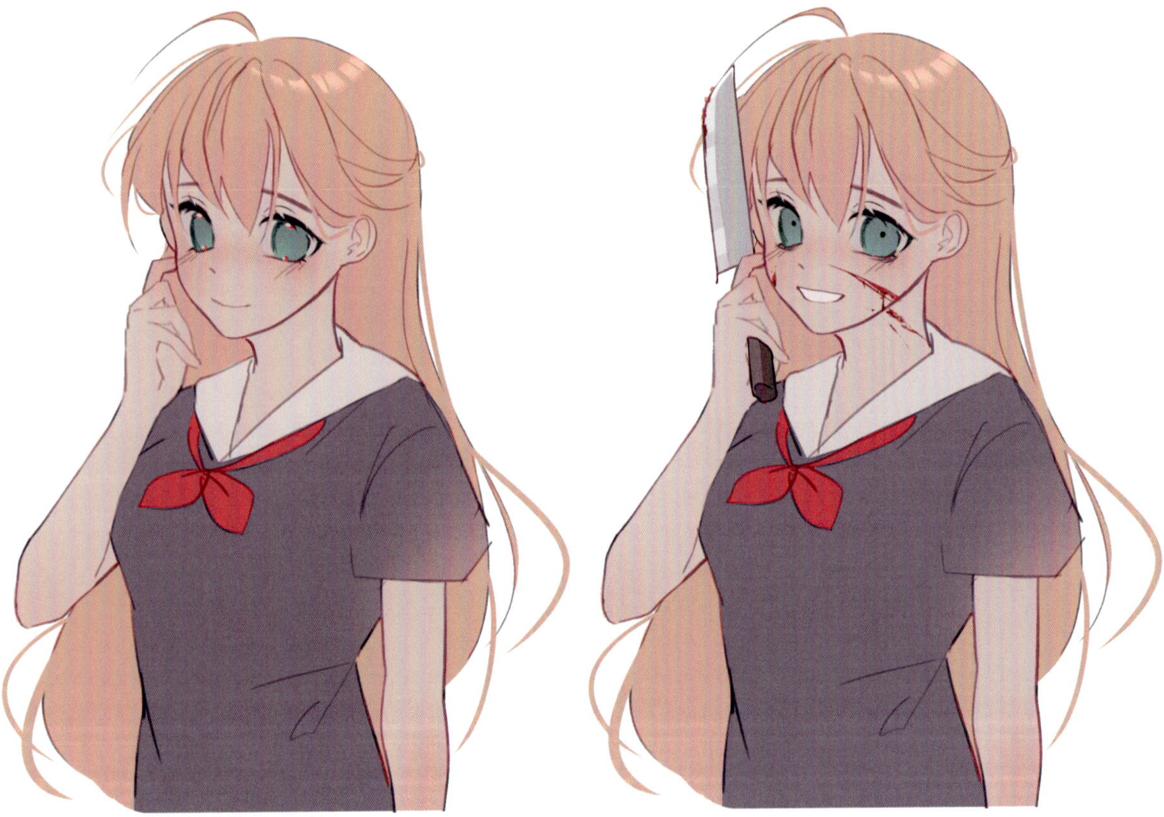

Je stärker der Kontrast, desto größer die Wirkung. So kann beispielsweise ein scheinbar harmloses Mädchen in normaler Kleidung in Wirklichkeit ein kaltblütige Serienkillerin sein. Es gibt im Japanischen beispielsweise einen als Yandere bezeichneten Figurentyp, der aufgrund von obsessiver Liebe handelt. Das Entfernen des Glanzes in den Augen lässt den Charakter emotionslos und kaltblütig wirken, winzige Pupillen deuten auf einen psychotischen Geisteszustand hin.

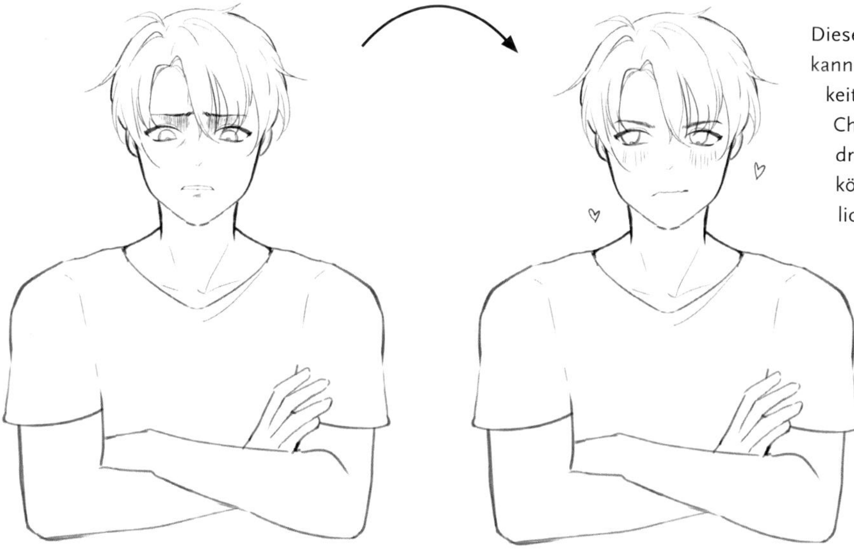

Dieser Kontrast von Schein und Sein kann auf ganz verschiedene Persönlichkeitstypen angewendet werden. Ein Charakter, der auf den ersten Blick bedrohlich und furchteinflößend wirkt, könnte sich tatsächlich als freundlicher Blumenhändler herausstellen.

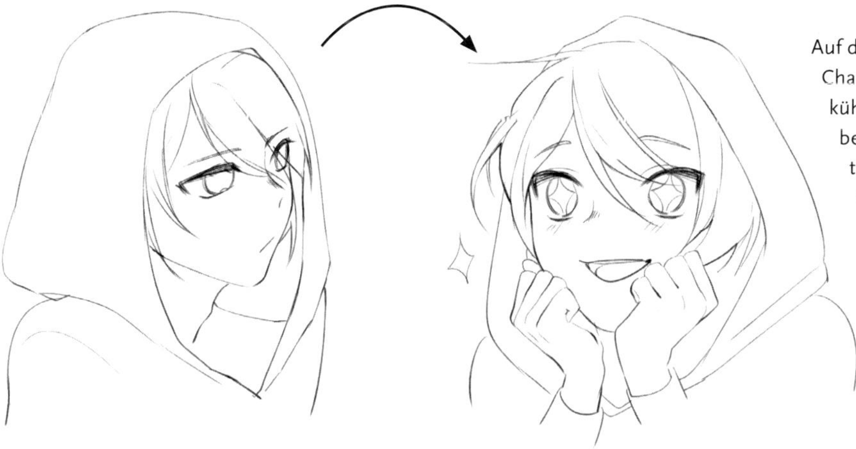

Auf der anderen Seite könnte ein Charakter, der normalerweise kühl und desinteressiert wirkt, bei bestimmten Themen lebhafte Emotionen zeigen und seine wahren Gefühle offenbaren. Das Hinzufügen von Sternchen in den Augen unterstreicht die Begeisterung.

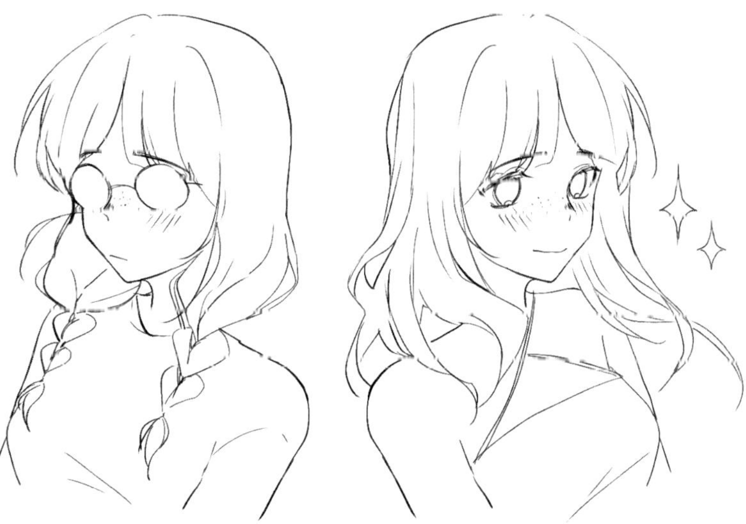

Ein ähnlicher Effekt kann mit dem äußeren Erscheinungsbild erzielt werden. Dieselbe Figur kann je nach Frisur, Kleidung und Accessoires völlig unterschiedlich wirken. Ein schüchternes Mauerblümchen mit braven Zöpfen, schlichter Kleidung und einer Brille, welche die Augen verdeckt, kann sich etwa in einem neuen Outfit überraschend in eine strahlende Schönheit verwandeln.

Magie

Magie zu zeichnen erfordert vor allem Fantasie, weil es keine festen Regeln gibt, wie sie auszusehen hat. Das ermöglicht den Lesern, in eine fantastische Welt voller Wunder und Überraschungen einzutauchen.

GRUNDFORMEN

Beim Zeichnen von Magie geht es darum, ein spektakuläres visuelles Erlebnis zu schaffen, das die Fantasie anregt. Magie wird oft als strahlend und leuchtend dargestellt, um ihre mystische Wirkung zu verstärken. In diesem Beispiel habe ich eine Sternenform gezeichnet und einen leichten Lichtschimmer dahinter gelegt, um einen Leuchteffekt zu erzielen. Achte darauf, dass das Licht der Magie auf die Umgebung und die Charaktere in der Szene fällt.

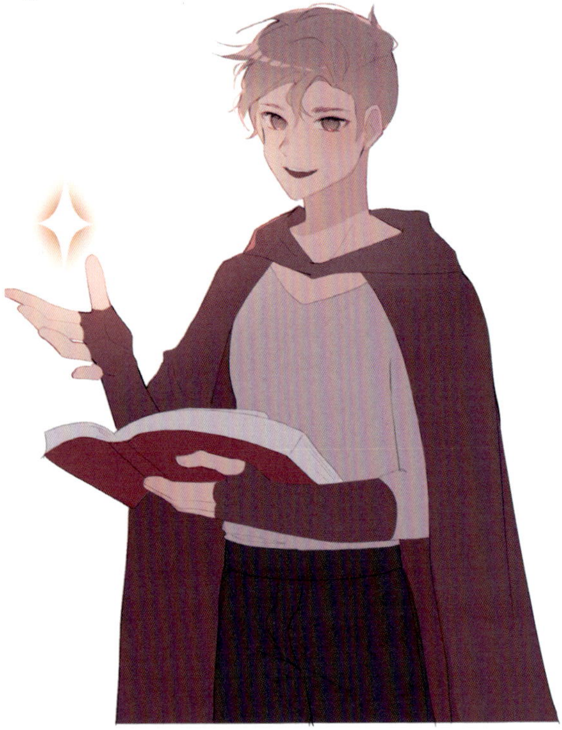

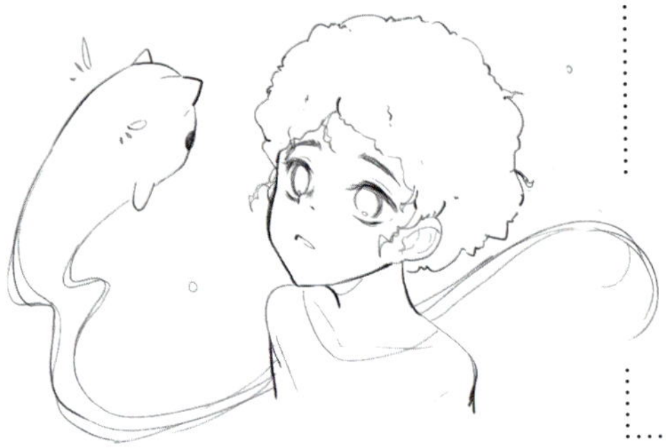

Neben den klassischen Formen der Magie gibt es Fähigkeiten, die nicht für das Auge sichtbar sind, zum Beispiel Telekinese oder Hellsehen. Deiner Fantasie sind dabei keine Grenzen gesetzt. Vielleicht kann dein Charakter auch ungewöhnliche Dinge sehen, die kein anderer wahrnimmt?

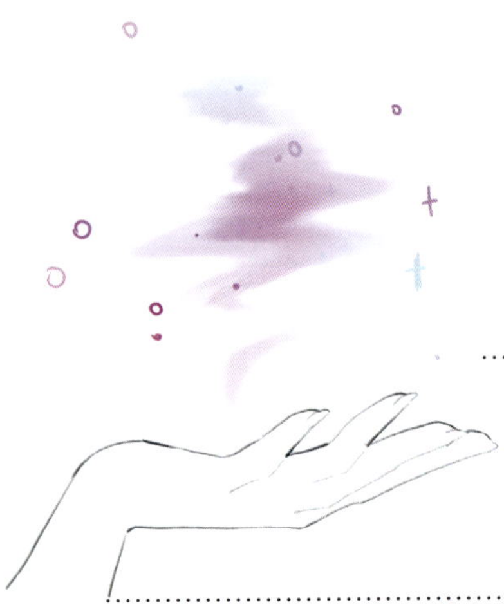

Eine andere Möglichkeit ist es, der Magie keine feste Form zu geben, sondern sie frei „fließen“ zu lassen. Durch das Hinzufügen einfacher Formen wie Sterne, Quadraten oder Kreisen kannst du die Magie zum Funkeln bringen. Verschiedenen Farben sorgen für eine lebendige und abwechslungsreiche Wirkung.

BLITZ

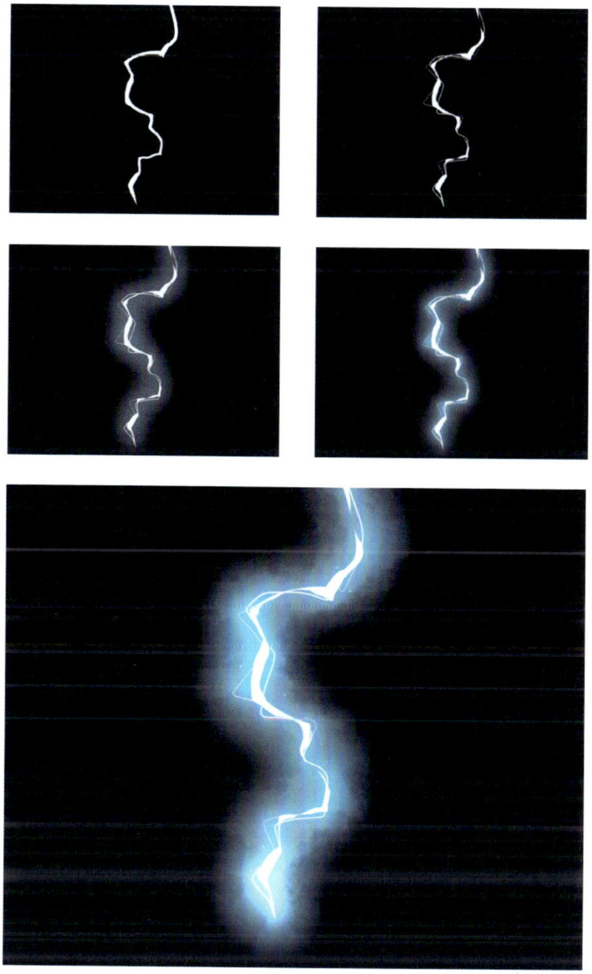

1 Zeichne zuerst eine vereinfachte Form des Blitzes. Achte darauf, viele spitze Zacken einzubauen. **2** Im nächsten Schritt radiere ich einige Stellen etwas dünner und fügen dann mit einem feinen Stift weitere Linien hinzu, die in Richtung des Blitzes verlaufen. **3** Nun füge ich mit einem Airbrush eine beliebige Farbe als Leuchten um den Blitz herum hinzu. Dazu eignet sich zum Beispiel ein kaltes Blau. Mit traditionellen Methoden kannst du für diesen Schritt auch einfach einen normalen Stift verwenden. **4** Den Leuchteffekt verstärke ich weiter, indem ich dieselbe Farbe in einem kräftigeren Ton dicht an der Grundform des Blitzes entlang auftrage. **5** Zuletzt verstärken ich die Leuchtkraft noch weiter und fügen mit einem Pinsel mehr Textur ein. Zusätzlich kannst du einige Lichtpunkte setzten.

MAGISCHER KREIS

Ein magischer Kreis wird mit Zauberei oder okkulten Praktiken in Verbindung gebracht. Er enthält geometrische Formen, aber auch Symbole, Runen oder fremdartige Schriftzeichen. Oft wird ein magischer Kreis bei einem Ritual dargestellt, etwa um ein übernatürliches Wesen zu beschwören oder einen Zauber zu wirken. Da solche Kreise meist recht komplex aufgebaut sind, solltest du die Form zuerst in der Frontansicht ausarbeiten und sie erst im nächsten Schritt perspektivisch auf dem Boden zu platzieren.

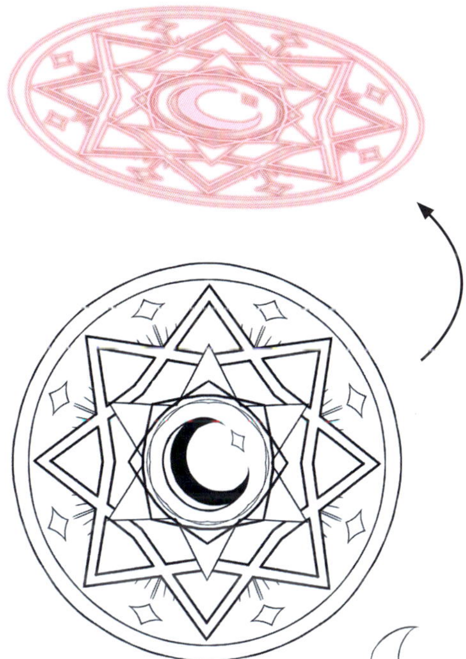

MAGISCHE GEGENSTÄNDE

Auch Gegenstände können magische Eigenschaften haben, zum Beispiel Tränke oder Zauberstäbe. Die Wirkung dieser Gegenstände kann variieren und hängt von der Geschichte ab, die du erzählen möchtest.

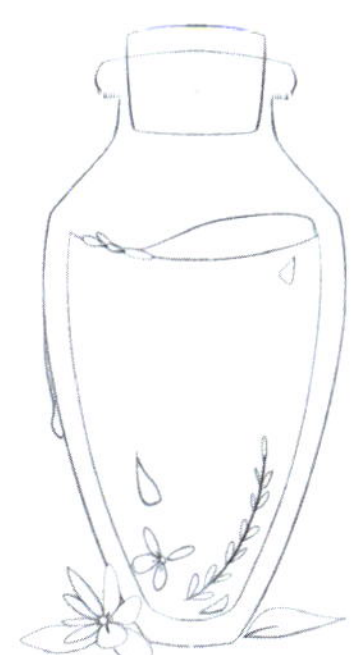

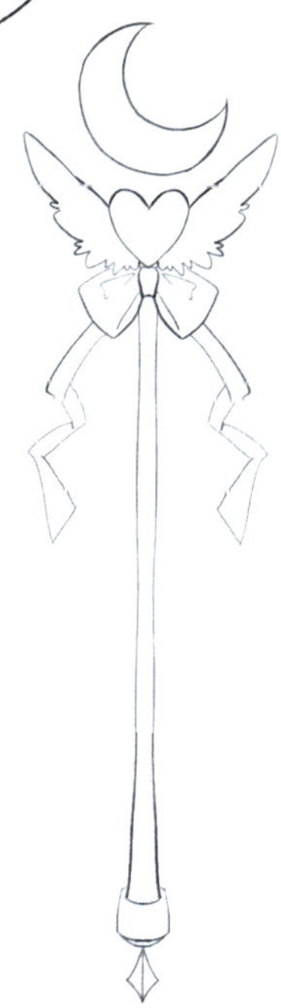

Nicht ganz menschlich

Mit nur wenigen kreativen Elementen kannst du aus einem gewöhnlichen Menschen ein übernatürliches Wesen machen. Im Mystery-Genre gibt es eine Vielzahl von übernatürlichen Wesen, die nicht nur Engel umfassen, sondern auch andere faszinierende Kreaturen wie Meerjungfrauen, Feen, Zombies, Hexen und Dämonen. Jede dieser Arten hat ihre eigenen charakteristischen Merkmale und bieten einzigartige Möglichkeiten für Geschichten und Charakterentwicklung.

ENGEL

Engelsflügel sind ein häufig verwendetes Stilmittel, um dem Betrachter zu signalisieren, dass es sich nicht um eine menschliche Figur handelt. Klassische Engel sind himmlische Wesen, es gibt jedoch unterschiedliche Spielarten wie dunkle, gefallene Engel oder geflügelte Gottheiten. Engelsflügel bestehen aus Federn und können verschiedene Formen und Größen haben, auch die Anzahl kann variieren – je nachdem, ob du einen ehrfurchtgebietenden Erzengel oder einen niedlichen Cupido zeichnen möchtest.

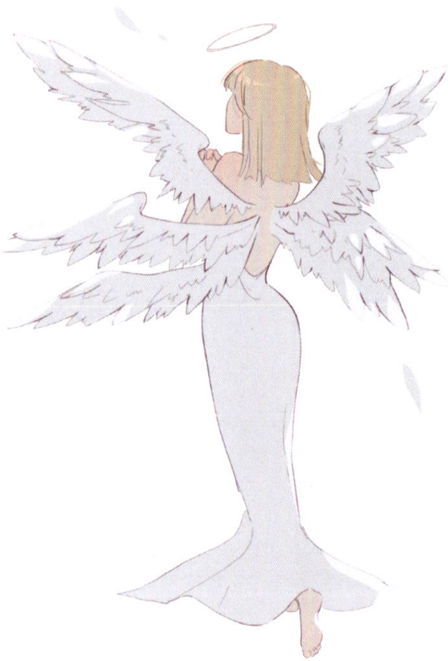

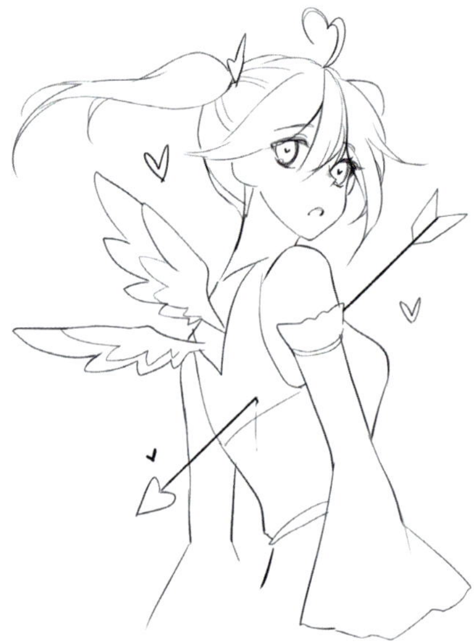

FLÜGEL ZEICHNEN

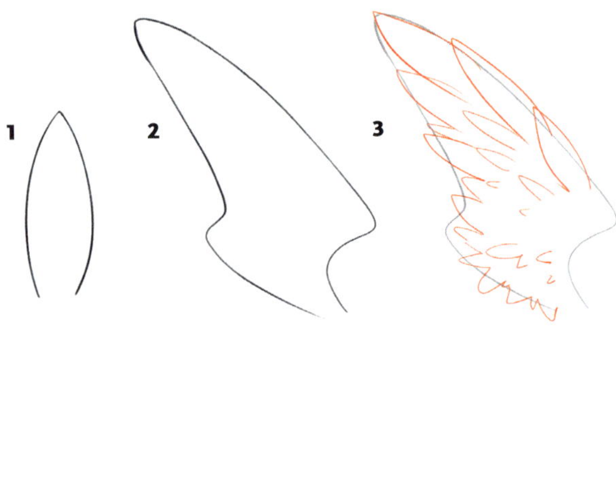

1 Grundsätzlich besteht ein Flügel aus einzelnen Federn. Die Form einer Feder ist im Grunde recht simpel, aber es kann trotzdem hilfreich sein, sie vorab ein paar Mal zu üben. **2** Bevor es an die Details geht, wird zuerst die grobe Form des Flügels festgelegt. Überlege dir dazu, wie groß die Flügel sein sollen, um die gewünschte Wirkung zu erzielen. Große Flügel wirken majestätisch, kleinere eher niedlich. **3** Danach wird die Form der einzelnen Federn auf diese Form gelegt. Es ist wichtig, dass du die Größenunterschiede der Federn im Hinterkopf behältst. Diese werden größer, je näher sie an der Spitze des Flügels kommen. Berücksichtige die verschiedenen Schichten der Federn sowie eine gewisse Zufälligkeit in Bezug auf Länge und Größe.

MEERJUNGFRAU

Meerjungfrauen sind halb Mensch und halb Meerestier, sie haben einen fischartigen Schwanz anstelle von Beinen und können unter Wasser atmen und schwimmen. Meerjungfrauen werden oft mit Schönheit und Gesang assoziiert. Manche Legenden zeichnen aber auch ein düsteres Bild von ihnen und schreiben Meerjungfrauen den Untergang von Schiffen zu, die sie mit ihrem Gesang auf Felsen locken.

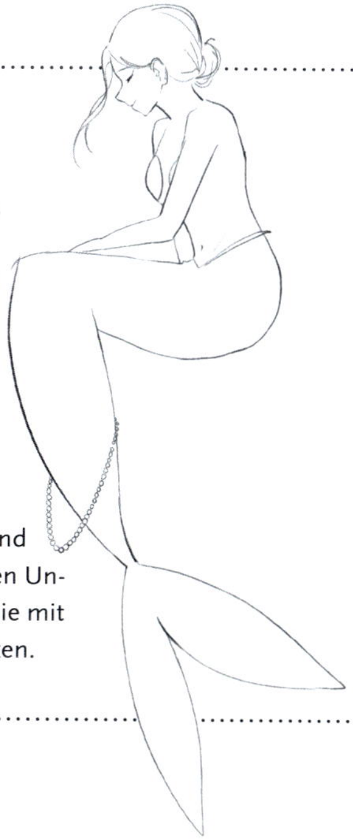

FEEN

Feen sind kleine, zierliche Wesen mit Flügeln und haben eine starke Verbindung zur Natur. Sie sind in der Regel freundlich und haben die Fähigkeit, Zaubersprüche und Magie zu wirken. Feen treten in Mystery-Geschichten oft als Helfer auf, allerdings sollte man sie besser nicht verärgern.

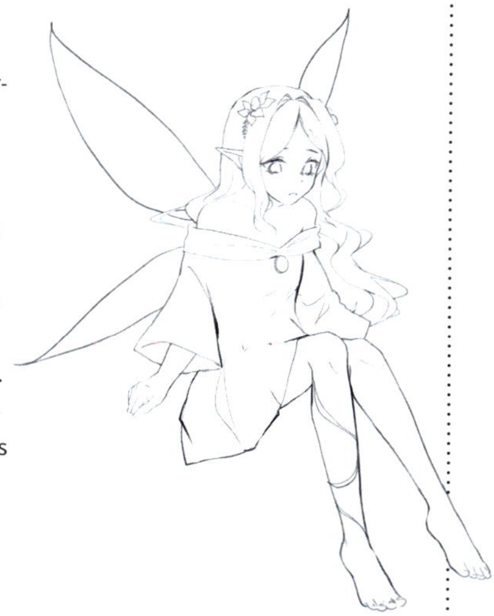

ZOMBIES

Zombies sind untote Wesen, die aus ihren Gräbern auferstehen. Sie sind langsam und schwerfällig, aber auch schwer zu töten. Sie sind bekannt dafür, dass sie andere Menschen infizieren können, um auch diese in Zombies zu verwandeln.

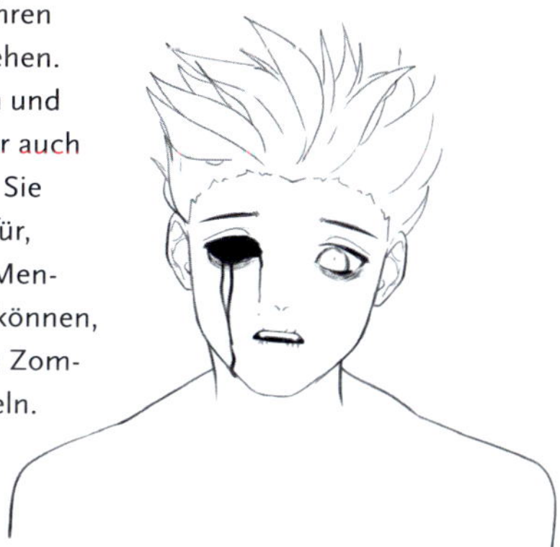

HEXEN

Hexen sind meist Frauen mit magischen Kräften. Sie verwenden Kräuter, Zaubersprüche der Flüche, um ihre Ziele zu erreichen. Hexen können sehr unterschiedlich dargestellt werden, von hilfsbereiten Kräuterkundigen bis hin zu böswilligen Zauberinnen, die einen Pakt mit einer teuflischen Macht geschlossen haben.

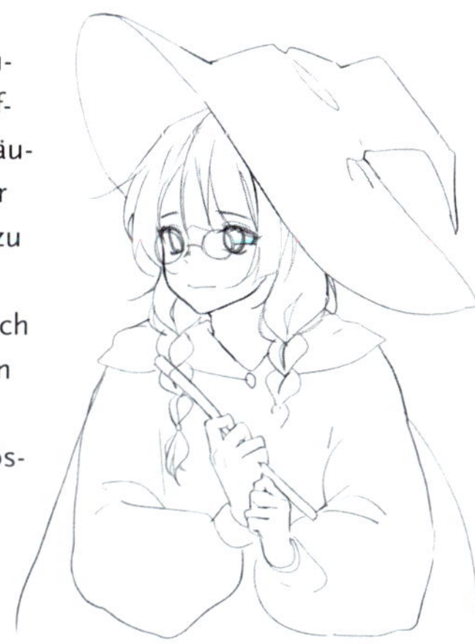

DÄMONEN

Dämonen sind meist bösartige Wesen. Sie haben übermenschliche Kräfte und können in der Regel nur durch Magie oder spezielle Waffen besiegt werden. Manchmal gehen Figuren jedoch auch einen Pakt mit ihnen ein, um ihre Ziele zu erreichen. Dämonen werden oft mit Hörnern und fledermausartigen Flügeln dargestellt.

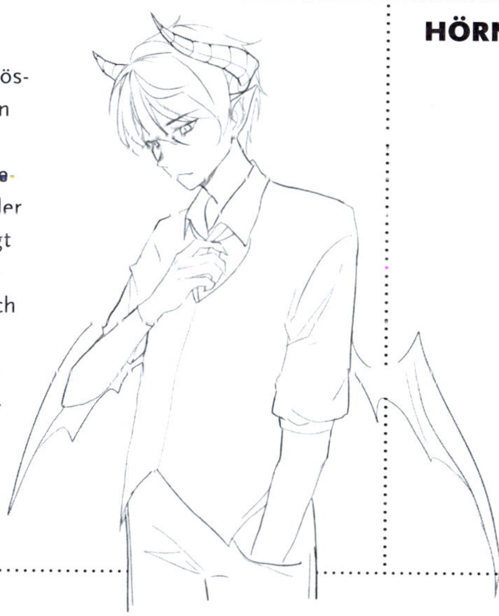

HÖRNER ZEICHNEN

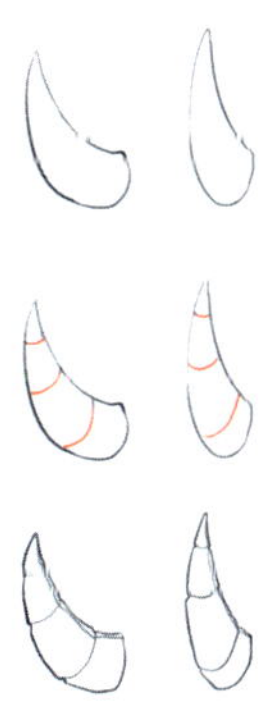

1 Definiere bei Hörnern zuerst die äußere Form.

2 Anschließend können die gewünschten Rillen grob eingezeichnet werden.

3 Beim Ausarbeiten der einzelnen Rillen achte ich darauf, dass diese sich auf die äußere Form übertragen. Dafür zeichne ich eine kleine Delle ein.

Verrückte Augen

Das Auge wird oft als Fenster zur Seele betrachtet und kann daher eine wichtige Rolle zur Darstellung eines Charakters spielen. Deshalb möchte ich dir auf dieser Doppelseite eine Reihe von ungewöhnlichen Designs vorstellen, mit denen du deine Figuren besonders spannend gestalten kannst.

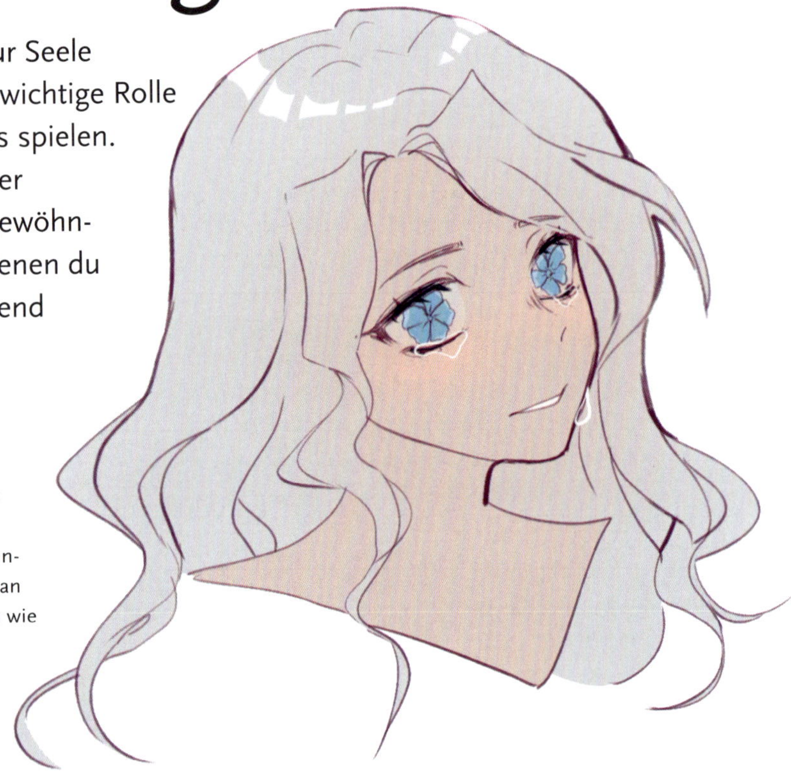

AUGENFORM UND IRIS

Die Augenform kann je nach Charakter und Stimmung variieren, von großen und runden Augen bis hin zu schmalen und dreieckigen Augen. Hier habe ich statt einer normalen runden Iris die Form einer Blume gezeichnet. Man kann mit vielen verschiedenen Augenformen wie Herz-, Rund- oder Viereckformen arbeiten.

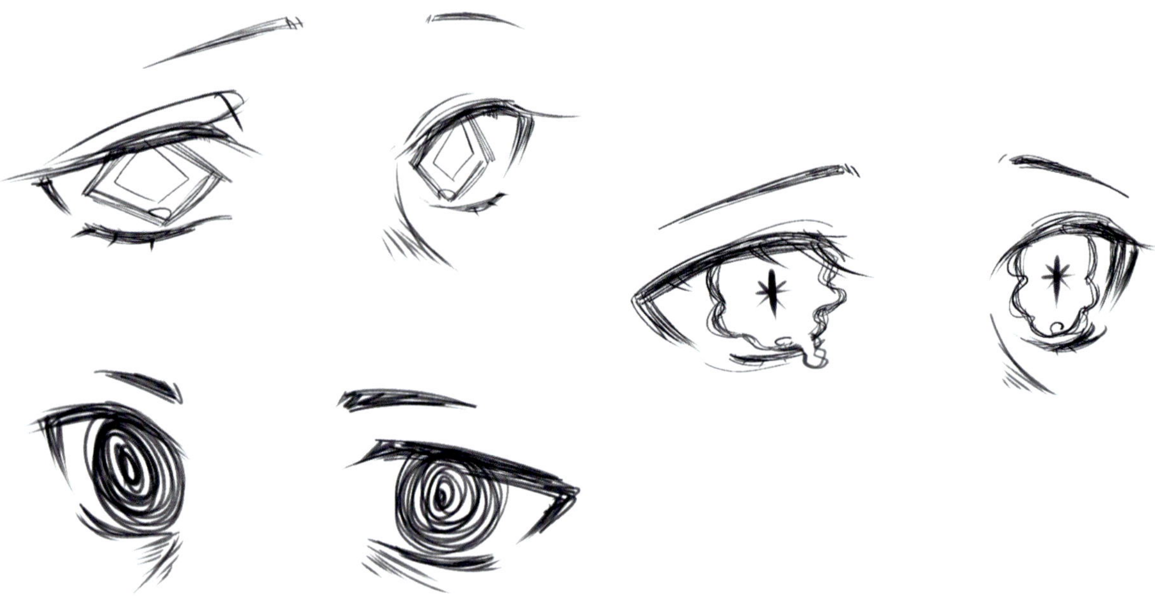

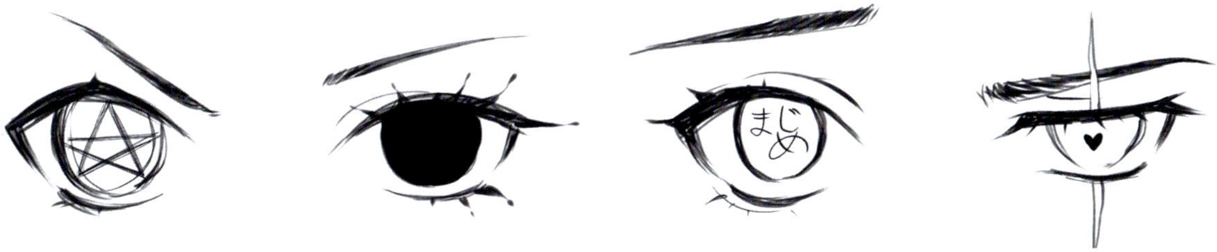

Du kannst sogar noch einen Schritt weiter gehen und das Auge stärker abwandeln. Durch das Verändern von Iris und Pupille können viele interessante Augen entstehen. Wenn Symbole oder Schriftzüge verwendet werden, kann dies die Bedeutung der Augen für den Betrachter noch weiter vertiefen.

DÄMONISCHE AUGEN

Für die Gestaltung von unheimlichen Dämonenaugen habe ich das Farbkonzept umgedreht: Das Augenweiß ist schwarz und die Wimpern weiß. Zusammen mit einem unnatürlichen Farbton der Iris mit Leuchteffekt entsteht dadurch ein übernatürlicher Eindruck.

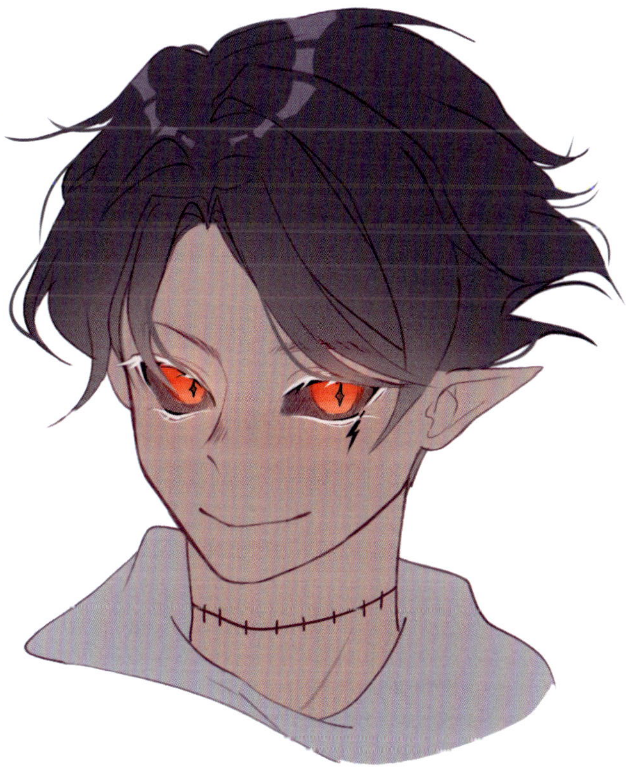

BUNTE FARBEN

Du kannst neben der Verwendung von verschiedenen Augenformen auf starke Schminke und die Darstellung der Wimpern setzen. Durch die Wahl von bunten Farben kann man besonders schöne Effekte erzielen. Auffällig ist hierbei die Form der Pupille und die verschiedenen bunten Augenfarben. Nicht identische Augen sind ein besonders interessanter Hingucker.

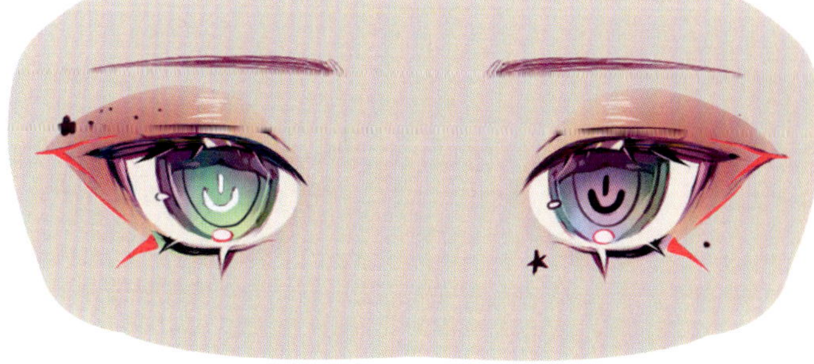

Haut und Körper

Indem man bestimmte Veränderungen in der Haut zeichnet, kann man dem Leser subtile Informationen über den Charakter vermitteln. Beispielsweise können Narben, Muttermale oder Hautunreinheiten ein Hinweis auf die Vergangenheit oder den Lebensstil sein. Der Teint kann Rückschlüsse auf die Gesundheit oder Herkunft geben. Durch gezielte Veränderungen in der Haut kann man zudem übernatürliche Elemente in die Geschichte einbringen.

PIERCINGS UND TATTOOS

Ein Piercing oder Tattoo kann eine mysteriöse Ausstrahlung haben, wenn es durch ungewöhnliche Formen oder Platzierungen auffällt. Es kann den rebellischen Charakter des Trägers unterstreichen oder eine symbolische Bedeutung haben.

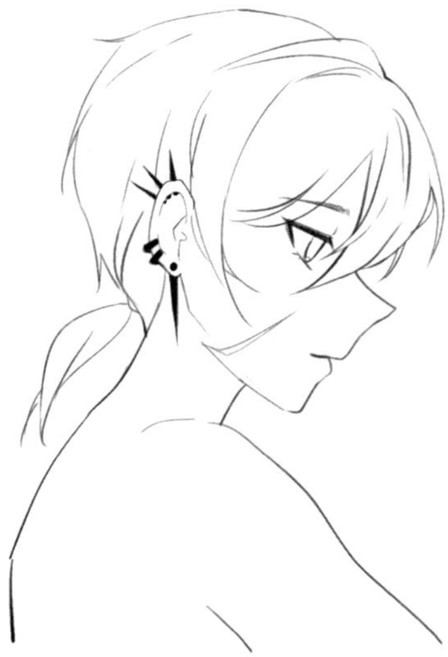

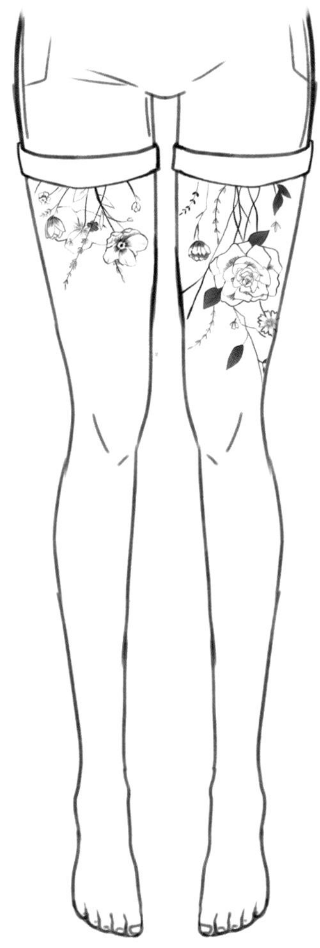

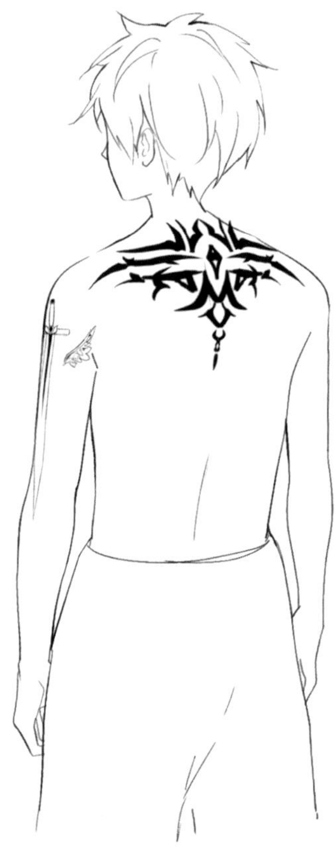

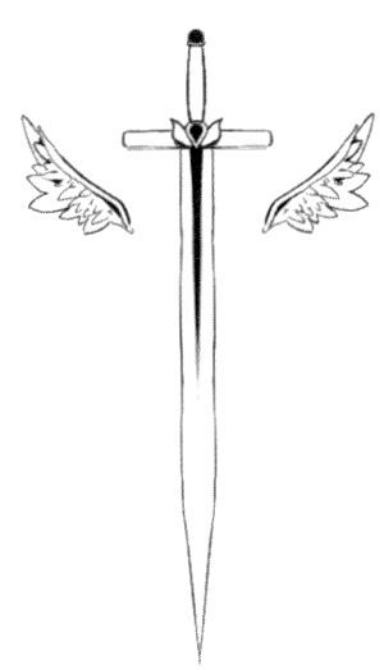

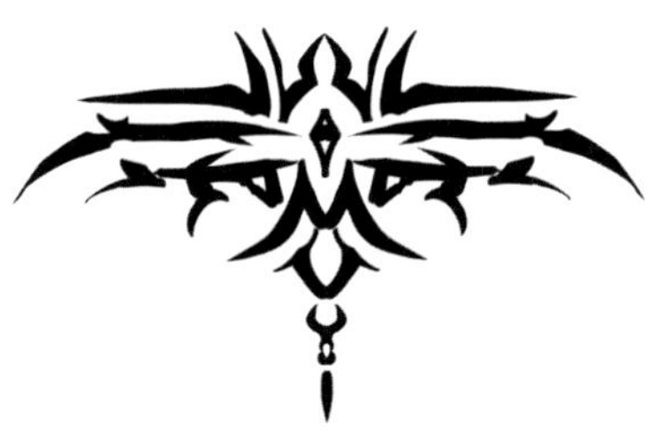

Bevor du Tattoos auf den Körper deines Charakters aufbringst, zeichne sie am besten erst einmal in einer Frontansicht und beim digitalen Zeichnen in einer separaten Ebene. Das Platzieren der Tattoos auf dem Körper kann nämlich kompliziert sein, da der Körper keine ebene Fläche ist und das Tattoo sich dementsprechend anpassen muss.

HAUTFARBE UND NARBEN

Hier kannst du erkennen, wie unterschiedlich die beiden Mädchen durch die Gestaltung ihrer Haut wirken. Man kann durch gezielte Veränderungen in der Hautfarbe, Narben oder andere Anpassungen eine bestimmte Wirkung erzeugen. So kann beispielsweise eine ungewöhnliche Hautfarbe den Eindruck eines Zombie-Charakters (wie beim linken Mädchen) verstärken und Narben sowie fehlende Hautpartien können die Darstellung eines Verwundeten oder Kranke unterstützen. Beim rechten Mädchen habe ich eine Hautkrankheit namens Vitiligo als Vorbild genommen, bei der einige Hautpartien heller aussehen als andere.

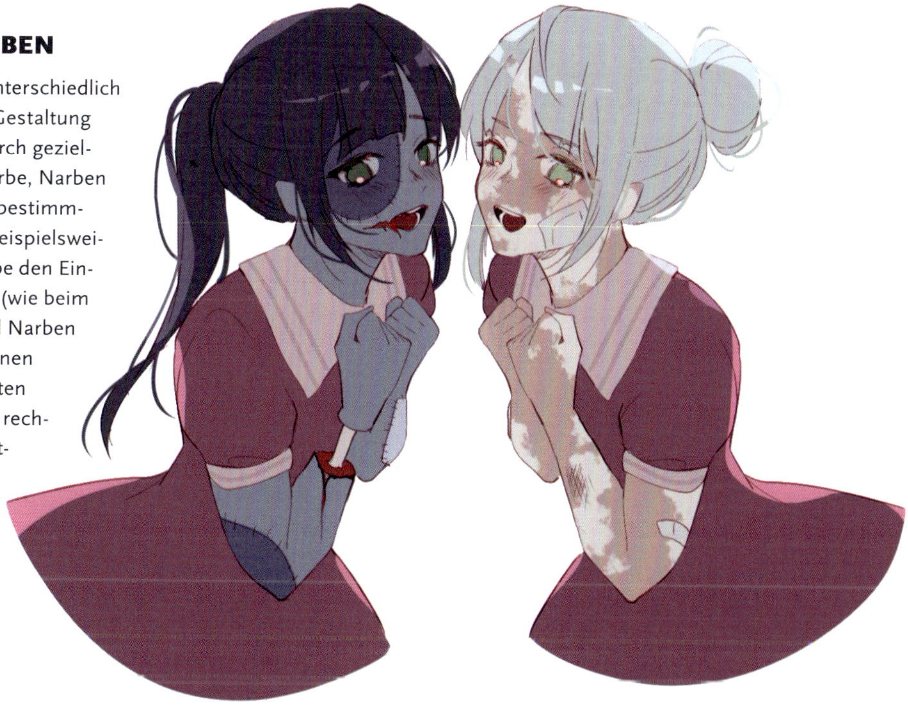

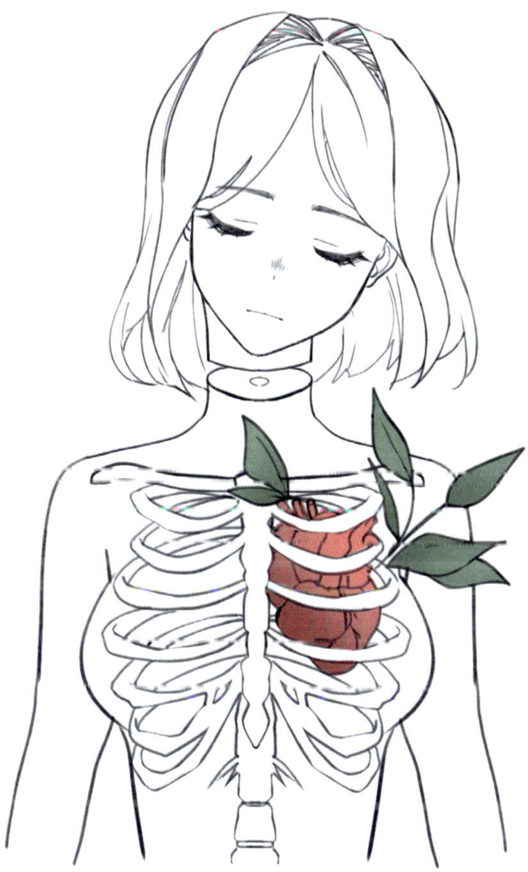

ABSTRAKTE ELEMENTE UND TRANSPARENZ

Eine weitere Möglichkeit, um einer Zeichnung mysteriösen Aspekte zu geben, ist die Darstellung von abstrakten Elementen wie Haut und Knochen. Dazu kann man die Haut transparent zeichnen und dadurch Einblick in die inneren Organe geben. Zum Beispiel kann man das Herz in einem Brustkorb darstellen, das von Pflanzen überwuchert wird, um eine tiefere Bedeu tung zu vermitteln. Das muss im Manga-Stil nicht anatomisch korrekt sein, du kannst deine kreative Freiheit nutzen und alles zeichnen, was dir gefällt.

Halb Tier, halb Mensch

In vielen Mangas sieht man Figuren, die eine Mischung aus Tier und Mensch sind. Neben Flügeln und Hörnern, die wir bereits in diesem Kapitel behandelt haben, gibt es noch viele weitere Elemente, um unsere Figuren interessanter und unverwechselbarer zu machen.

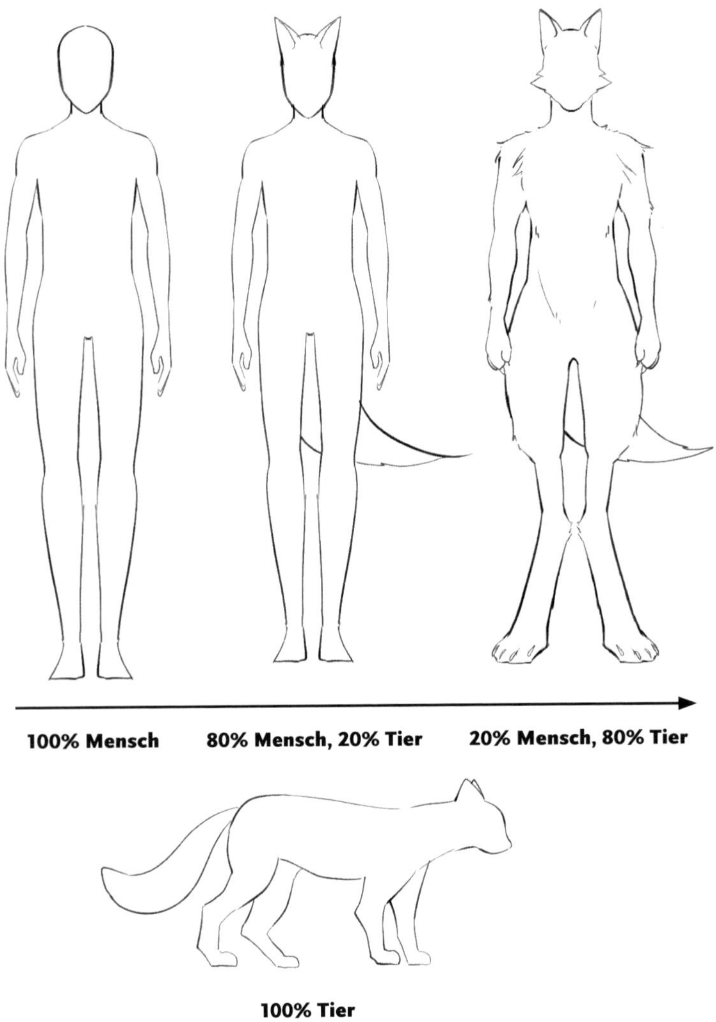

ANATOMIE

Bevor wir uns mit der Fusion von Tier und Mensch befassen, müssen wir uns sowohl die Anatomie des Menschen als auch die des Tieres anschauen. Es ist klar, dass Tiere ganz anders aufgebaut sind als Menschen, daher ist es wichtig, dir vorher schonmal Gedanken zu machen, inwiefern du Tierelemente in deinen Charakter einbauen möchtest. Es kann bereits ausreichen, einige Elemente wie Ohren oder einen Schwanz hinzuzufügen, um deine Figur noch überwiegend menschlich wirken zu lassen. Du kannst die Anatomie noch weiter anpassen und Merkmale wie Fell und Pfoten hinzufügen, um ein weniger menschlich wirkendes Wesen zu kreieren.

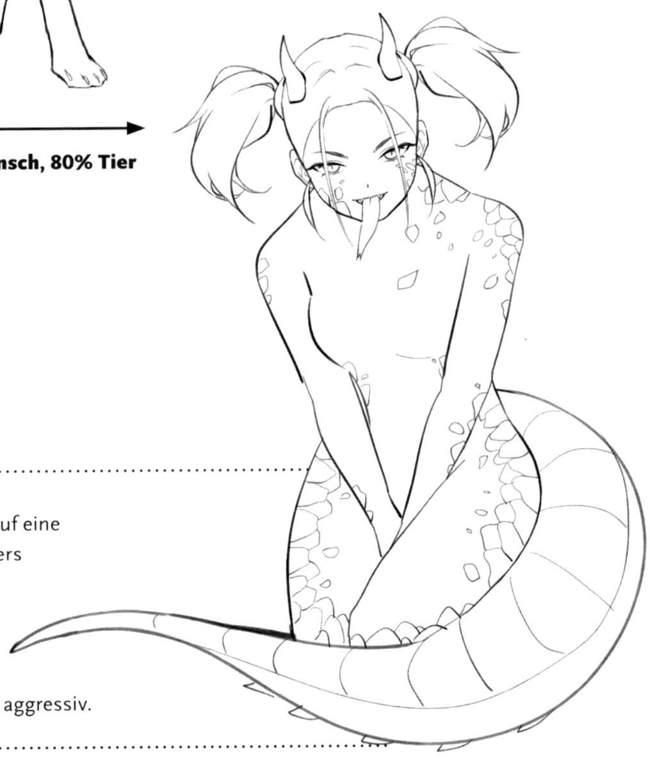

In diesem Beispiel habe ich die Merkmale eines Reptils auf eine menschliche Figur übertragen. Dabei war es mir besonders wichtig, die schuppige Hautstruktur des Reptils im Design des Charakters einzufangen. Ich habe außerdem Merkmale wie Hörner und eine lange Zunge hinzugefügt, um das unmenschliche Aussehen zu betonen. So wirkt der Charakter gefährlich und aggressiv.

KRALLEN

Krallen sind ebenfalls beliebte Details, die man einem Charakter hinzufügen kann. Man kennt sie von Raubtieren oder anderen gefährlichen Tieren, sie sind ein Symbol für Macht und Gefahr. Um Krallen zu zeichnen, beginnst du mit einer normalen Hand. Der Schlüssel liegt im Zeichnen der Fingernägel. Diese werden sehr spitz und ungewöhnlich lang gezeichnet, was sie von menschlichen Nägeln unterscheidet.

Es ist wichtig zu beachten, dass die Krallen nicht spitz nach vorne zulaufen wie eine Nadel, sondern eine Runde Form haben und sich nach innen wölben.

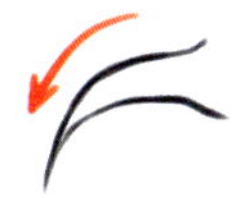

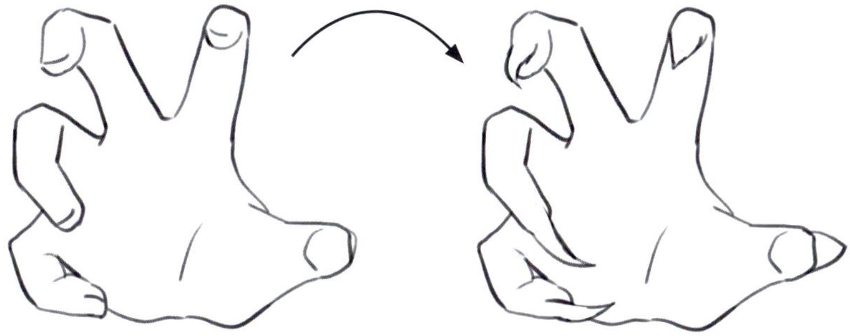

TIEROHREN

Tierohren können in allen möglichen Formen vorkommen, aber die grundlegenden Schritte beim Zeichnen sind meist dieselben:

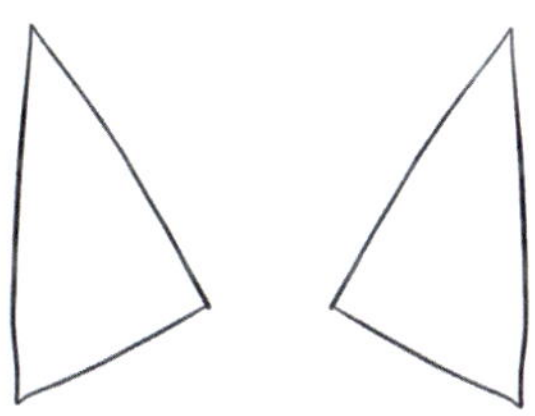

1 Wir beginnen damit, die Form der Tierohren zu skizzieren, welche in der Regel dreieckig ist.

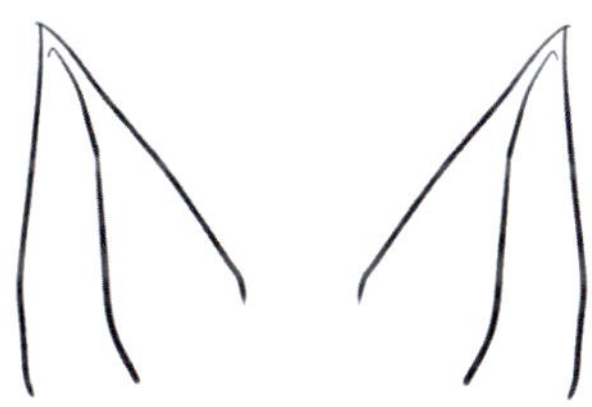

2 Anschließend trennen wir mit einer Linie den inneren Teil vom äußeren Teil des Ohrs und definieren die Konturen genauer.

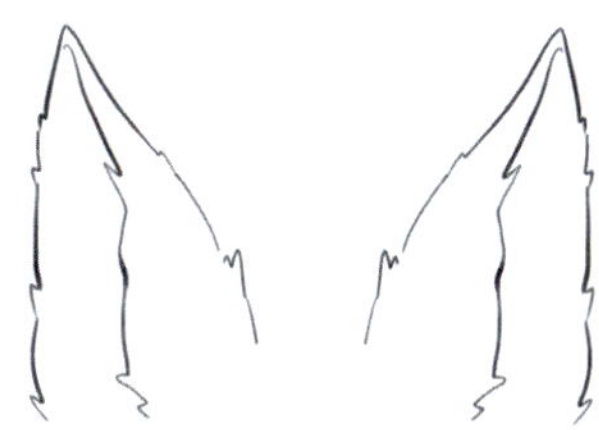

3 Um weitere Details hinzuzufügen, zeichnen wir das Fell um die Konturen herum und arbeiten es aus.

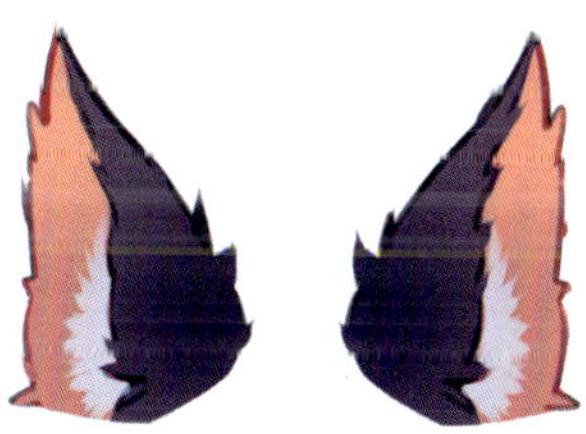

4 Abschließend fügen wir Farbe und weitere Feinheiten hinzu. Einige Tierohren haben innenliegendes Fell, was dazu beiträgt, dass sie noch flauschiger aussehen.

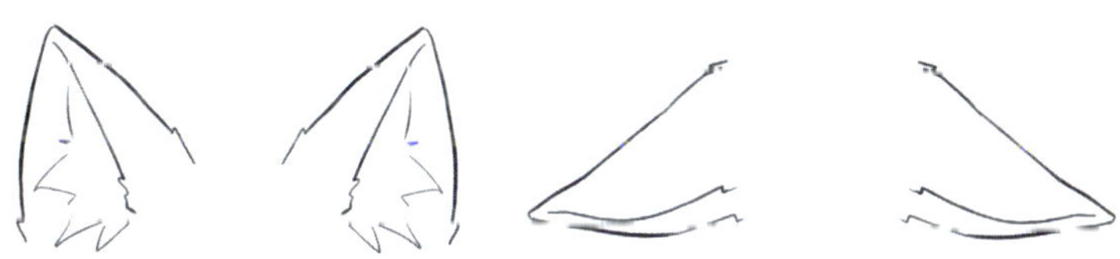

Natürlich gibt es noch viele weiteren Arten und Formen, wie man flauschige Ohren zeichnen kann. Probiere dich aus.

Charaktergestaltung

In den vorherigen Kapiteln haben wir uns bereits mit unterschiedlichen Aspekten von Figuren beschäftigt. Nun stellt sich die Frage, wie man all diese Elemente miteinander kombinieren kann, um ein überzeugendes Charakterdesign zu erschaffen. Eine gut gestaltete Figur kann den Betrachter dazu anregen, eine emotionale Verbindung zu ihr aufzubauen. Es lohnt sich daher, Zeit und Mühe in die Gestaltung zu investieren, um sicherzustellen, dass dein Charakter gut durchdacht und einzigartig ist. In diesem Kapitel zeige ich dir anhand einige meiner Charaktere, wie ein Design aussehen kann.

EINEN CHARAKTER ERSTELLEN

Bevor du dich daran machst, deinen Charakter zu gestalten, solltest du dir Zeit nehmen und über dessen Persönlichkeit und Merkmale nachdenken. Auf diese Weise kannst du vermeiden, unnötige Zeit damit zu verbringen, Posen und Kleidung zu konzipieren, die nicht zum Charakter passen. Es ist jedoch genauso wichtig, sich anfangs nicht zu sehr in die Details zu verlieren und stattdessen mit einem groben Konzept zu beginnen. Design ist sehr subjektiv und je nach Story, Stil und Genre kann es variieren. Zur Inspiration kann dir eine Collage aus verschiedenen Bildern, Liedern, Büchern oder Filmen dienen. Wenn du eine Idee hast, kannst du dich an den folgenden Schritten orientieren:

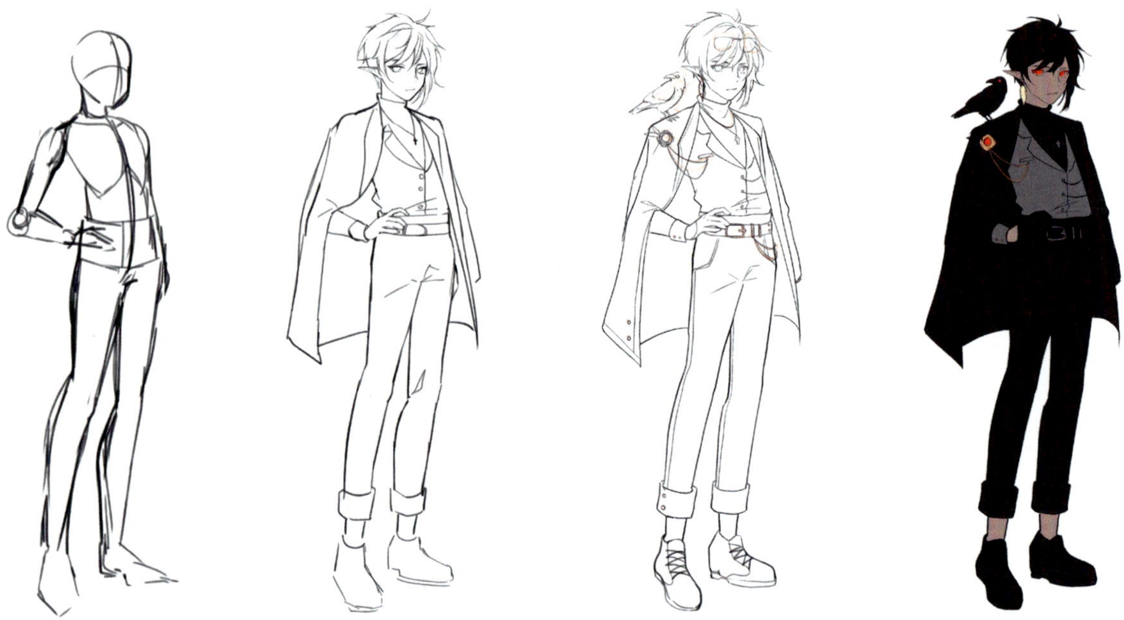

1 Beginne mit dem Entwurf des Körperbaus. In meinem Fall wollte ich einen düsteren Charakter entwerfen, der von Raben inspiriert ist und eine schlanke Gestalt hat.

2 Anschließend widme ich mich der Gestaltung der Kleidung. Mir war es wichtig, dass ich eine Art Mantel entwerfe, der über seine Schultern fällt und somit die Flügel eines Raben symbolisiert.

3 Als Nächstes füge ich weitere Details hinzu. Dabei kann es helfen, verschiedene Muster oder Designelemente, die in den Details auftauchen, an anderen Stellen im Design wiederzuverwenden.

4 Die Farbigkeit des Charakters habe ich relativ dunkel gehalten, wie es auch bei dem Gefieder eines Raben der Fall ist. Damit das Design aber nicht zu schlicht wirkt, habe ich an einigen Stellen Akzente in Rot und Gold hinzugefügt.

CHARAKTERDESIGN DÄMONIN

Hier wollte ich eine Dämonin zeichnen, die mysteriös wirkt, gleichzeitig aber sehr schön und elegant. Interessante wird dieses Design durch die dunkle Haut im Kontrast zur hellen Kleidung und den weißen, irislosen Augen. Dadurch scheint die Dämonin von einer dunklen Aura umgeben zu sein. Die Farbigkeit unterstützen auch die Anmut und Eleganz des Charakters.

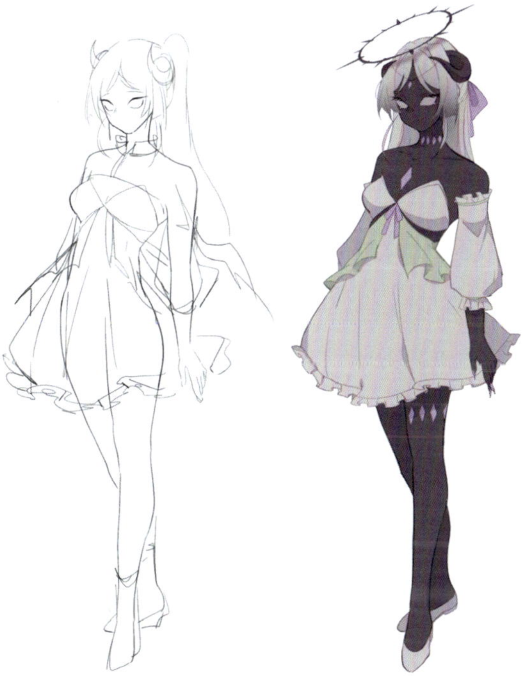

SILHOUETTE

Wenn du am Ende überprüfen möchtest, was dein Charakterdesign für einen Eindruck vermittelt, kann es hilfreich sein, die reine Silhouette deines Charakters zu betrachten. Hierbei ist es entscheidend, dass die Silhouette klar erkennbar ist und nicht zu kompliziert für das Auge wirkt. Zu viele Details können den Betrachter überfordern, weshalb es wichtig ist, sich auf das Wesentliche zu konzentrieren und zu überlegen, welche Aspekte dir am wichtigsten sind. Andererseits sollte die Silhouette aber auch nicht langweilig wirken.

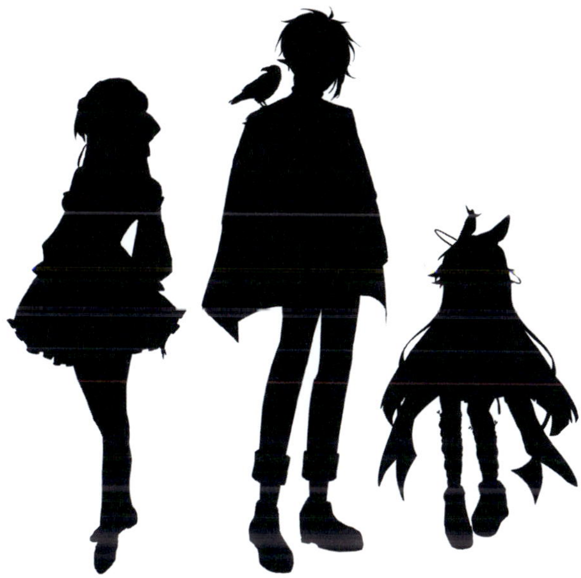

REFERENZZEICHNUNG

Bei einer Charakter-Referenzzeichnung wird die Figur in verschiedenen Ansichten gezeigt. Eine solche Referenz kann dabei helfen, dem Charakter mehr Persönlichkeit zu verleihen und das gesamte Design stimmig zu gestalten. Es empfiehlt sich, eine Seiten- und Rückenansicht des Charakters zu zeichnen sowie verschiedene emotionale Zustände darzustellen. Um das Design noch interessanter zu gestalten, können passende Gegenstände und eine Farbpalette für den Charakter hinzugefügt werden, um ihn noch besser zu visualisieren. Dieser Charakter ist von einem Hasen, dem Mond und Sternen inspiriert.

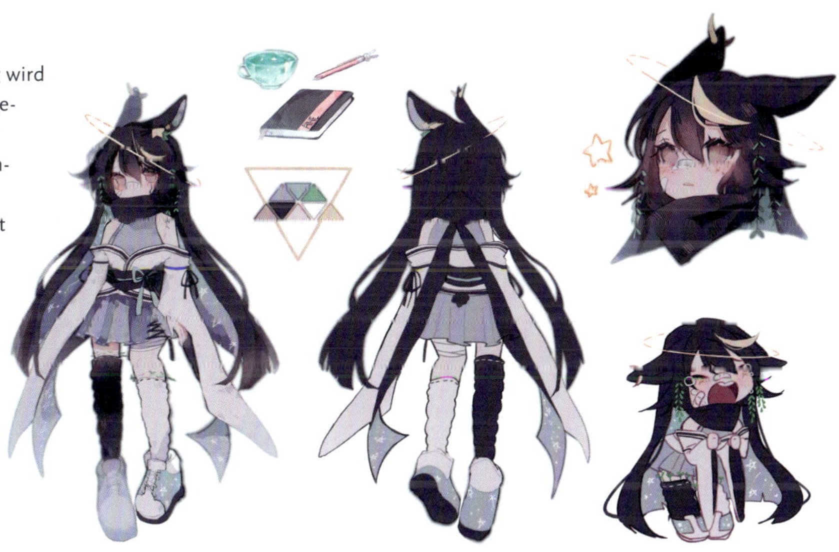

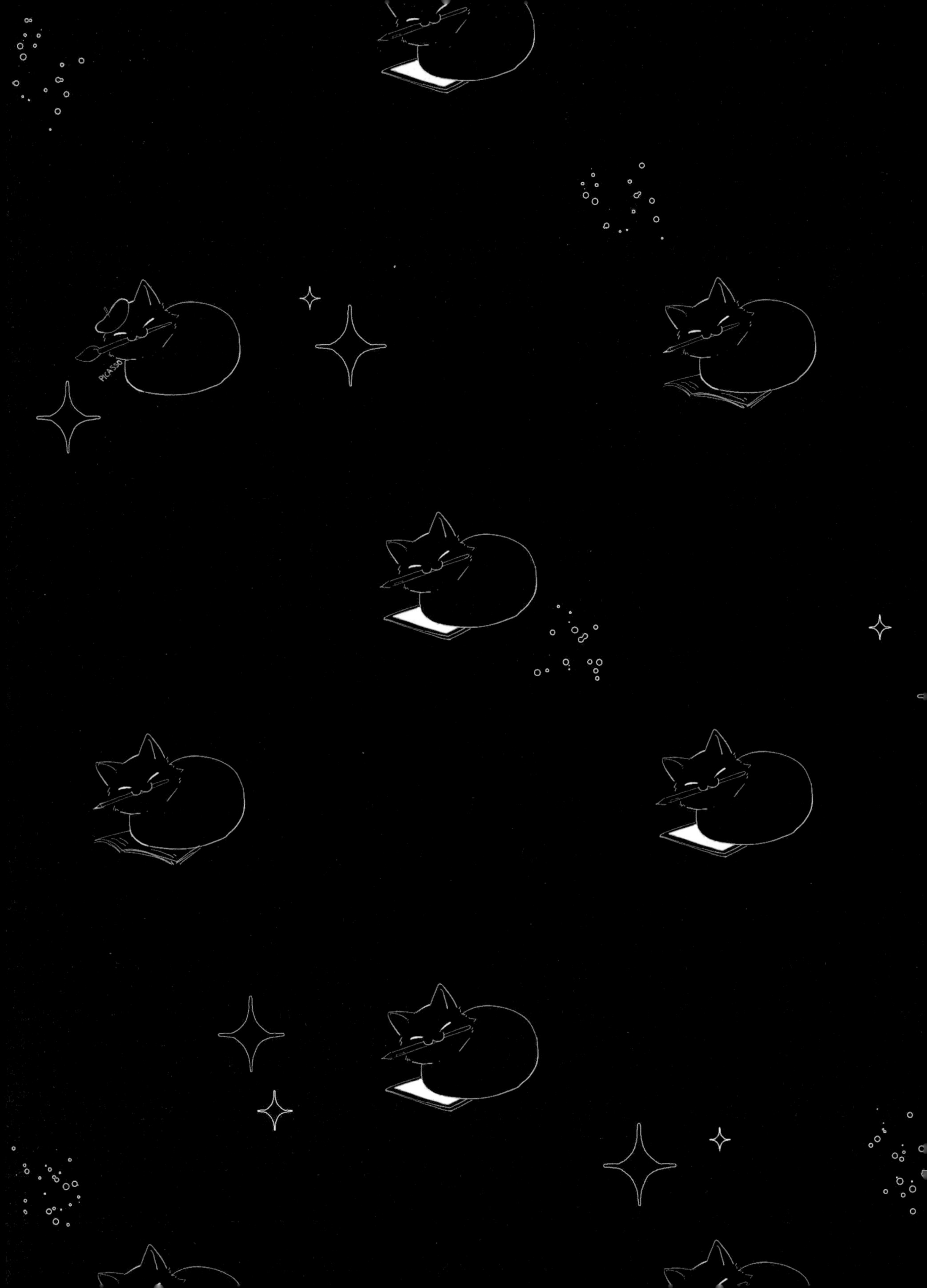
PICASSO

4. Atmosphäre schaffen

Durch das gezielte Einsetzen von Linien, Schattierungen und Farben können Zeichnungen lebendiger werden und eine einzigartige Atmosphäre schaffen. Die Kunst hierbei ist es, eine ganz besondere Stimmung einzufangen und visuell darzustellen. Dadurch wird unsere Vorstellungskraft angeregt und wir können in die dargestellte Welt eintauchen. Eine gut umgesetzte Atmosphäre kann Geschichten erzählen, Erinnerungen hervorrufen oder uns in eine imaginäre Welt entführen.

Linienführung

Der Begriff Linienführung beschreibt die Art und Weise, wie Linien gezeichnet werden, um bestimmte Effekte zu erzeugen. Das umfasst zum Beispiel die Stärke der Linien oder die Art des gewählten Stiftes.

LINIENSTÄRKE

Beim Zeichnen der Linien können verschiedene Strichstärken zum Einsatz kommen, um Tiefe und Dynamik zu erzeugen. Dabei spielt die Perspektive eine wichtige Rolle: Objekte oder Linien, die weiter vorne in der Perspektive sind, werden mit dickeren Linien gezeichnet. Dadurch entstehen räumliche Tiefe und mehr Dynamik in deinem Bild.

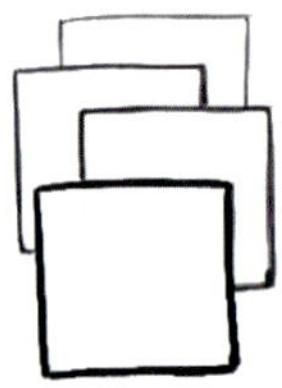

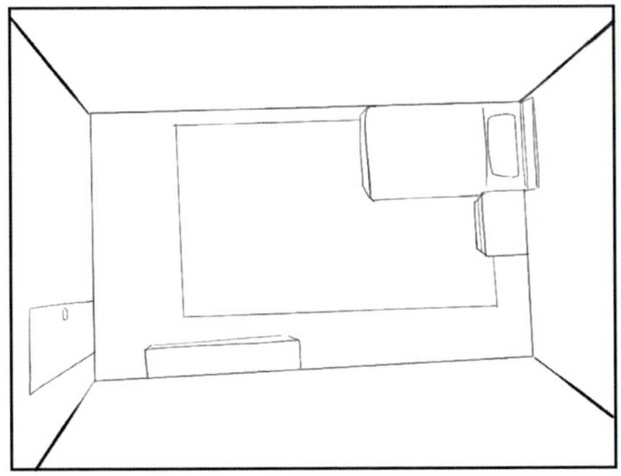

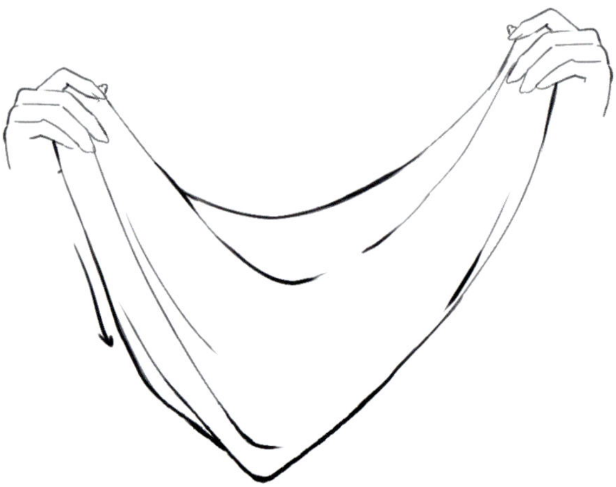

Durch dickere Linien können wir bestimmte Elemente optisch schwerer und markanter wirken lassen. Insbesondere bei Kleidungsstücken können wir diesen Effekt nutzen, indem wir dickere Linien an Stellen einsetzen, an denen der Stoff schwerer wirkt und nach unten fällt.

Neben der Stärke der Linien können wir einen ähnlichen Effekt durch die Art der Linienführung und Farbwahl erzeugen. Dunklere Farben lassen Linien schwerer wirken, radiert man die Linien hingegen an bestimmten Stellen teilweise aus, wirken sie weniger intensiv.

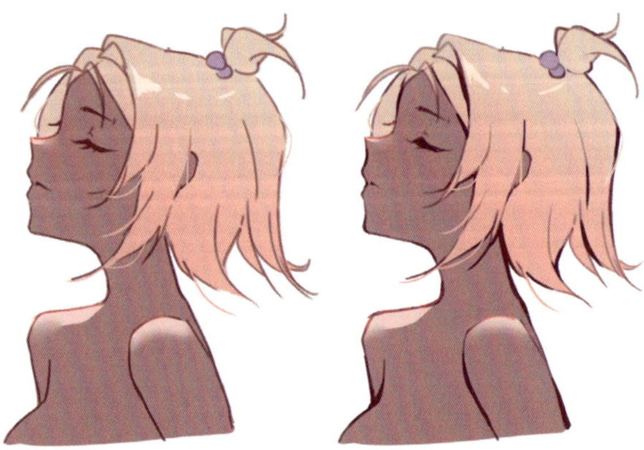

Ein Beispiel: Bei der linken Zeichnung habe ich eine einheitliche Linienstärke verwendet, rechts siehst du dasselbe Bild mit unterschiedlichen Linienstärken. Du wirst sofort den Unterschied in der Ausdrucksstärke der Zeichnung bemerken. Ich setze dickere Linien ebenfalls oft an den Stellen, wo sich zwei Linien treffen.

LINIENAUSWAHL

Im Manga kann die Linienführung verwendet werden, um die Charakterisierung der Figuren zu unterstützen. Eine scharfe, präzise Linienführung kann beispielsweise dazu beitragen, einen Charakter mit einer starken Persönlichkeit und einer klaren Einstellung darzustellen, während eine weichere, weniger definierte Linienführung zu einem Charakter mit einem sanfteren und sensibleren Wesen passt. Letztendlich musst du jedoch selbst entscheiden, was für deinen Stil am besten geeignet ist.

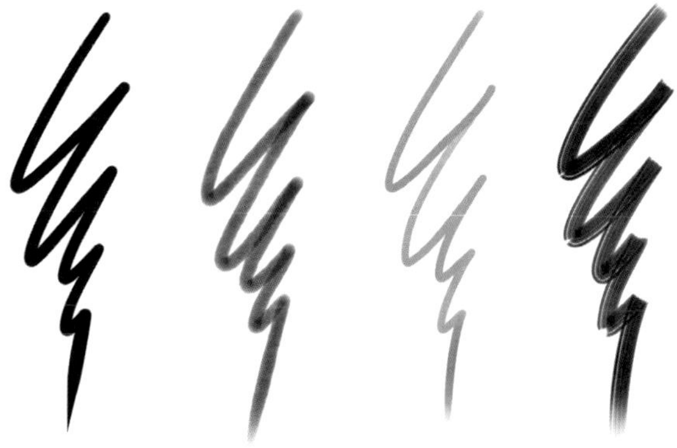

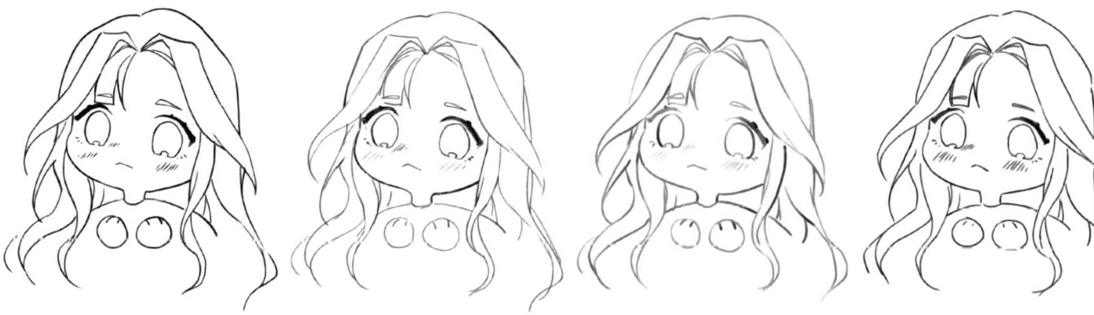

Die Verwendung von Linien kann eine enorme Wirkung haben. Schon durch das Hinzufügen einiger Schraffuren im Gesicht kann eine vollständige Veränderung der Ausstrahlung des Gesichts erzielt werden – diese Figur wirkt dadurch ernster und fast schon gruselig.

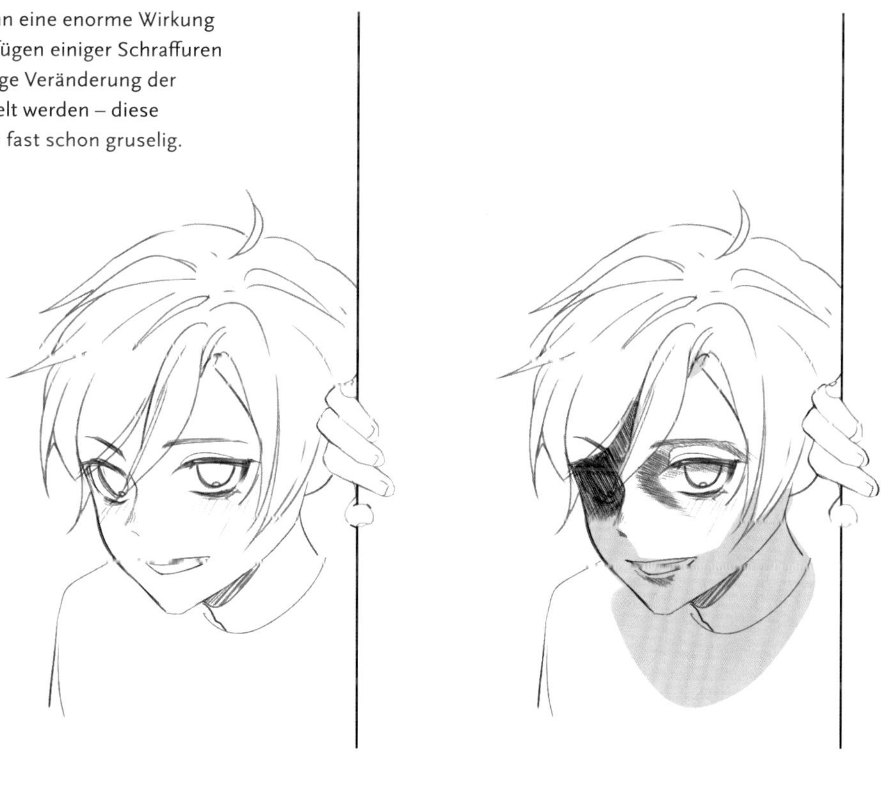

Wie funktionieren Farben?

Das Auswählen von Farben ist insbesondere für Einsteiger nicht leicht. Daher möchte ich auf dieser und den nächsten Seiten etwas dazu erklären, wie bestimmte Farben miteinander harmonieren und welche Wirkung sie erzielen.

FARBTÖNE

Der Begriff Farbton (engl. Hue) beziehen sich auf die Farbfamilie eines Farbtons, z.B. Rot, Blau oder Grün. Durch die Verwendung von unterschiedlichen Farbtönen können verschiedene Stimmungen oder Atmosphären erzeugt werden. Es gibt drei Primärfarben (Rot, Gelb und Blau), die vermischt verschiedene Sekundärfarben ergeben. Letztendlich entstehen alle weiteren Farbnuancen durch das Mischen von primären und sekundären Farben.

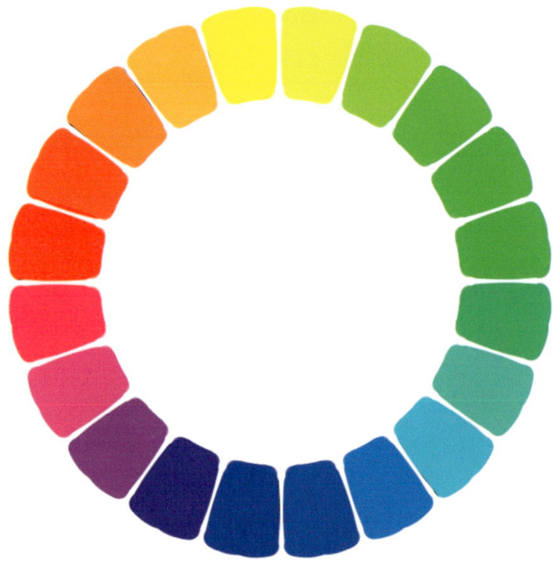

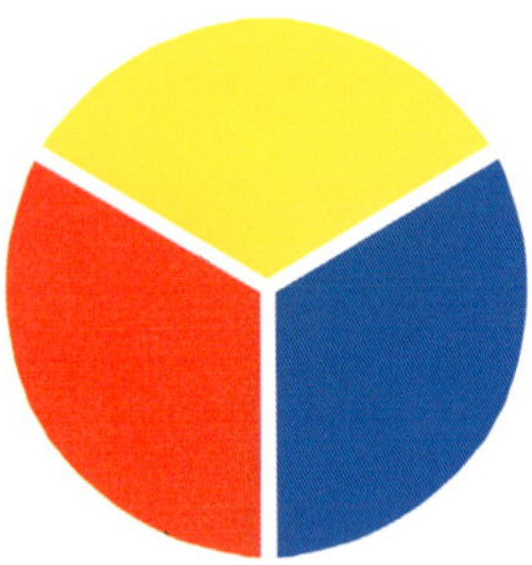

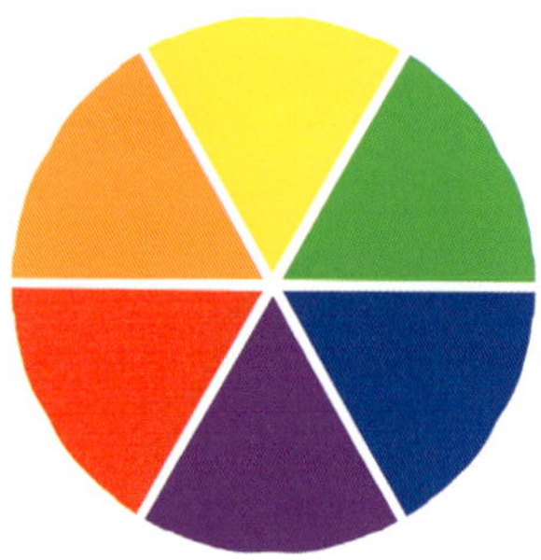

HELLIGKEIT UND SÄTTIGUNG

Helligkeit und Sättigung sind zwei wichtige Konzepte in der Farbtheorie und beeinflussen die Wirkung und Intensität von Farben.

Helligkeit (engl. Value) bezieht sich auf die Helligkeit oder Dunkelheit einer Farbe. Man kann sich das so vorstellen, als würde man der Farbe Weiß hinzufügen, um sie heller zu machen oder Schwarz hinzufügen, um sie dunkler zu machen.

Die Sättigung (eng. Saturation) hingegen beschreibt die Reinheit oder Intensität einer Farbe. Eine Farbe mit hoher Sättigung ist lebendig und stark, während eine Farbe mit geringer Saturation blass und verwaschen erscheint. Zum Beispiel ist ein tiefes, sattes Rot eine Farbe mit hoher Sättigung, während ein pastellfarbenes Rosa eine Farbe mit geringer Sättigung ist.

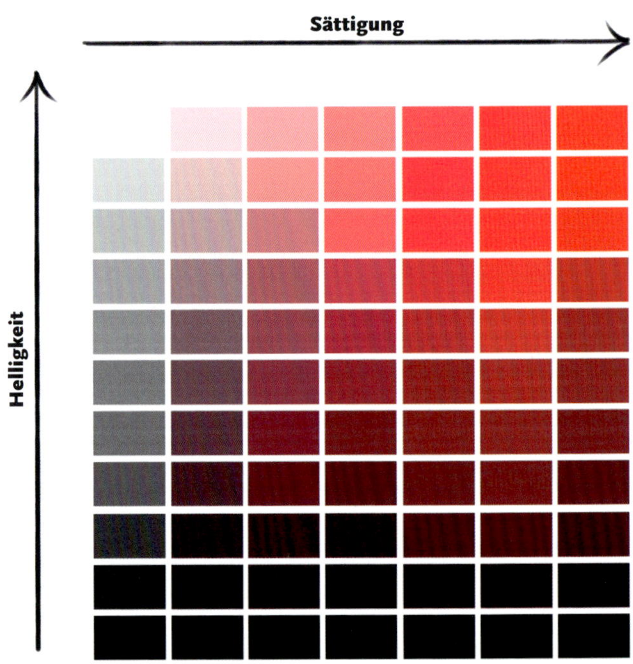

WARME UND KALTE FARBEN

Warme Farben liegen im Bereich des gelben, orangen und roten Farbspektrums. Diese Farben rufen bei uns oft Assoziationen von Wärme und Gemütlichkeit hervor, da sie uns an Sonnenuntergänge oder Feuer erinnern.

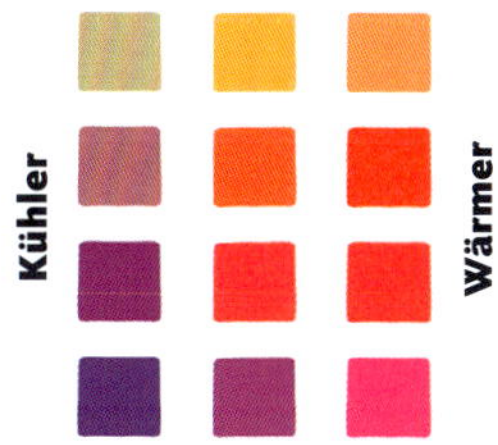

Kalte Farben hingegen finden sich in den blauen, grünen und violetten Bereichen des Farbspektrums. Sie erinnern an Wasser, Eis oder Kälte und erzeugen eine entspannende Stimmung.

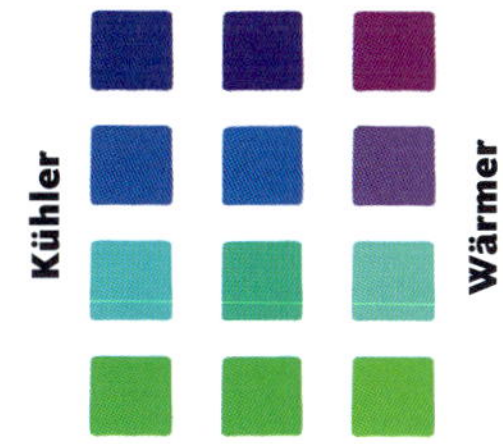

SCHWARZ UND WEISS

Möglicherweise möchtest du für deine Zeichnung auch nur schwarz und weiß nutzen. In diesem Fall empfehle ich dir, kein Reinweiß oder Reinschwarz zu nutzen, sondern immer nur einen ähnlichen Farbton. Sonst passiert es schnell, dass das Bild flach und leblos aussieht. Je nachdem, wie Umgebung und Licht aussehen sollen, kannst du vorsichtig etwas von den benutzten Farbtönen beimischen, um einen stimmigen Gesamteindruck zu erwecken.

FARBKOMBINATIONEN

Nun kommen wir zum spannendsten Teil: die Farbkombination. Diese können genutzt werden, um eine harmonische Farbgebung zu erzielen. Im Folgenden stelle ich dir ein paar Grundlagen vor, probiere doch einfach mal einige Varianten an einer Zeichnung aus und finde heraus, welche Effekte dir besonders gut gefallen.

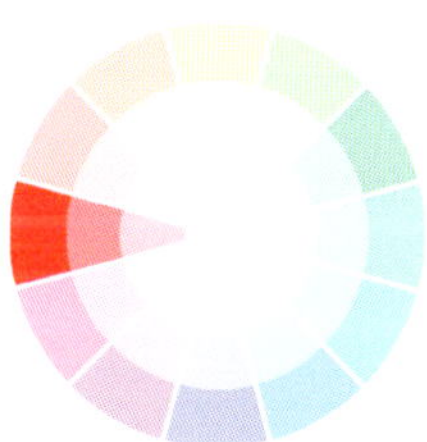

MONOCHROMATISCH Ein monochromatisches Farbschema basiert auf einer einzigen Farbe und ihren verschiedenen Schattierungen und Tönen. In diesem Fall wäre deine gesamte Zeichnung in verschiedenen Abstufungen desselben Rottons gehalten.

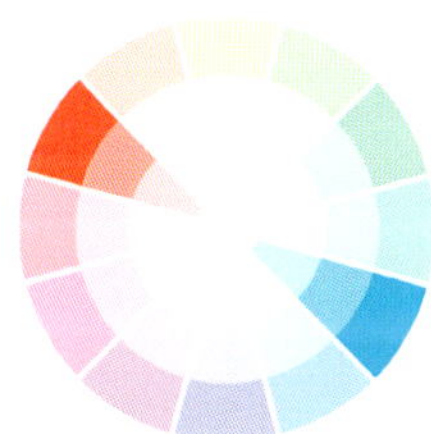

KOMPLEMENTÄR Bei einem komplementären Farbschema beziehen sich die Farben auf die im Farbkreis gegenüberliegenden Farben. Damit kannst du starke Kontraste schaffen, andererseits solltest du darauf achten, dass die Farben in dieser Kombination nicht zu grell oder unangenehm wirken.

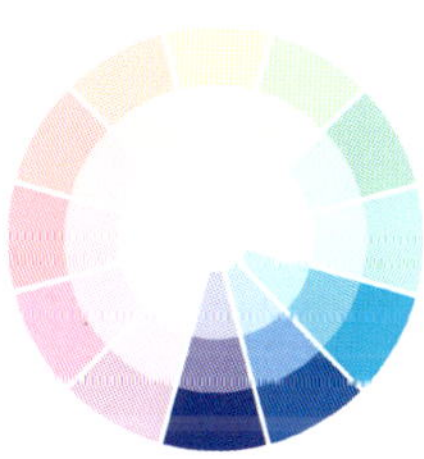

ANALOG Das Analoge Farbschema bezieht sich auf die Farben, die im Farbkreis direkt nebeneinanderliegen. Dadurch wirken sie ähnlich, aber unterscheiden sich trotzdem sichtbar.

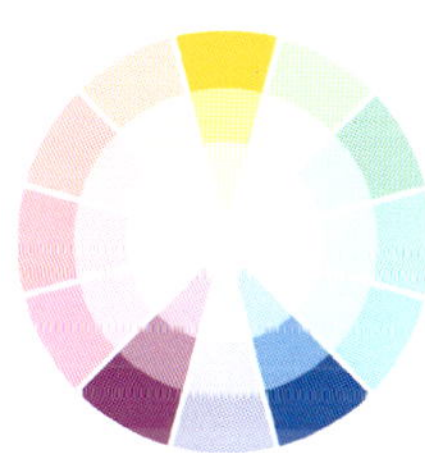

SPLIT-KOMPLEMENTÄR
Das geteilte komplementäre Farbschema verwendet eine Hauptfarbe und zwei Farben, die sich auf jeder Seite der Komplementärfarbe befindet. Dadurch ist der Kontrast nicht ganz so stark wie beim komplementären Farbschema.

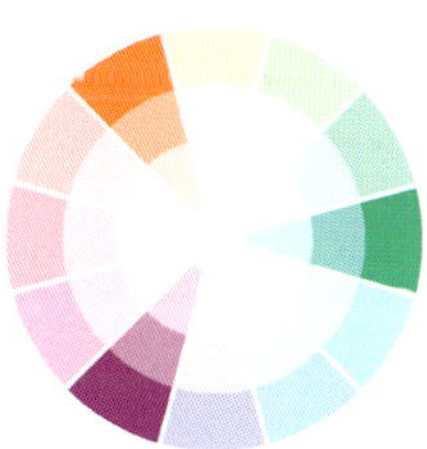

TRIADISCH Um ein triadisches Farbschema handelt es sich, wenn drei Farben sich gleichmäßig im Farbkreis verteilen.

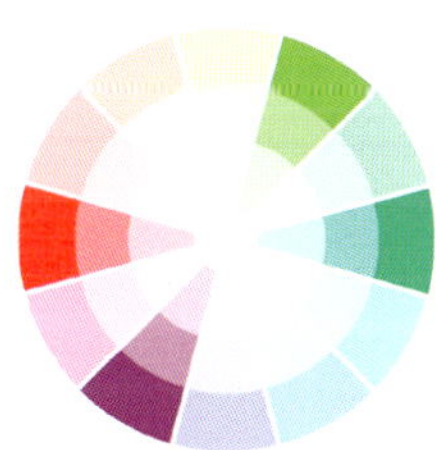

TETRADISCH Vier Farben werden bei einem tetradischen Farbschema verwendet, die sich in zwei Komplementärpaaren auf dem Farbkreis gegenüberliegen.

Düstere Farbwahl

Durch die Verwendung von dunklen Farben wie Schwarz, Grau oder Dunkelrot können bestimmte Emotionen und Stimmungen in einem Manga erzeugt werden. Düstere Farben können eine geheimnisvolle und bedrohliche Atmosphäre schaffen, die perfekt für Mystery-orientierte Geschichten geeignet ist.

GRUNDLAGEN

Beim digitalen Zeichnen lassen sich düstere Farben erstellen, indem du die Sättigung und den Helligkeitswert etwas reduziert. In der Abbildung habe ich den Bereich markiert, in dem man sich dabei am besten bewegt.

Wenn wir die Sättigung oder die Helligkeit einer Farbe reduzieren, wirkt diese weniger aggressiv oder überwältigend. In diesem Beispiel ist die rote Farbe links oben sehr grell und schwierig anzuschauen, aber wenn wir den Kontrast reduzieren, wird sie angenehmer für das Auge.

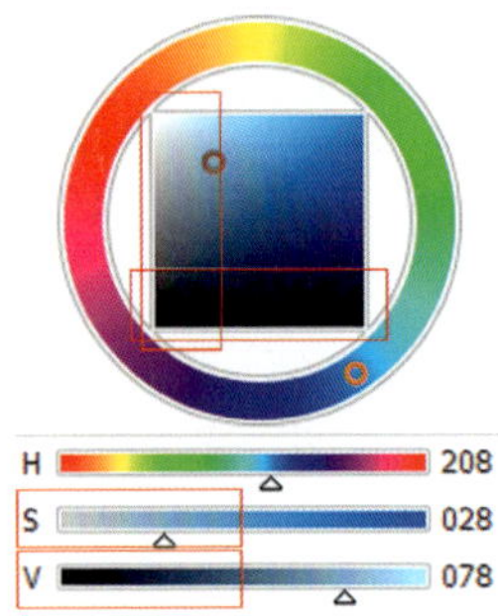

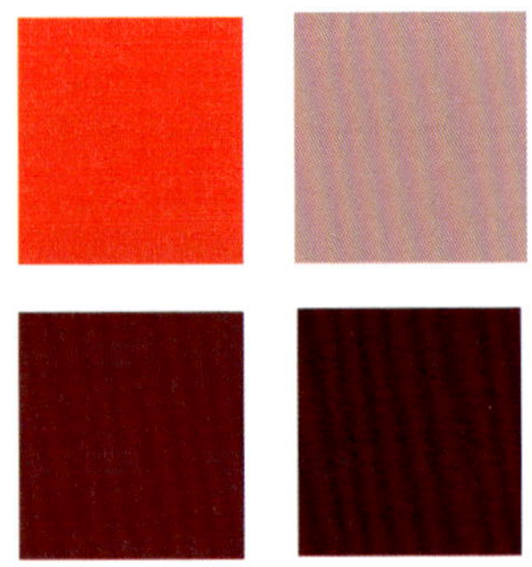

ANWENDUNGSBEISPIELE

Schon eine leichte Abdunklung der Farbe kann die Atmosphäre des gesamten Bildes verändern. Hier habe ich das gesamte Bild durch den "Multiply"-Modus abgedunkelt. Obwohl der Unterschied in den Farben nicht besonders groß ist, verändert sich die Stimmung sofort, wirkt die Figur links noch lediglich nachdenklich, entsteht rechts ein düsterer, fast schon trauriger Eindruck.

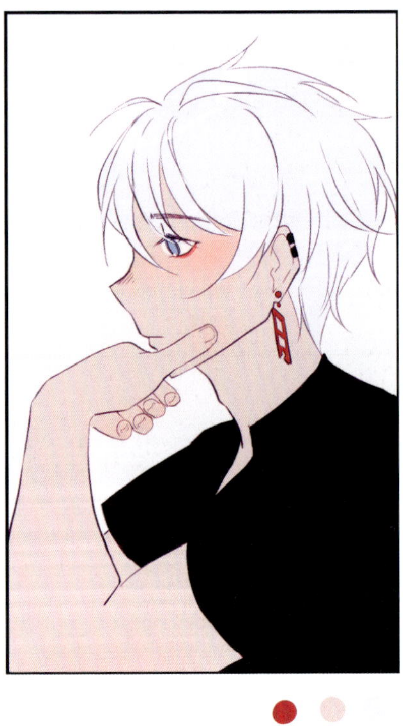

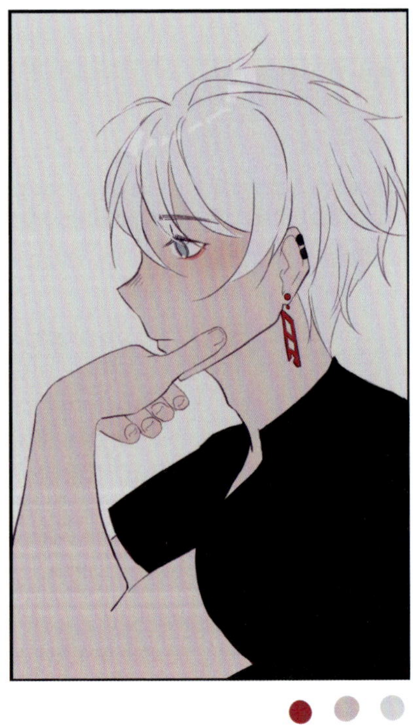

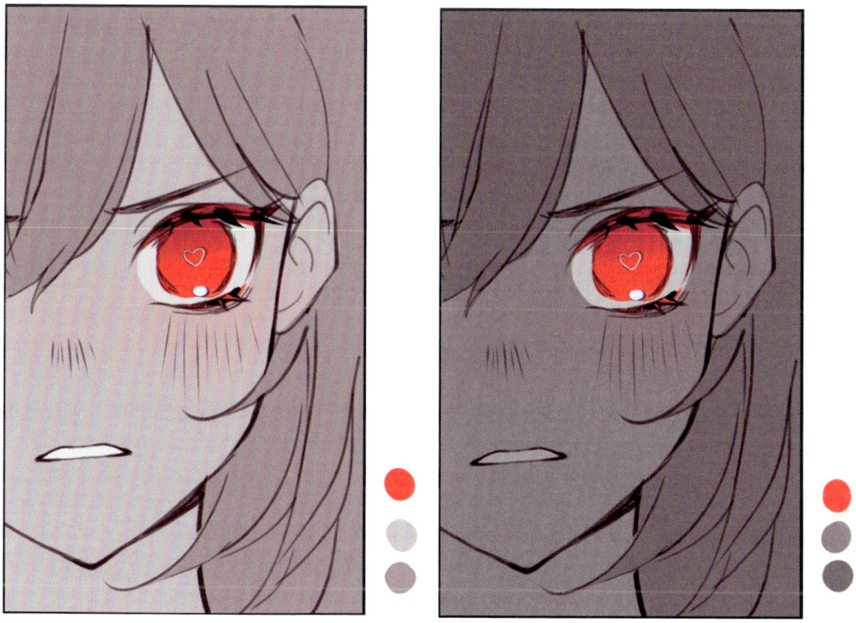

Für einen interessanten Effekt kann neben dunkleren Farbetönen eine einzelne leuchtende Farbe eingesetzt werden. Wie wir bereits erfahren haben, erregen Farben mit einer starken Sättigung die Aufmerksamkeit des Betrachters. Dieses Mittel können wir nutzen, um den Blick des Betrachters auf besondere Stellen im Bild zu lenken. Bei diesem Beispiel habe ich alle Farben dunkler gemacht mit Ausnahme der Augen, dadurch gewinnt der Blick an Intensität und die Augen wirken, als würden sie leuchten.

Es geht aber auch ganz ohne Farben! Hier seht ihr ein Motiv, das ausschließlich mit verschiedenen Grautönen erstellt wurde. Solche Töne sind perfekt für eine düstere und unheimliche Atmosphäre. Damit das Bild nicht langweilig oder zweidimensional wirkt, habe ich viele verschiedene Abstufungen von Grautönen verwendet.

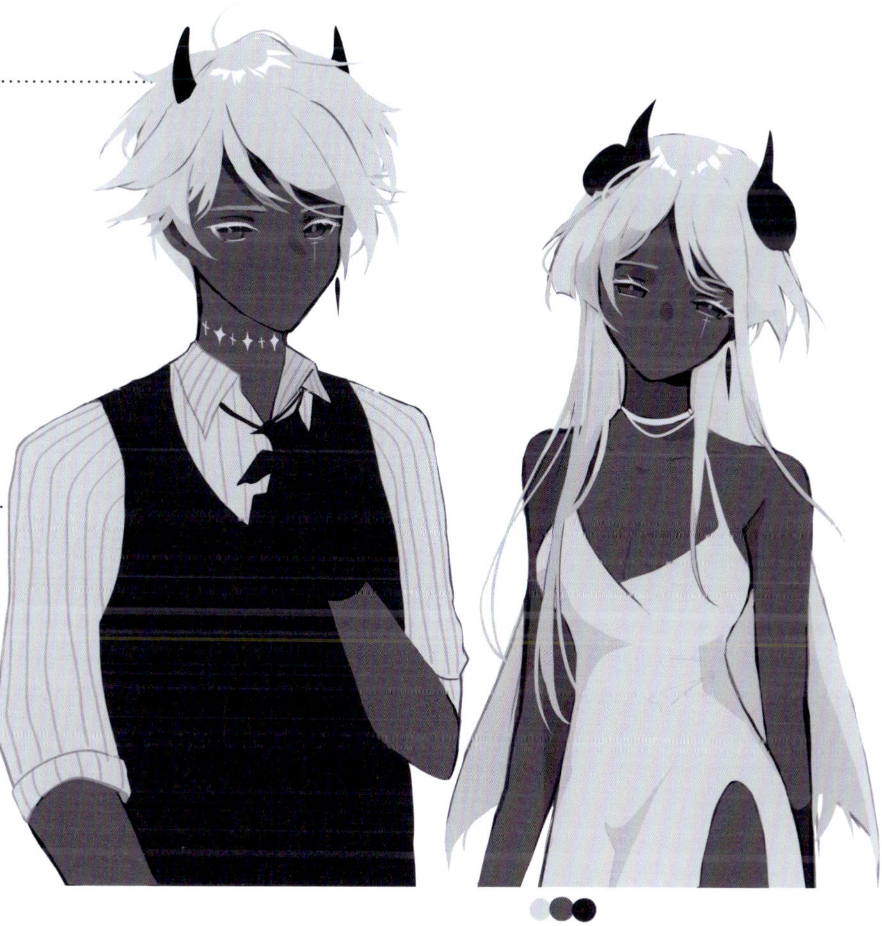

Atmosphäre durch Licht und Farbe

Für ein stimmiges Bild spielt die Atmosphäre eine wichtige Rolle. Überlege dir deshalb vorab, welche Stimmung du erzeugen möchtest und wie du diese ausdrücken kannst. Soll das Bild düster und unheimlich wirken? Sanft und ruhig? Es lohnt sich, wenn du dir vorab Gedanken dazu machst, wie du deine Idee am besten durch Licht und Farbe umsetzen kannst.

FARBWIRKUNG

Nachdem wir auf den vorangegangenen Seiten die Farbentheorie behandelt haben, sollten wir uns die Farbtöne noch einmal unter einem anderen Aspekt ansehen: Wir neigen dazu, einer Farbe instinktiv eine bestimmte Wirkung und Bedeutung zuzuschreiben. Diese Wirkung variiert natürlich bei jeder Person, trotzdem gibt es dabei eine gewisse Einheitlichkeit – kaum jemand würde etwa ein leuchtendes Orange mit Ruhe assoziieren. Unten habe ich dir zu einer Reihe von Farben jeweils positive und negative Begriffe notiert, die häufig mit diesen Farbtönen in Verbindung gebracht werden.

- ★ Liebe
- ★ Leidenschaft
- ★ Energie
- ★ Wut
- ★ Aggressivität
- ★ Gefahr

- ★ Freude
- ★ Begeisterung
- ★ Kreativität
- ★ Übertreibung
- ★ Grell
- ★ Unangenehm

- ★ Freundlichkeit
- ★ Wärme
- ★ Entspannung
- ★ Neid
- ★ Eifersucht
- ★ Verrat

- ★ Natur
- ★ Wachstum
- ★ Glück
- ★ Eifersucht
- ★ Gier
- ★ Gift

- ★ Ruhig
- ★ Erfrischend
- ★ Eleganz
- ★ Kälte
- ★ Tiefe
- ★ Alleinsein

- ★ Romantik
- ★ Unschuld
- ★ Zärtlichkeit
- ★ Kitschig
- ★ Naiv
- ★ Materialistisch

- ★ Luxus
- ★ Magie
- ★ Geheimnisvoll
- ★ Künstlich
- ★ Unnatürlich
- ★ Unheimlich

- ★ Erde
- ★ Ruhe
- ★ Beständigkeit
- ★ Schlicht
- ★ Stumpf
- ★ Schmutz

- ★ Dramatik
- ★ Dunkelheit
- ★ Macht
- ★ Angst
- ★ Einsamkeit
- ★ Tod

- ★ Frienden
- ★ Hoffnung
- ★ Licht
- ★ Farblosigkeit
- ★ Leere
- ★ Sterilität

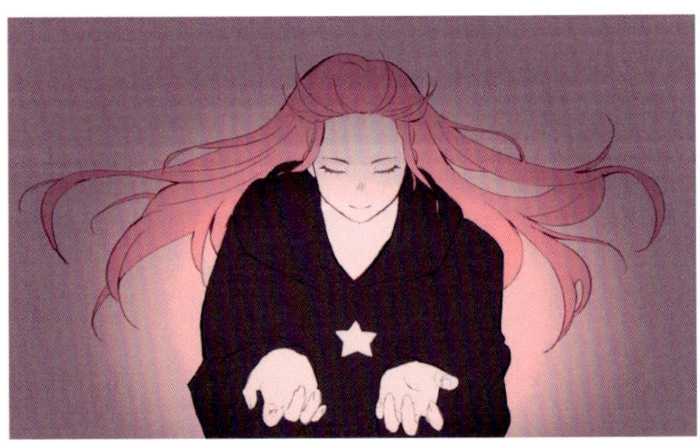

LICHTEINFLÜSSE

Licht kann eine erstaunlich große Auswirkung auf die Atmosphäre eines Raumes oder einer Szene haben. Du solltest dir deshalb vorab in einer einfachen Skizze überlegen, wo sich die Lichtquelle befindet und die Lichtstrahlen mit kleinen Pfeilen einzeichnen.

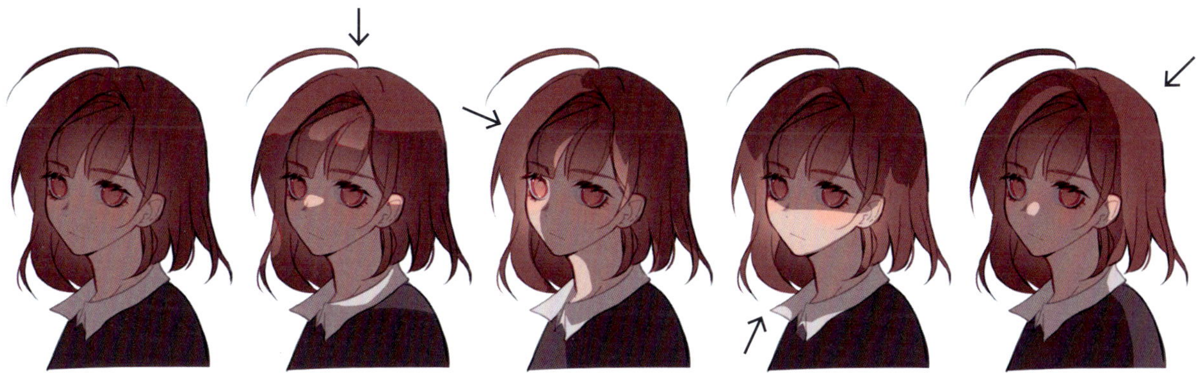

Ohne Lichteinfluss | **Licht von oben** | **Licht von der Seite** | **Licht von unten** | **Licht von hinten**

LICHT UND FARBE IN KOMBINATION

Im folgenden Abschnitt möchte ich nochmal auf die Einwirkung von Licht und Farbe eingehen. Hier habe ich dieselbe Zeichnung jeweils unter einer anderen Farbwirkung gesetzt. Nun kannst du selbst darüber nachdenken, welche Wirkung die jeweiligen Bilder auf dich haben.

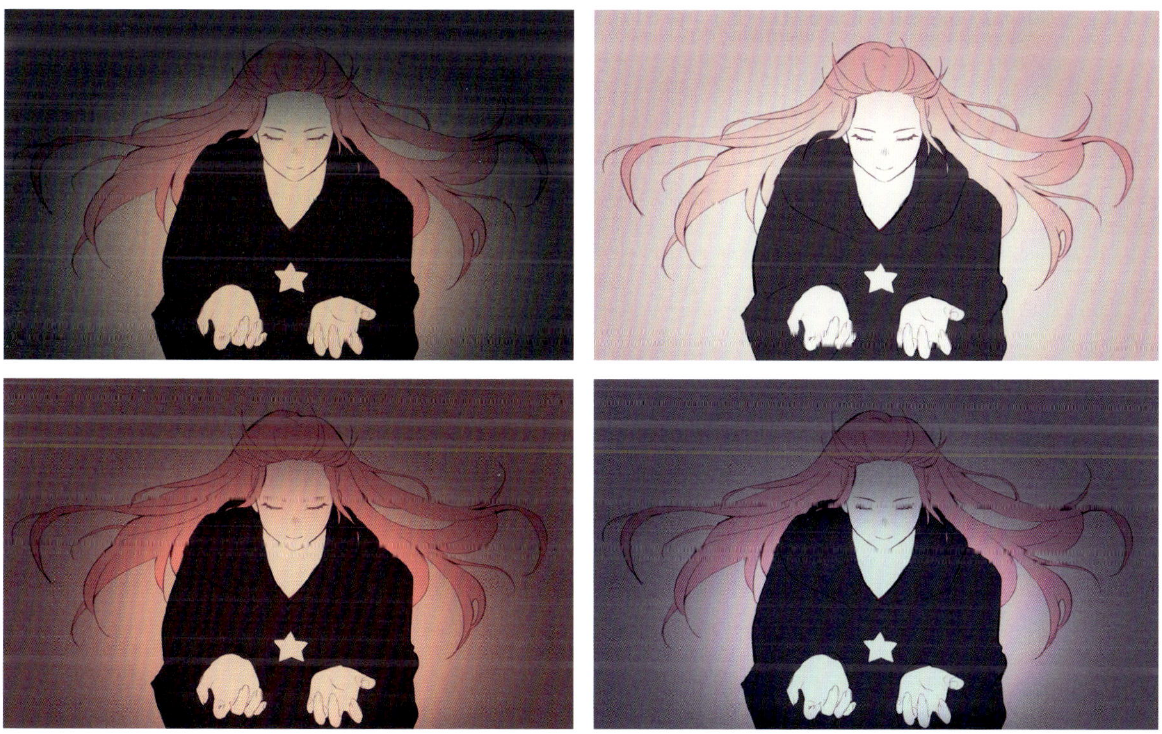

Highlights

Highlights sind als helle Flecken auf der Oberfläche eines Objekts dargestellte Lichtreflexe. In Manga-Zeichnungen werden sie normalerweise auf glänzenden oder reflektierenden Oberflächen platziert, wie zum Beispiel Augen, Haare und Schmuck, aber auch auf Lippen, Nase, oder Kleidung. Materialien wie glatte Kleidungsstücke oder nasse Stellen reflektieren das Licht besonders stark, es ist aber wichtig, die Highlights nicht zu übertreiben und nur gezielt einzusetzen.

HIGHLIGHTS IN DEN AUGEN

Wenn du Figuren zeichnest, sind Highlights in den Augen ein wichtiger Aspekt, um Ausdrucksstärke und Lebendigkeit zu verleihen. Allerdings kannst du auch bewusst Charaktere ohne Highlights zeichnen, um einen leblosen Eindruck zu erzeugen. Die Position, Größe und Form kannst du frei wählen, je nachdem, welchen Effekt du erzielen möchtest. Ich umrande sie gerne, damit sie stärker hervorstechen.

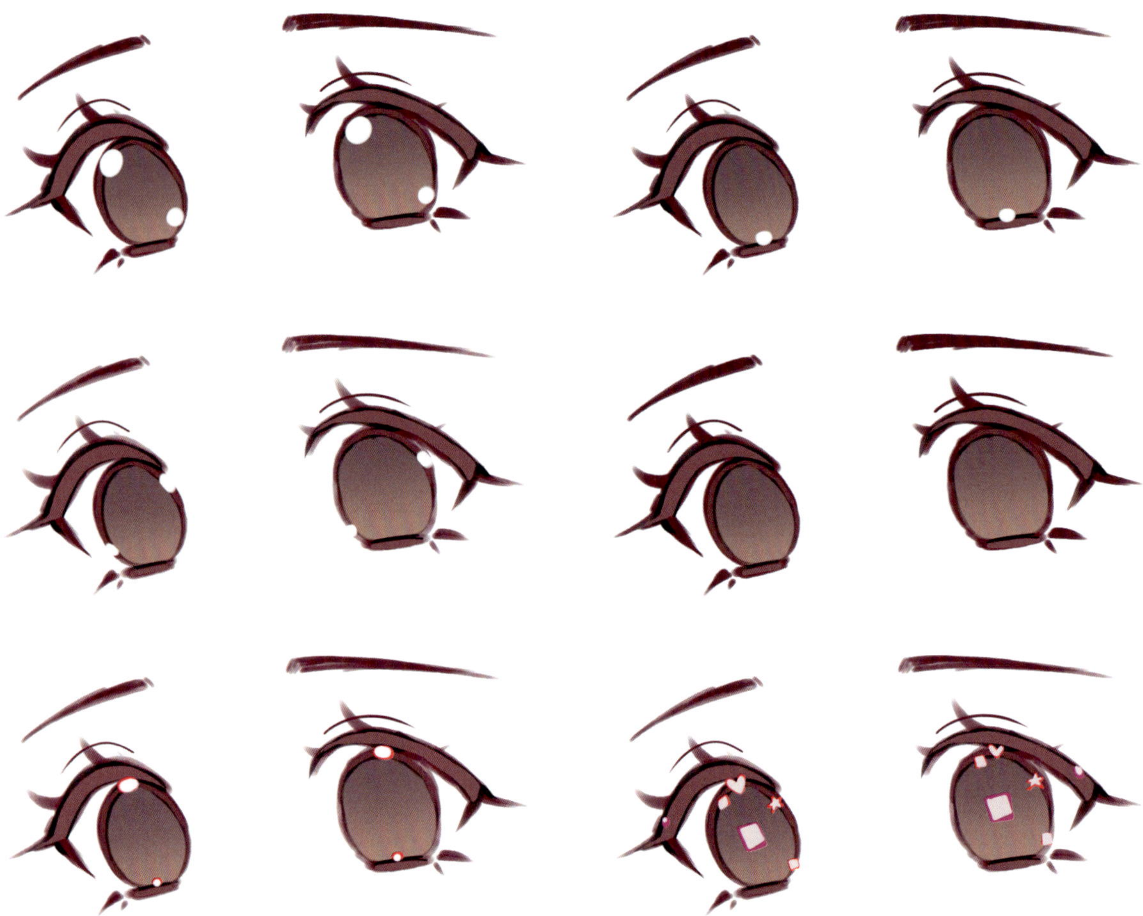

HIGHLIGHTS IN DEN HAAREN

Das Hervorheben von Highlights verleiht dem Charakter den letzten Schliff. Die Art und Weise, wie sie gezeichnet werden, kann je nach Zeichenstil stark variieren. Manche Zeichner verzichten sogar ganz auf Highlights, wenn die Haare einen matten Look haben sollen. Für das Platzieren des Highlights auf dem Kopf gibt es eine einfache Methode: Zeichne einfach einen gekrümmten Strich und arbeite ihn an der Stelle, an der das Licht am stärksten auftrifft, dicker aus.

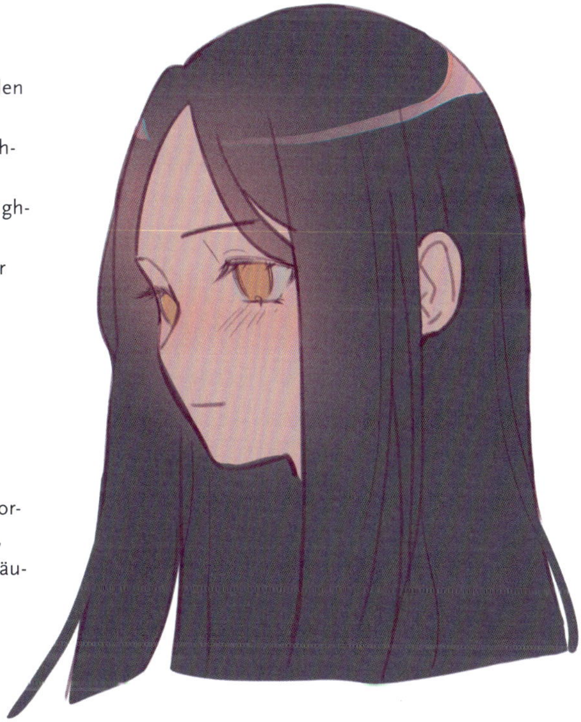

Wenn du deinem Werk mehr Details hinzufügen möchtest, kannst du versuchen, dem Highlight interessantere Formen zu geben, die der Haarstruktur folgen. Eine Methode, die ich häufig anwende, ist das Ausradieren der Zwischenräume. Dadurch erhält das Highlight eine natürlichere Form.

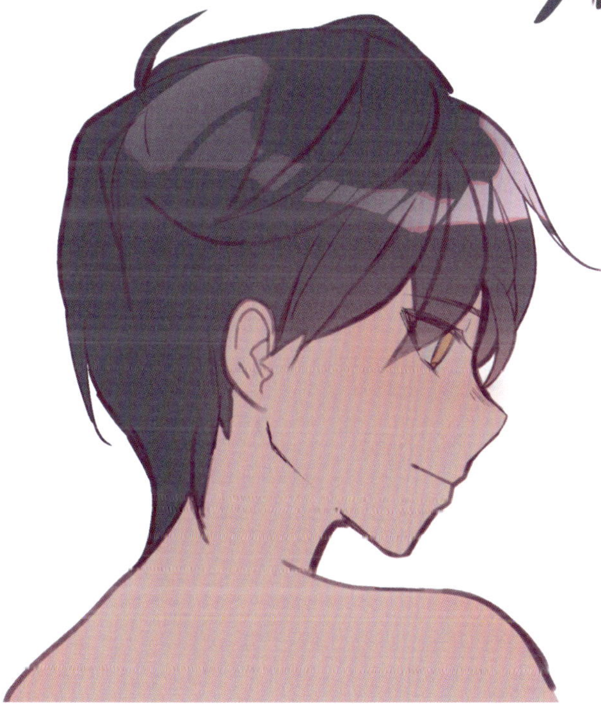

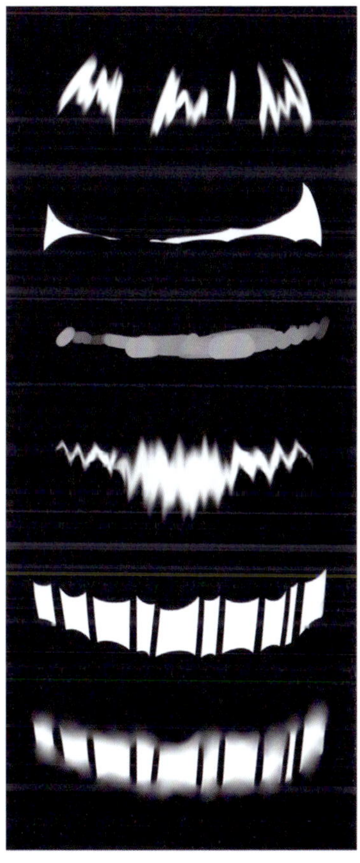

Hier siehst du weitere Möglichkeiten, die Highlights im Haar zu platzieren

Perspektive

Auch die Perspektive kann einen erheblichen Einfluss auf die Stimmung des Bildes haben. Ein Blick von unten kann den Charakter mächtiger wirken lassen, während der Blick von oben den Charakter schwächer und zierlicher darstellt. Auf dieser Doppelseite zeige ich dir, was du beachten solltest, um ein realistisches und überzeugendes Ergebnis zu erzielen.

GRUNDLAGEN PERSPEKTIVISCH ZEICHNEN

Wir beginnen mit einer gerade, waagerechten Linie. Dies ist unsere Horizontlinie und teilt das Bild in zwei Teile – den Himmel oberhalb und die Erde unterhalb. Diese dient als Bezugspunkt für die Bestimmung des Fluchtpunkts und der Darstellung von Objekten in der räumlichen Tiefe. Je nachdem, ob man sich oberhalb oder unterhalb befindet, ändert sich die Sichtweise der Perspektive.

Die 1-Punkt-Perspektive, auch als Zentralperspektive bezeichnet, basiert auf dem Konzept, dass alle parallelen Linien in der Realität sich in einem Punkt auf der Horizontlinie treffen. Die Zeichnungen in der 1-Punkt-Perspektive zeigen eine tiefe, dreidimensionale Wirkung, indem sie das Objekt so darstellen, als ob es sich in der Entfernung befindet.

Die 2-Punkt-Perspektive ist eine erweiterte Technik der 1-Punkt-Perspektive, bei der zwei Fluchtpunkte verwendet werden, die sich auf der Horizontlinie befinden. Diese Technik wird verwendet, um ein Objekt darzustellen, das von der Seite gesehen wird, wobei eine Seite näher an uns ist als die andere.

Die 3-Punkt-Perspektive ist eine fortgeschrittene Technik der Perspektive, bei der drei Fluchtpunkte verwendet werden. Einer befindet sich auf der Horizontlinie und die anderen beiden befinden sich in der oberen Ecke des Bildes oder auf der unteren Ecke des Bildes. Die 3-Punkt-Perspektive erzeugt eine sehr dynamische und dramatische Wirkung, aber erfordert Übung und Erfahrung.

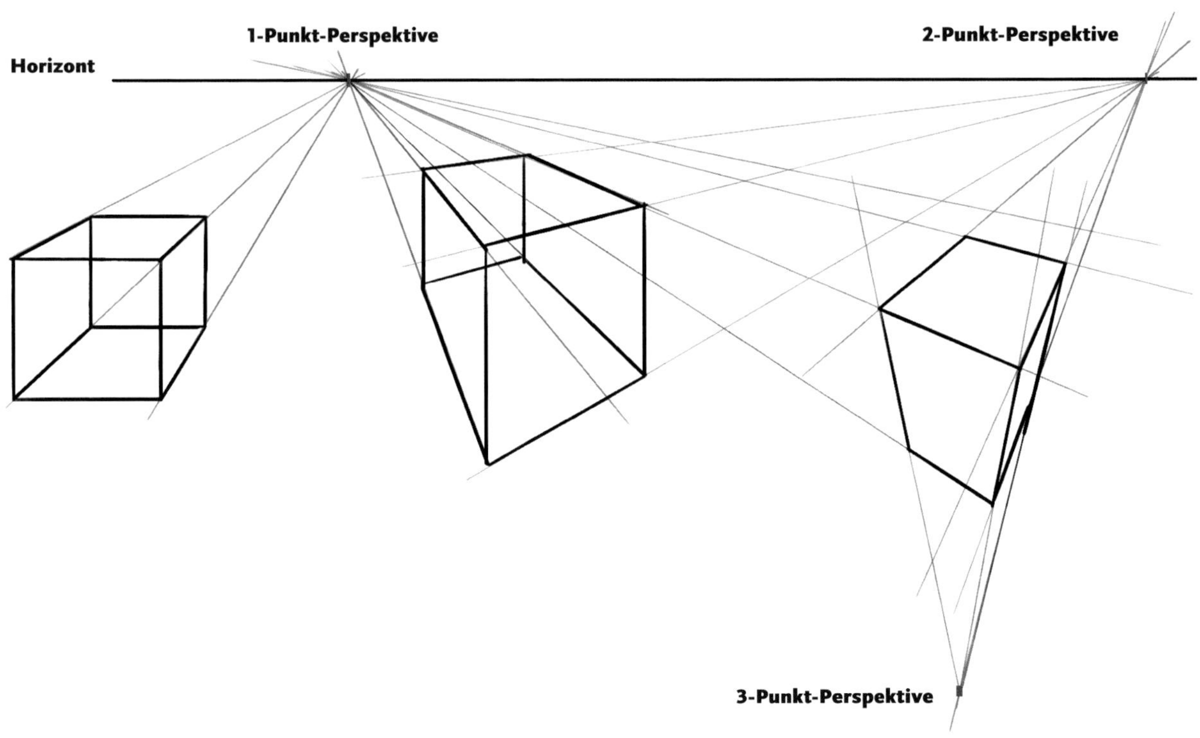

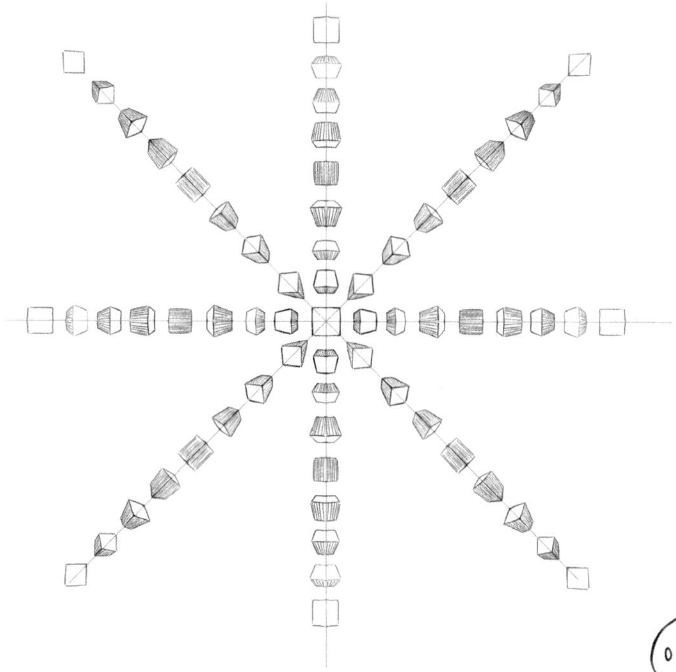

Für Anfänger ist es sinnvoll, sich zunächst intensiv mit der Ein-Punkt-Perspektive auseinanderzusetzen. Hier ist eine kleine Übung, die du machen kannst, um dein Gefühl für Perspektive zu verbessern: Betrachte das Bild links sorgfältig und versuche es dann aus dem Gedächtnis abzuzeichnen, ohne noch einmal darauf zu schauen.

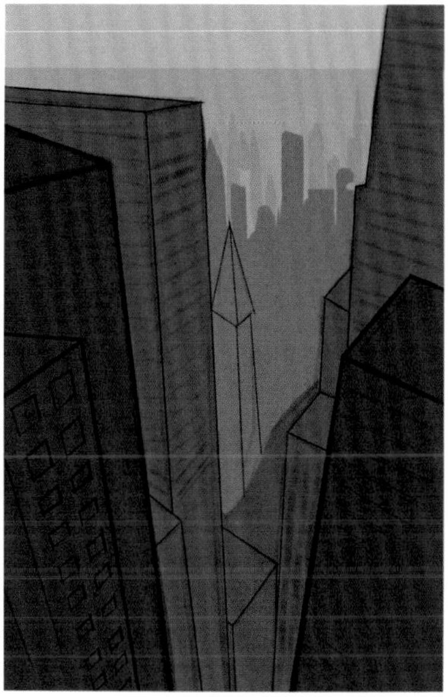

VERKÜRZEN

Wenn man Objekte aus einer bestimmten Entfernung betrachtet, nehmen wir sie komplett oder teilweise kleiner wahr. Deshalb müssen wir sie beim Zeichnen verkürzen. Betrachtet man zwei übereinandergestapelte Quadrate aus der Seitenansicht, wirken sie zweidimensional. Von oben betrachtet sehen sie jedoch ganz anders aus. Durch die Verkürzung erscheint der untere Würfel kleiner und der obere wirkt nicht nur größer, sondern bedeckt einen Großteil des unteren Quadrates.

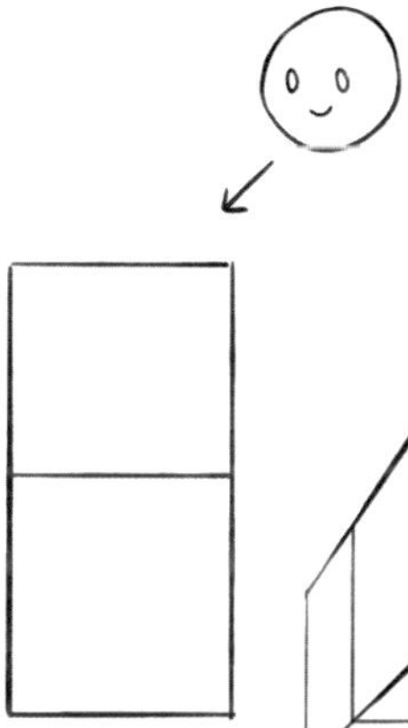

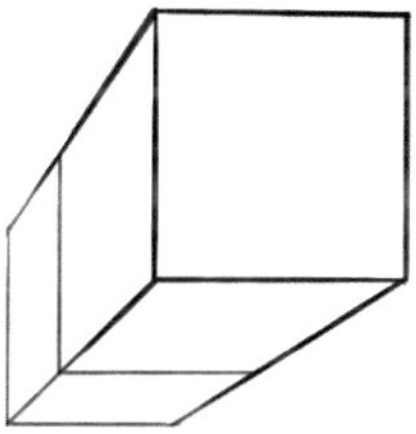

Solche Übungen können dir helfen, wenn du Gebäude zeichnest, da diese meist einfache rechteckige Formen besitzen.

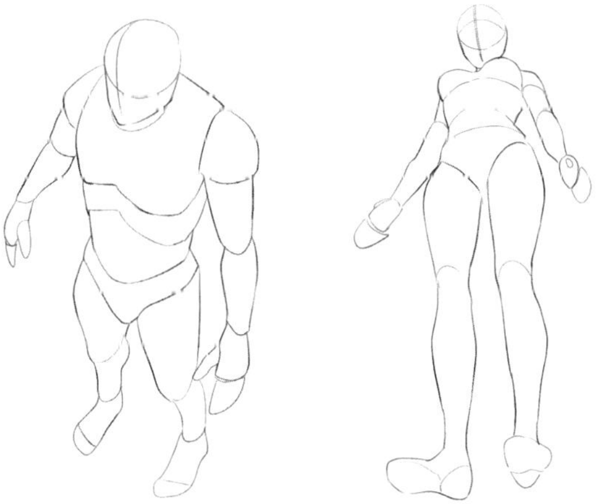

Beim Zeichnen ist es hilfreich, die verschiedenen geometrischen Formen genau zu betrachten und darüber nachzudenken, welcher Teil größer oder kleiner bzw. verdeckt werden. Das funktioniert genauso beim Zeichnen von Figuren: Hier sieht man, dass der Hals durch die Perspektive fast vollständig vom Kopf bedeckt wird. Die Füße wirken nun sehr klein und weiter weg.

Dreht man die Perspektive um, sind die Füße des Charakters näher und der Kopf weiter weg. Die Beine wirken länger als gewöhnlich, da sie nicht so stark verkürzt werden wie der obere Teil des Körpers.

5. Umgebung und Storytelling

Ein für das Genre Mystery besonders wichtiger Aspekt fehlt uns noch: Das Storytelling. Denn was wäre ein Mystery-Manga ohne eine spannende Story mit überzeugender Umgebung? Ein gut gestaltetes Setting tragt dazu bei, dass die Handlung des Mangas stärker und fesselnder wirkt, es ist ein wichtiger Bestandteil der Geschichte. In diesem Kapitel zeige ich dir, wie du ein Konzept für Story und Umgebung entwirfst und stelle dir eine Reihe klassischer Subgenres vor.

Komposition

Der Begriff Komposition bezieht sich auf die Art und Weise, wie verschiedene Elemente wie Farben, Formen, Linien und Texturen in einem Werk angeordnet sind, um eine bestimmte Wirkung zu erzielen. Eine gute Komposition kann dazu beitragen, dass das Werk für den Betrachter interessanter und ansprechender wird, indem es eine klare visuelle Hierarchie und Balance schafft. Dabei sollte jedoch beachtet werden, dass eine Komposition als Hilfsmittel dient und keine starren Regeln vorgibt.

RULE OF THIRDS

Die „Rule of Thirds" ist eine der beliebtesten und einfachsten Techniken, bei der das Bild in neun gleichmäßige Abschnitte unterteilt wird. Der Fokus deines Bildes sollte dann entlang einer der Linien oder an einem der Punkte liegen, an denen sich die Linien Kreuzen. Dadurch entsteht eine ausgewogene Komposition.

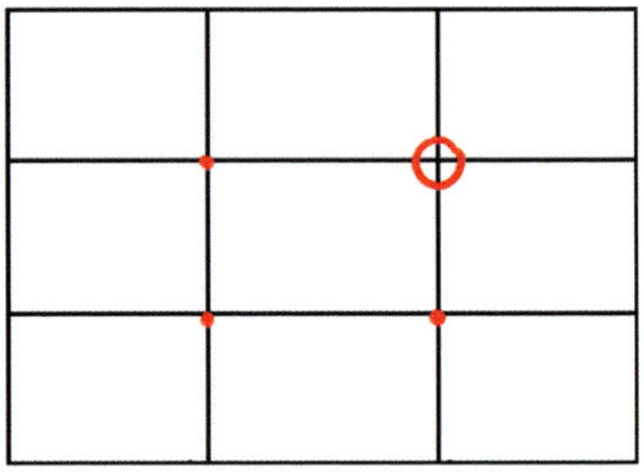

ZENTRALKOMPOSITION

Das Bild wird im Falle eine Zentralkomposition in der Mitte geteilt und das Hauptobjekt befindet sich dabei in der Mitte des Bildes. Dadurch wird eine Symmetrie und Ausgeglichenheit im Bild erschaffen.

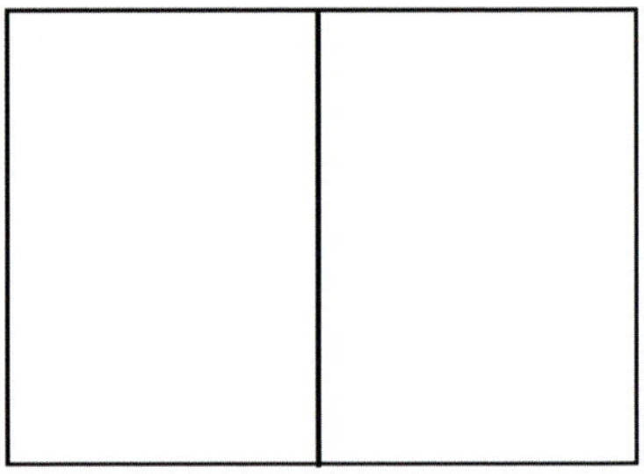

GOLDENER SCHNITT

Hierbei spielt ein mathematisches Verhältnis eine Rolle, welches in vielen Bereichen der Kunst und des Designs als ästhetisch ansprechend gilt.

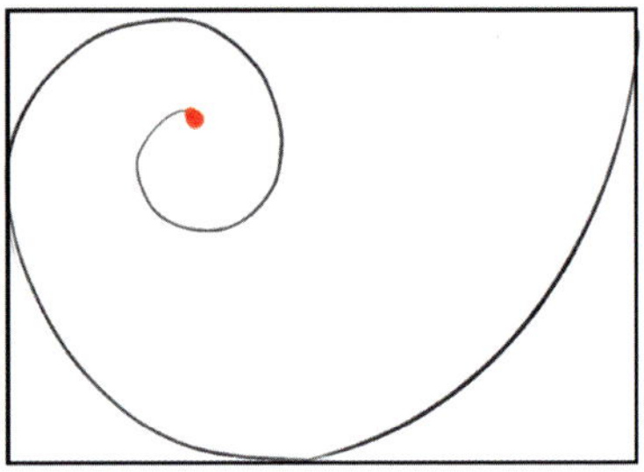

GOLDENES DREIECK

Diese Kompositionstechnik basiert auf der sog. Goldenen Ratio. Dabei werden drei Punkte im Bild so angeordnet, dass sie ein Dreieck bilden, dessen Seitenverhältnisse dem goldenen Schnitt entsprechen. Diese Technik wird verwendet, um eine ausgewogene und harmonische Komposition zu erzeugen, die dem Betrachter ein angenehmes visuelles Erlebnis bietet.

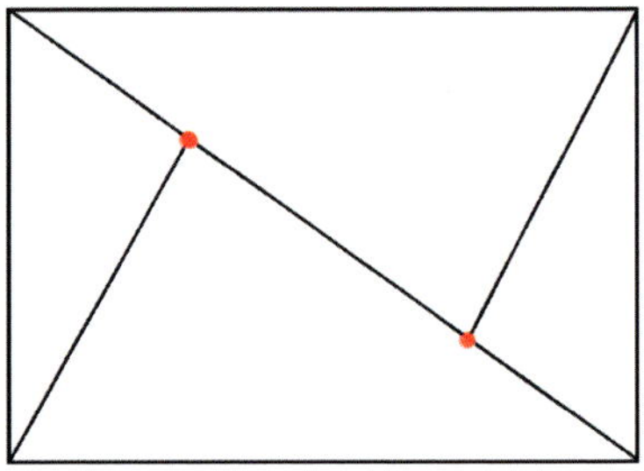

ERSTELLEN VON THUMBNAILS

Beim Erstellen von Illustrationen macht es Sinn, vorher grobe Skizzen zu machen, auch Thumbnails genannt. Mit ihrer Hilfe bekommst du schnell ein Gefühl dafür, ob deine Komposition gut funktioniert oder ob du Elemente anpassen musst. Wenn du Hintergründe zeichnen möchtest, ist es wichtig, dass du das Bild in Hintergrund, Mittelgrund und Vordergrund einteilst.

Der Hintergrund bezieht sich auf alle Elemente, die sich am weitesten vom Betrachter entfernt befinden, während der Mittelgrund zwischen dem Hintergrund und dem Vordergrund liegt und normalerweise das Hauptmotiv enthält. Der Vordergrund umfasst alle Elemente, die am nächsten zum Betrachter liegen und umrahmt die gesamte Komposition.

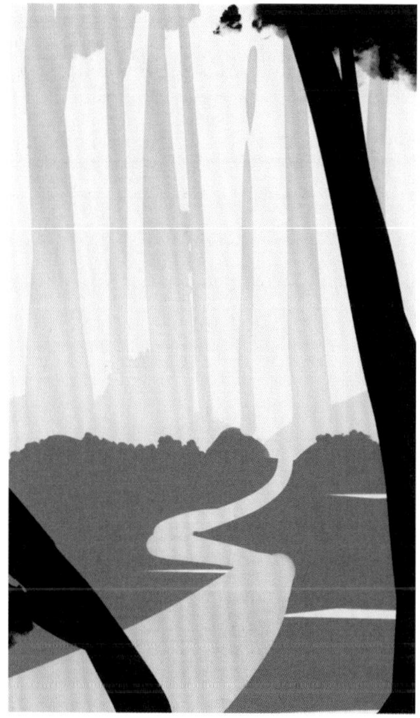

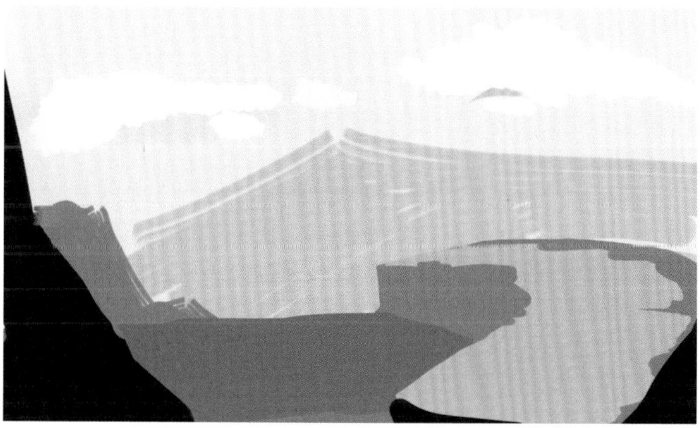

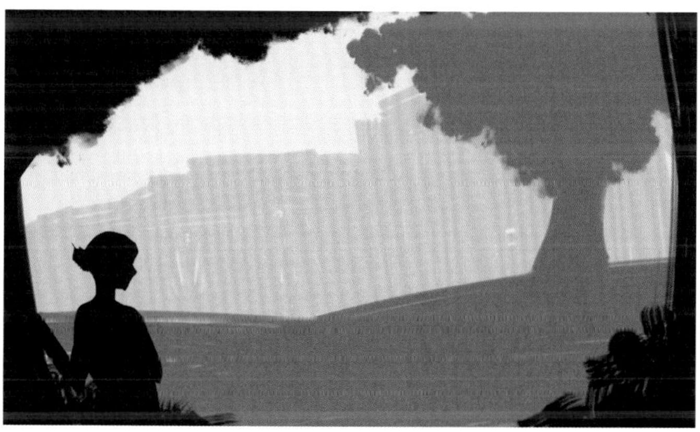

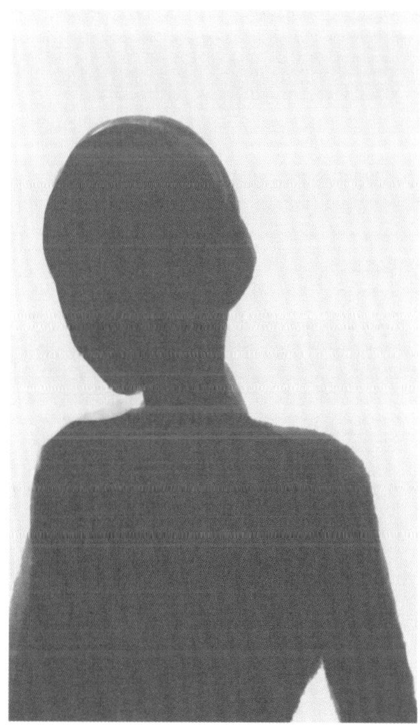

Die Kompositionsregeln gelten nicht nur für Zeichnungen mit Hintergrund, sondern auch für solche ohne Hintergrund, insbesondere bei Charakterillustrationen, bei denen das Gesicht von größter Bedeutung ist. Es ist daher ratsam, sorgfältig zu überlegen, wo das Gesicht am besten platziert wird, um eine ansprechende und ausgewogene Komposition zu erreichen

Umgebungselemente

Die Gestaltung von Umgebungselementen wie Hintergründe, Gebäude und Gegenstände ist entscheidend, um die Stimmung der Geschichte darzustellen. Dabei geht es nicht nur um die technische Umsetzung, sondern auch um die Kreativität und Fantasie des Zeichners, um die perfekte Atmosphäre zu schaffen.

NEBEL

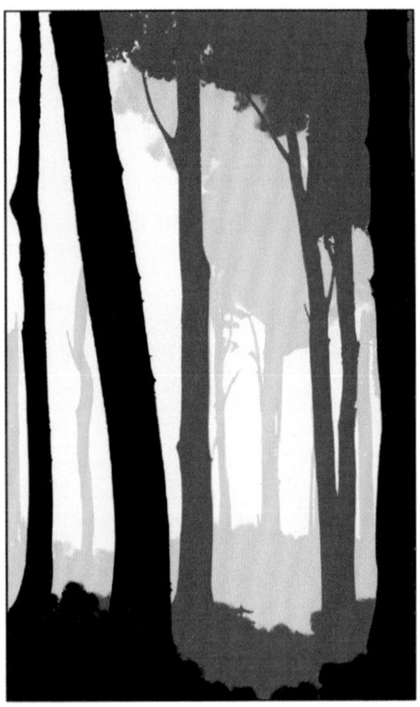

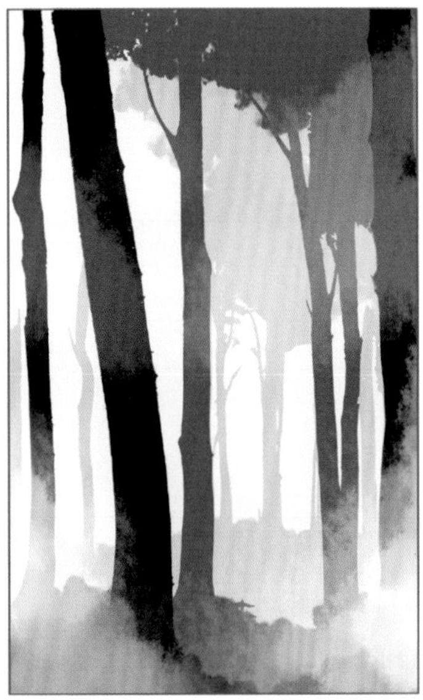

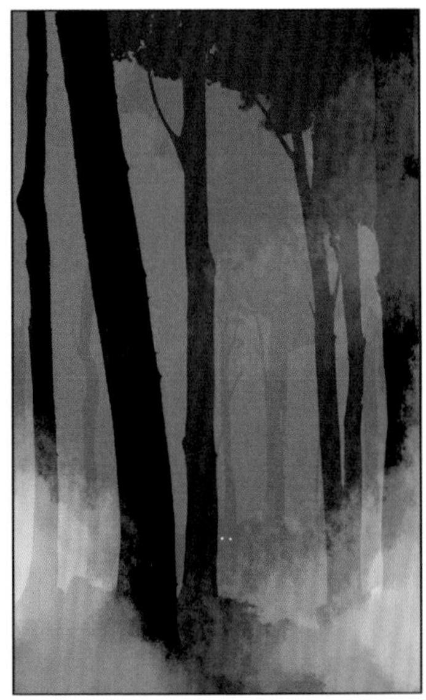

1 Wälder allein haben bereits etwas Geheimnisvolles an sich. Im ersten Schritt entwerfe ich die Komposition und zeichne die Bäume.

2 Im nächsten Schritt fügen wir etwas Nebel hinzu. Nebel ist ein interessantes Element, da er die Sicht einschränkt und möglicherweise Elemente oder Gestalten verbirgt.

3 Zuletzt „dimme" ich das Tageslicht und lasse den Wald noch dunkler erscheinen. Bereits durch zwei einfache helle Punkte lässt sich andeuten, dass sich da tatsächlich etwas im Nebel verbergen könnte.

KAPUTT UND ALT

Kaputte oder heruntergekommene Gebäude können ebenfalls eine starke Atmosphäre erzeugen. In den meisten Fällen haben sie eine Geschichte oder tragen Geheimnisse in sich. Die Dunkelheit und Schatten in den Ecken und Winkeln des Gebäudes verstärken dieses Gefühl des Geheimnisvollen und der Ungewissheit.

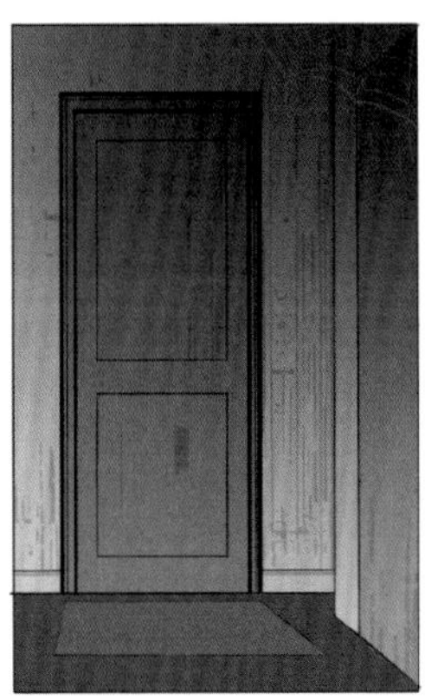

ABGELEGENE HÜTTE

Alte Hütten haben einen mysteriösen Charme, die sie zum perfekten Schauplatz einer Geschichte macht. Der Zahn der Zeit hat an ihnen genagt und sie zu einem Ort mit eigener Persönlichkeit gemacht. Darüber hinaus können abgelegene Hütten von Bäumen und Sträuchern umgeben sein, die den Eindruck erwecken, dass sie von der Außenwelt abgeschottet sind und dass etwas Seltsames oder Gefährliches im Inneren lauern könnte.

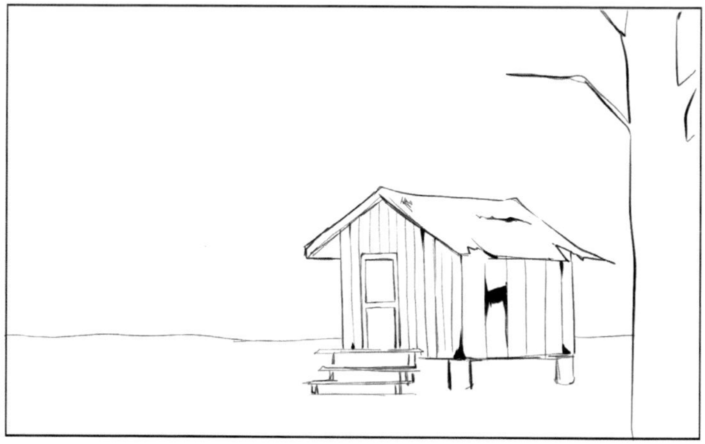

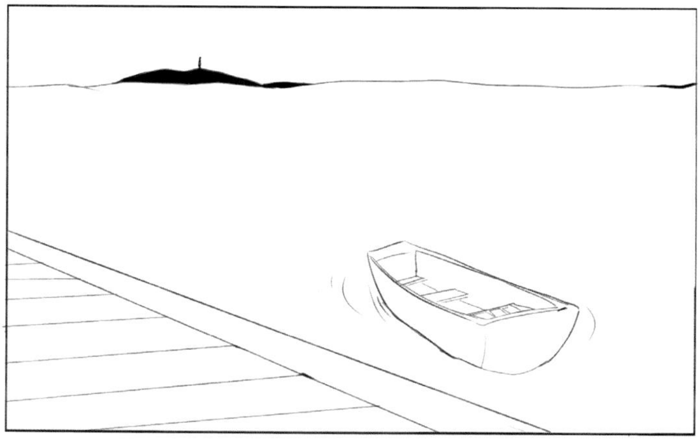

AM MEER

Das Meer mit seinen tiefen und unbekannten Gewässern kann eine Aura der Ungewissheit und des Unbekannten ausstrahlen und eine einsame Insel, abgeschieden von der Zivilisation, einen Hauch von Isolation und Einsamkeit. In Kombination können diese Elemente eine perfekte Kulisse für die Darstellung von Mysterien und Geheimnissen bieten.

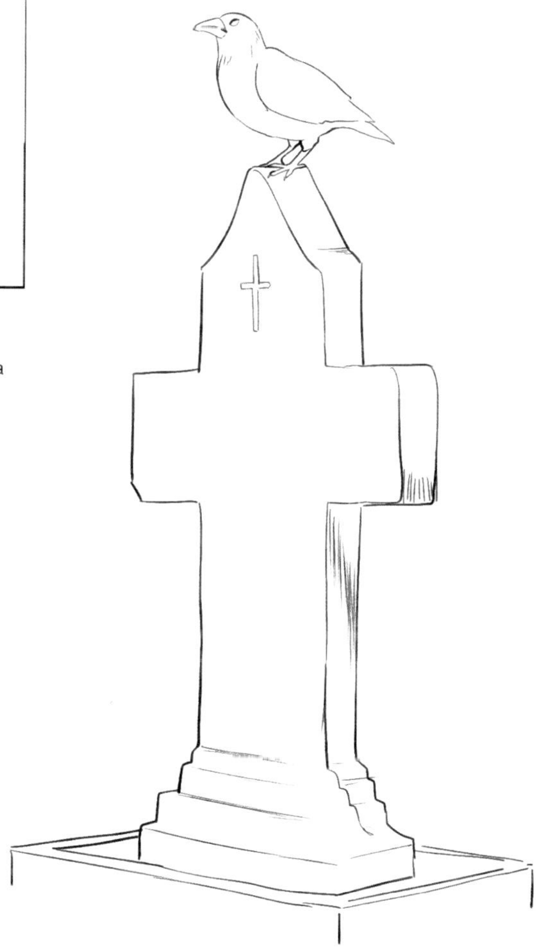

DÜSTERER FRIEDHOF

Auch viele weitere Umgebungen wie Friedhöfe, dunkle Gassen, Tempel oder Höhlen können geeignete Schauplätze sein. Wichtig ist nur, dass du eine spannende Atmosphäre kreierst.

Märchen und Legenden

Märchen, Legenden und Sagen können als Inspiration für die Erzählung dienen oder als Hintergrundgeschichte für Charaktere und Ereignisse verwendet werden. Vor allem die alten Märchen enthalten meist übernatürliche, düstere oder unerklärliche Elemente, die wunderbar ins Genre Mystery passen.

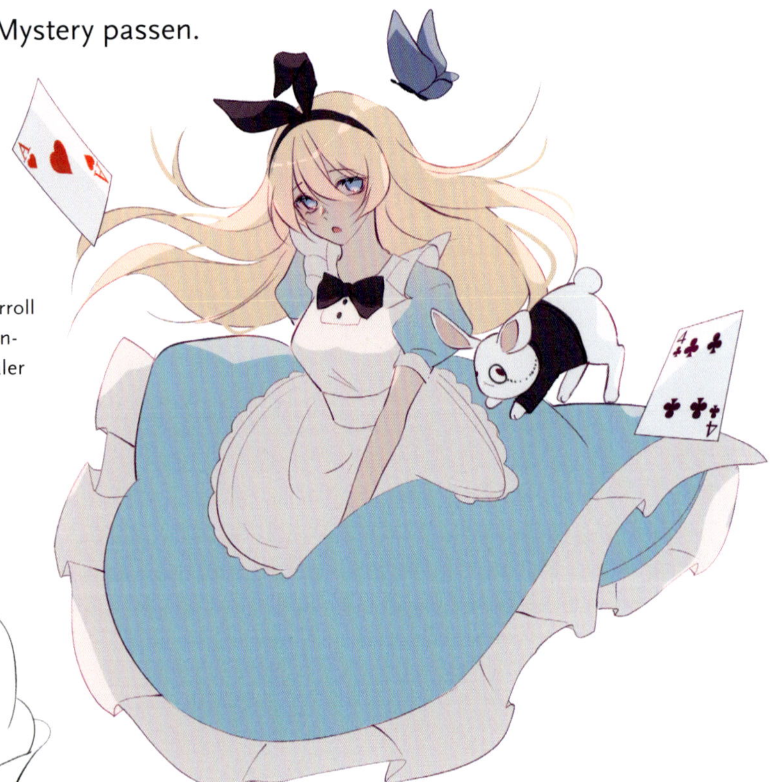

ALICE IM WUNDERLAND

Die auf einem Kinderbuch des Autors Lewis Carroll basierende Geschichte ist ein sehr beliebtes Konzept, da sie eine fantasievolle Welt voller surrealer Elemente umfasst. In Manga-Adaptionen wird die Geschichte häufig düster und voller gefährlicher, unerklärlicher Aspekte gestaltet.

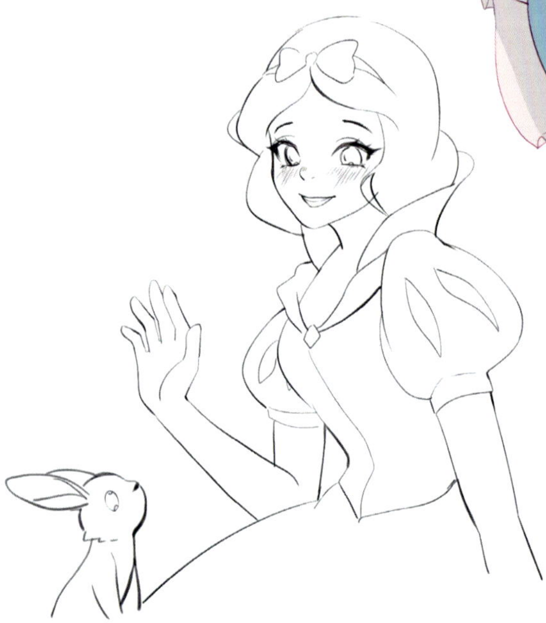

SCHNEEWITTCHEN

Schneewittchen ist ein bekanntes Märchen von den Gebrüdern Grimm. Es erzählt die Geschichte eines jungen Mädchens, das von ihrer eifersüchtigen Stiefmutter verfolgt wird und in den Wald flieht, wo sie auf sieben Zwerge trifft. Das Märchen von Schneewittchen enthält viele mysteriöse Elemente wie einen vergifteten Apfel, einen Zauberspiegel und ein scheinbares Todesurteil.

DIE WEISSE FRAU

Die weiße Frau ist eine geisterhafte Erscheinung, von der in vielen Kulturen erzählt wird. Es wird gesagt, dass sie eine mysteriöse Frau in weißem Gewand ist, die oft an unheimlichen Orten wie Schlössern, Burgen oder alten Ruinen erscheint. Die Legende der Weißen Frau ist mit düsteren Prophezeiungen, Flüchen oder Warnungen verbunden und bleibt eine faszinierende und unheimliche Gestalt in der Folklore vieler Länder.

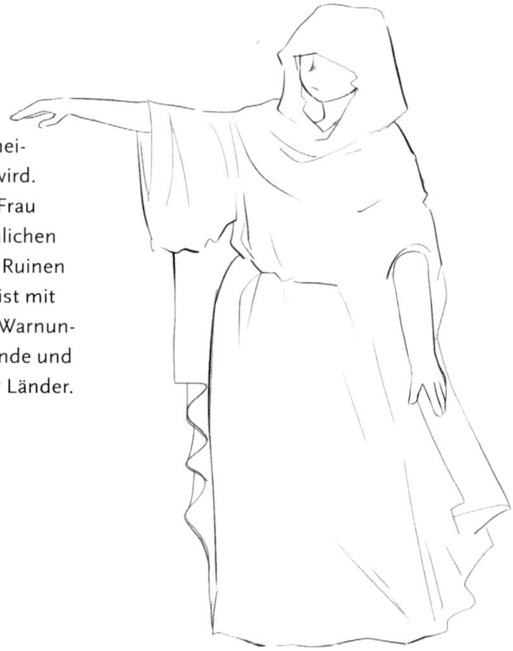

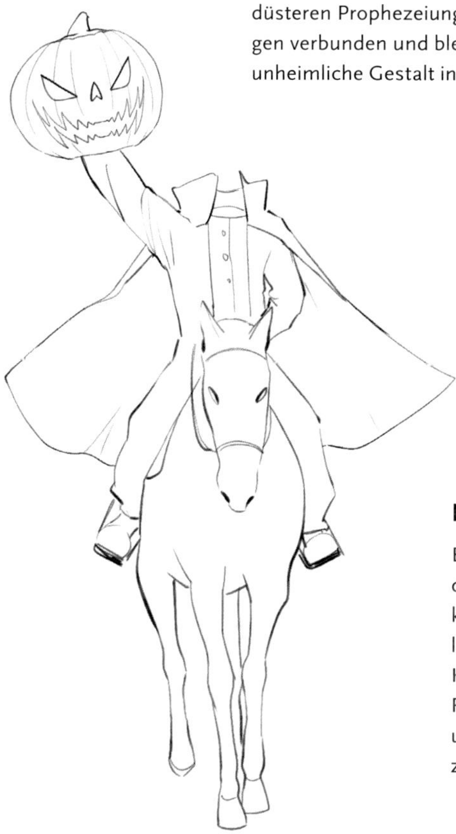

KOPFLOSER REITER

Eine gruselige Sage erzählt von einem kopflosen Reiter, der angeblich in der Nähe von Sleepy Hollow, einem kleinen Dorf in den USA, sein Unwesen treibt. Der kopflose Reiter soll in der Nacht auftauchen und mit einem Kürbis als Kopf erscheint. Die Legende des kopflosen Reiters ist mit vielen mysteriösen Ereignissen und unerklärlichen Phänomenen verbunden und hat unzählige Variationen in der Populärkultur inspiriert.

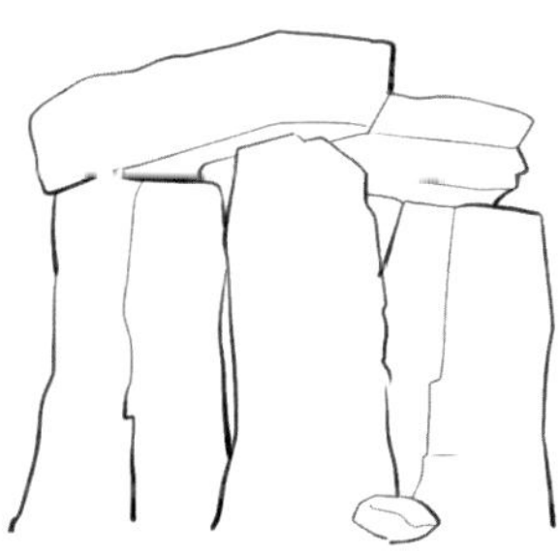

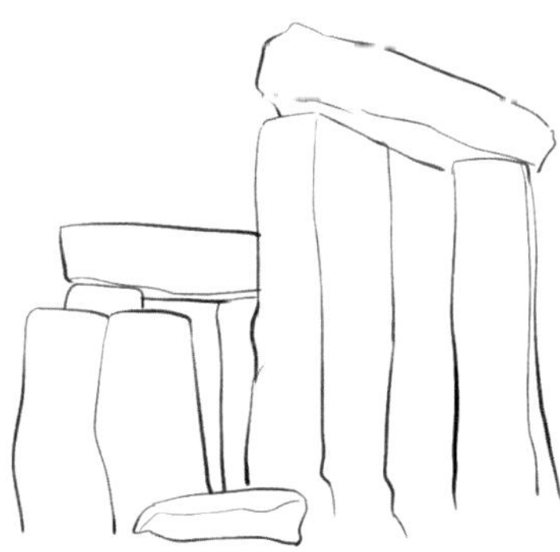

STONEHENGE

Aber nicht nur Märchenfiguren, sondern auch Orte können als Inspiration diesen: Der Stonehenge ist ein prähistorisches Steinkreis-Monument im Süden Englands. Es besteht aus einem Ring von stehenden Steinblöcken, von denen einige mehr als fünf Meter hoch sind und bis zu 25 Tonnen wiegen. Bis heute sind weder Bedeutung noch Verwendung genau bekannt.

Sagen aus Japan

Da der Manga ursprünglich aus Japan stammt, finden sich in den Geschichten oft mythologische Elemente dieser faszinierenden Kultur. In zahlreichen japanischen Sagen spielt der Shintoismus als traditionelle Religion eine bedeutende Rolle. Die Geschichten handeln deshalb häufig von Verehrung der Naturgeister und anderen übernatürlichen Wesen.

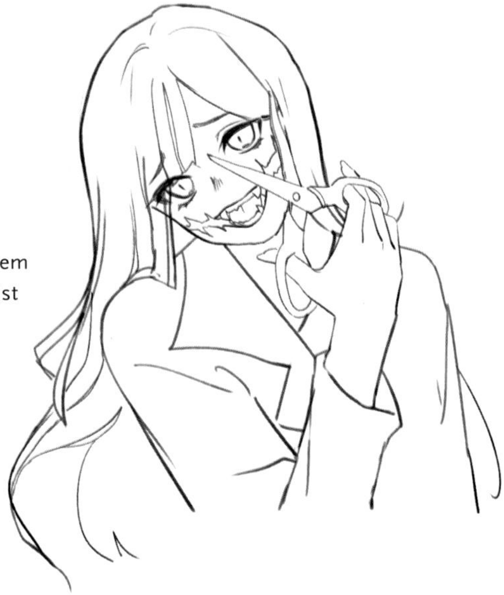

KUCHISAKE ONNA

Kuchisake Onna, auch bekannt als die „Frau mit dem aufgeschnittenen Mund", ist eine geisterhafte Erscheinung in der japanischen Folklore. Es wird gesagt, dass sie eine Frau mit einem Mund ist, der von einem Ohr bis zum anderen aufgeschnitten ist und sie Menschen fragt, ob sie schön ist. Je nach Antwort, die gegeben wird, kann sie entweder freundlich oder bösartig reagieren.

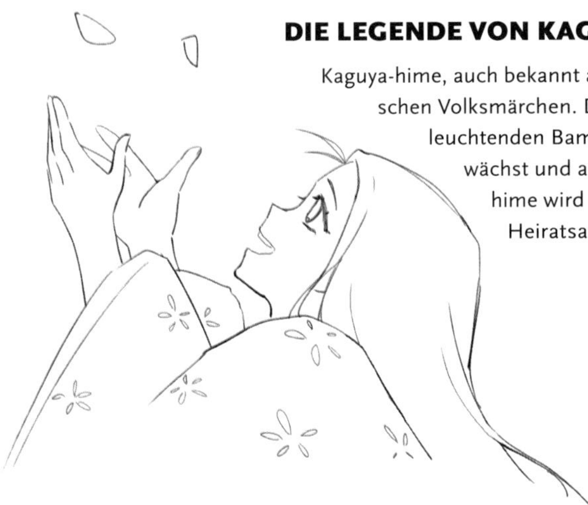

DIE LEGENDE VON KAGUYA-HIME

Kaguya-hime, auch bekannt als die „Bambusprinzessin", ist eine Figur aus einem japanischen Volksmärchen. Die Legende berichtet von einem Mädchen, das aus einem leuchtenden Bambusspross geboren wurde. Es wird erzählt, dass sie schnell wächst und außergewöhnliche Schönheit und Anmut besitzt. Kaguya-hime wird von verschiedenen Männern umworben, aber sie lehnt alle Heiratsanträge ab und stellt ihren Verehrern unlösbare Aufgaben.

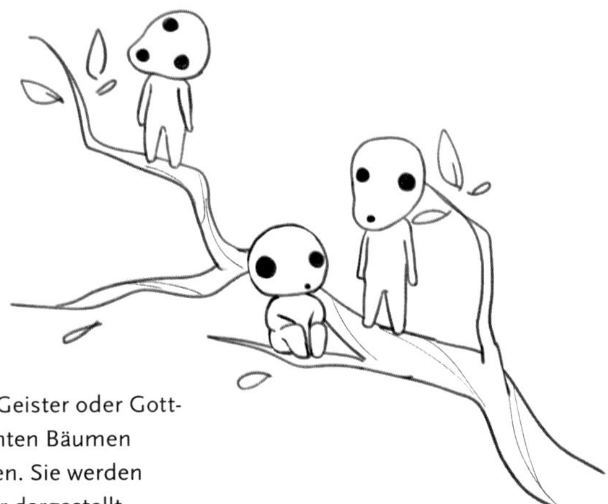

KODAMA

Kodamas sind Wesen aus der japanischen Folklore, die als Geister oder Gottheiten der Bäume angesehen werden. Sie sollen in bestimmten Bäumen leben und dafür verantwortlich sein, deren Wohl zu schützen. Sie werden oft als kleine und kindliche Wesen mit einem weißen Körper dargestellt.

YOKAI

Yokai ist ein Sammelbegriff für unterschiedliche übernatürliche Wesen. Sie können eine Vielzahl von Formen und Eigenschaften haben und sind schwer zu kategorisieren. Manche Yokai haben eine menschenähnliche Form, während andere tierähnliche oder monströse Formen haben. Andere können sich in Objekte oder Menschen verwandeln.

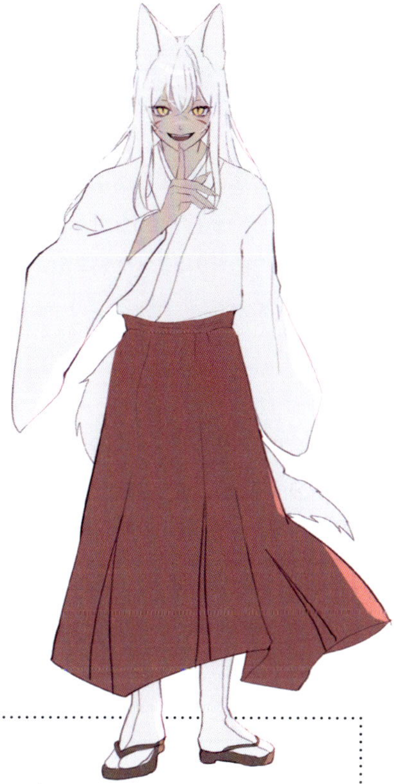

KITSUNE Ein Kitsune kann sowohl Menschenform als auch die Form eines mehrschwänzigen Fuchses annehmen. Der Fuchs-Yokai wird als listig und intelligent dargestellt.

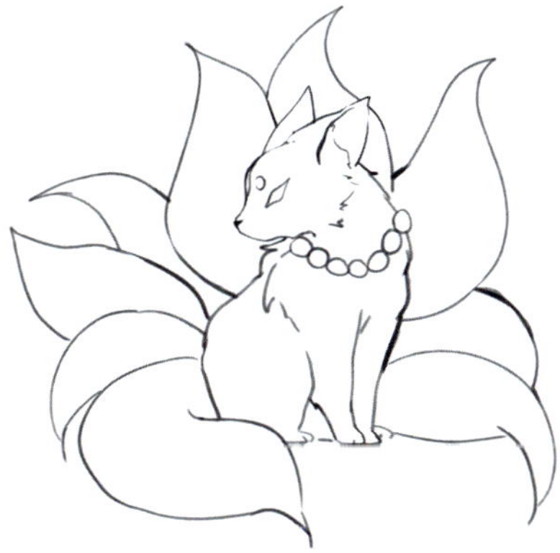

KAPPA Kappas sind Wassergeister aus der japanischen Folklore. Sie werden als menschenähnliche Wesen mit einem Schildkrötenpanzer auf dem Rücken und einer Art Teller auf dem Kopf dargestellt. Kappas leben in Flüssen, Seen und anderen Gewässern und gelten oft als Schelm oder Trickser.

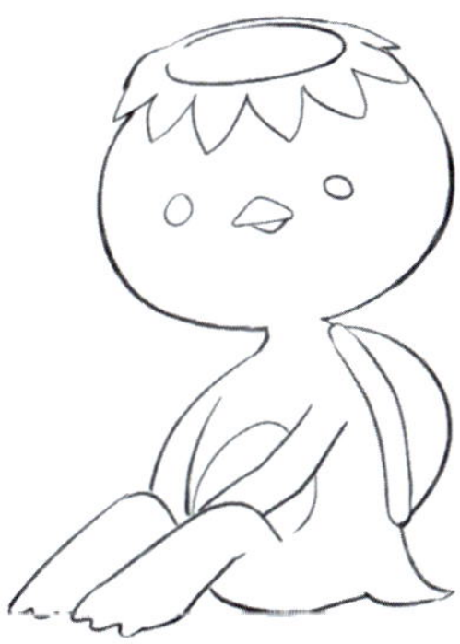

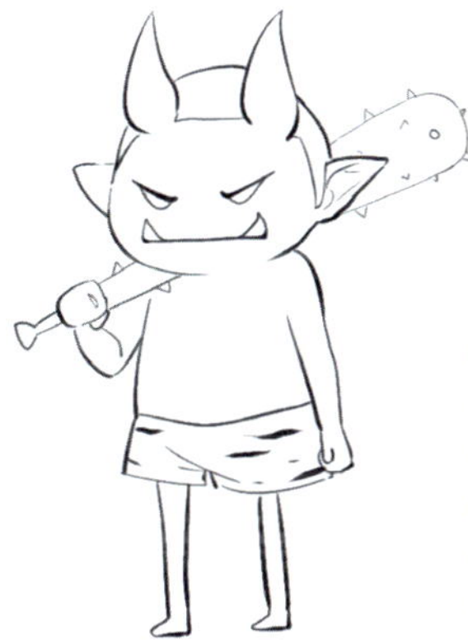

ONI Eine andere Art von Yokais sind die Onis. Onis werden als riesige, muskulöse Dämonen mit roter Haut und Hörnern auf dem Kopf dargestellt.

KARAKASA KOZO Karakasa Kozo bedeutet übersetzt Regenschirm-Junge. Er ist ein freundlicher Yokai, der oft als alter Regenschirm personifiziert wird und in der Nacht zum Leben erwacht.

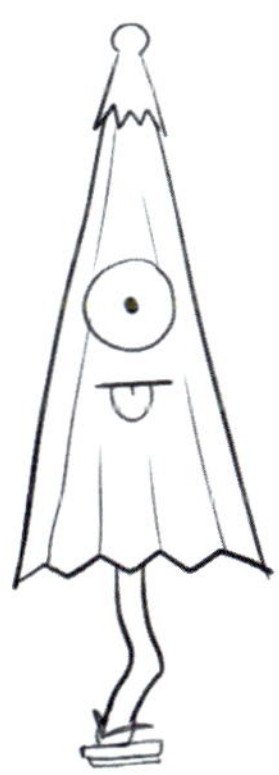

TANUKI Tanukis sind eine Art Waschbären (genauer gesagt japanische Marderhunde). Ihnen werden oft übernatürliche Kräfte zugeschrieben, sie gelten als Glücksbringer, sind aber auch für ihre schelmische Persönlichkeit und ihre Vorliebe für gute Nahrung bekannt.

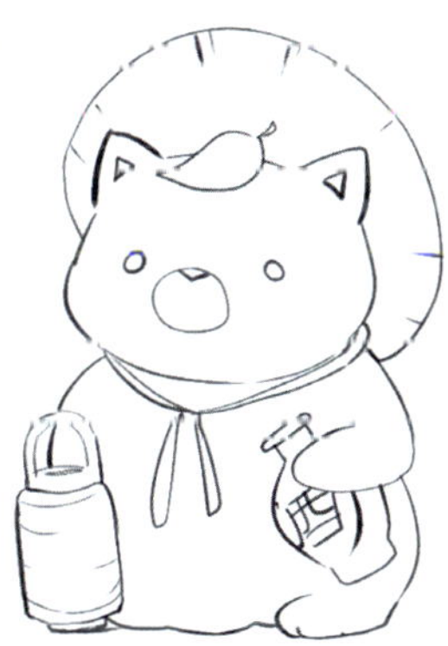

Mystery durch Storytelling

Eine wichtige Anforderung beim Storytelling besteht darin, einen logischen Zusammenhang der Geschichte sicherzustellen. Auch wenn es um Rätsel und Geheimnisse geht, die Handlung muss verständlich sein und Sinn ergeben, damit jeder die Geschichte nachvollziehen kann.

FRAGEN

Hier sind einige Fragen, die du dir vorab stellen kannst, wenn du eine Mystery-Geschichte erzählen willst.
Mach dir am besten eine Mindmap dazu.

★ Was ist das zentrale Mysterium, das in der Geschichte gelöst werden muss?
★ Wer sind die Charaktere, welche die Geschichte prägen werden? Wie sind sie miteinander verbunden?
★ Wo findet die Handlung statt? Gibt es spezifische Orte oder Umgebungen, die wichtig für die Geschichte sind?
★ Welche Ereignisse haben das zentrale Mysterium ausgelöst? Gab es ein Verbrechen, ein unerklärliches Ereignis?
★ Was sind die Konsequenzen, wenn das Mysterium nicht gelöst wird? Gibt es eine Bedrohung oder Gefahr für die Charaktere oder die Welt, die es zu verhindern gilt?
★ Welche Wendungen können in der Geschichte auftreten, um den Leser zu überraschen oder zu schockieren?
★ Welche Themen möchtest du in der Geschichte erforschen? Gibt es moralische oder ethische Fragen, die du in die Geschichte einbeziehen möchtest?
★ Welche Art von Stimmung oder Atmosphäre möchtest du in der Geschichte schaffen? Soll es düster und unheimlich sein oder eher spannend und actionreich?

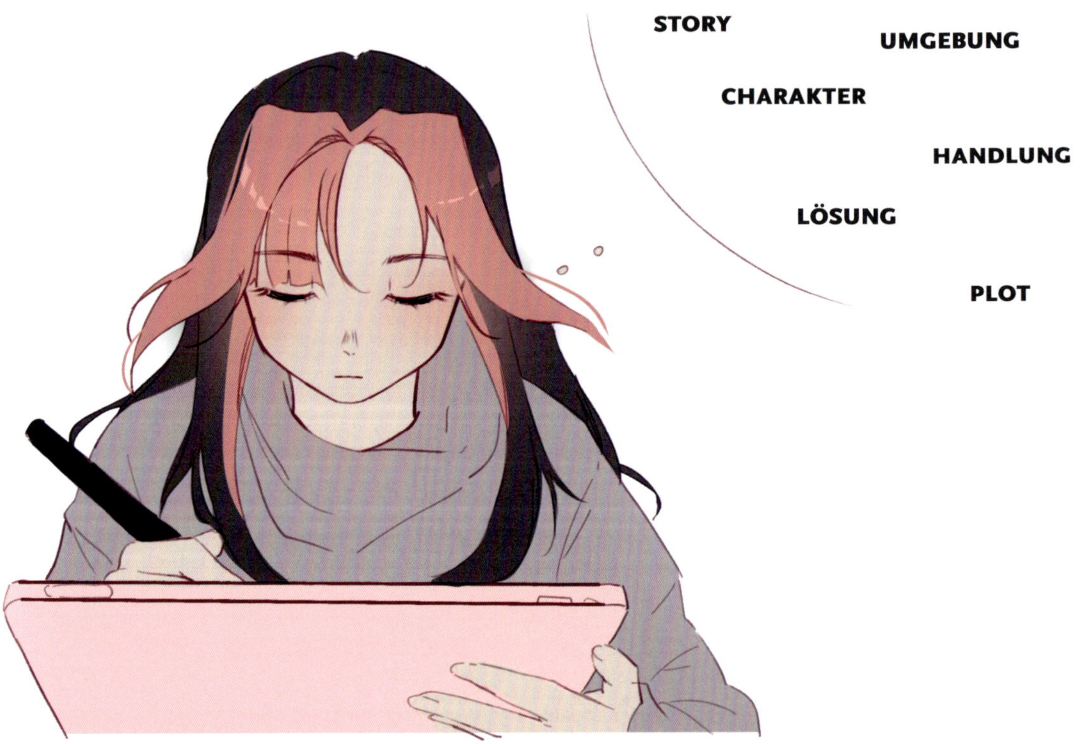

DREI-AKT-STRUKTUR Die Drei-Akt-Struktur ist eine verbreitete Erzählstruktur in der modernen Geschichtenerzählung. Sie besteht aus drei Akten: Set-up, Konfrontation und Auflösung. Der erste Akt etabliert die Welt der Geschichte und führt die Hauptfigur ein. Der zweite Akt präsentiert zunehmende Herausforderungen und eskalierende Konflikte. Der dritte Akt löst die Konflikte auf und schließt die Geschichte ab.

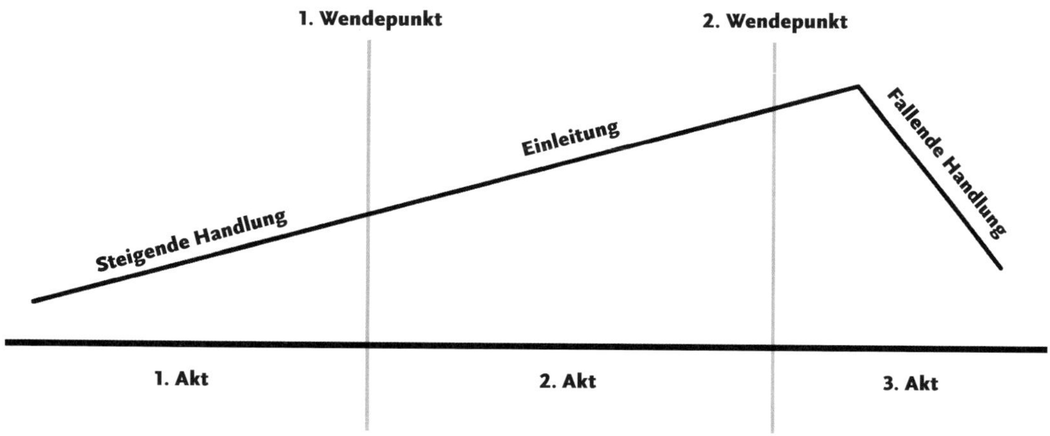

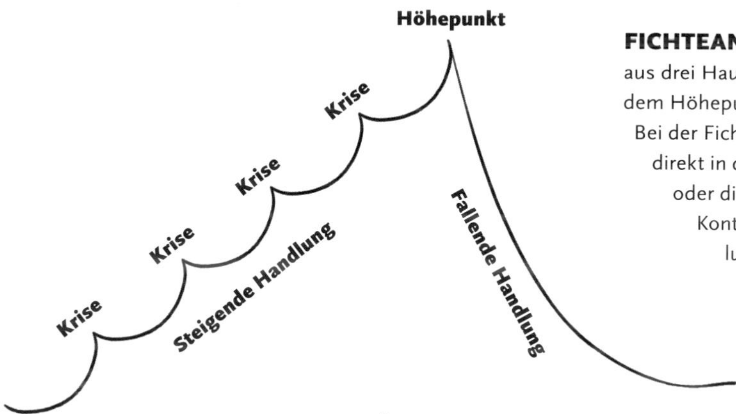

FICHTEAN-KURVE Die Fichtean-Kurve besteht aus drei Hauptteilen: der steigenden Handlung, dem Höhepunkt und der fallenden Handlung. Bei der Fichtean-Struktur liegt der Fokus darauf, den Leser direkt in das Geschehnis zu werfen, ohne zunächst die Welt oder die Protagonisten vorzustellen. Der notwendige Kontext der Charaktere wird erst im Laufe der Handlung behandelt. Die ersten zwei Drittel der Geschichte baut so eine steigende Handlungskurve auf, mit einer Reihe von zunehmend beunruhigenden Krisen. Schließlich erreicht die Handlung ihren Höhepunkt in einer finalen Krise. Hier kann sich der Verlauf drastisch ändern und der vorherige Konflikt wird gelöst.

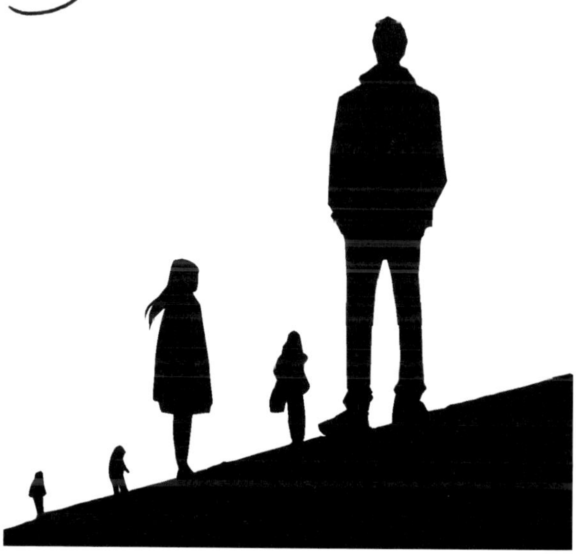

WAS NOCH ZUM GENRE MYSTERY GEHÖRT

Ein Mystery-Manga zeichnet sich durch unerwartete und einzigartige Auflösungen aus, die den Leser oder die Leserin überraschen und beeindrucken. Eine weitere beliebte Technik sind unerwartete Wendungen (Plot-Twists), die überraschen und möglicherweise die gesamte Handlung komplett verändern. Darüber hinaus finden visuelle Techniken wie Flashbacks, Symbolik, Dialoge und Monologe Verwendung. Dabei liegt der Fokus insbesondere auf den Persönlichkeiten der Charaktere. In meinen Augen sind die Charaktere das zentrale Element einer Mystery-Geschichte und tragen maßgeblich zum Verlauf der Handlung bei.

Horror

Das Subgenre Horror umfasst Geschichten, die durch Schockeffekte, Grusel und Blutvergießen eine beängstigende Atmosphäre erzeugen. In solchen Geschichten stehen übernatürliche Elemente wie Geister, Monster oder Dämonen im Mittelpunkt, welche die Charaktere verfolgen und bedrohen. Der Fokus liegt auf der Schaffung von Spannung durch das Unheimliche.

MONSTER

Das Gefühl des Schreckens kann durch das Verwenden visueller Darstellungen erreicht werden. Oft sind diese Monster physische Manifestationen der Ängste und Unsicherheiten der Charaktere und ihre Überwindung ist ein wichtiger Schritt in ihrer persönlichen Entwicklung. Im Horror werden überwiegend dunkle oder schwarze Farben verwendet.

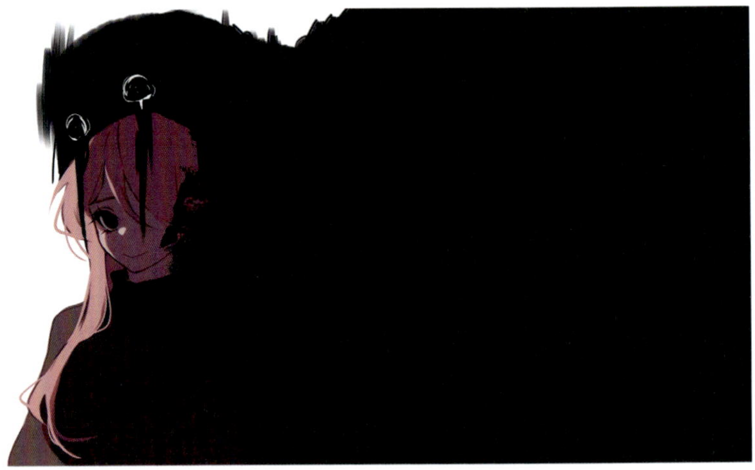

In manchen Geschichten kann es passieren, dass die Monster nur böse dargestellt werden, weil die Gedanken und Taten des Protagonisten den Leser beeinflussen. Möglicherweise ist das Wesen aber gar nicht so schrecklich?

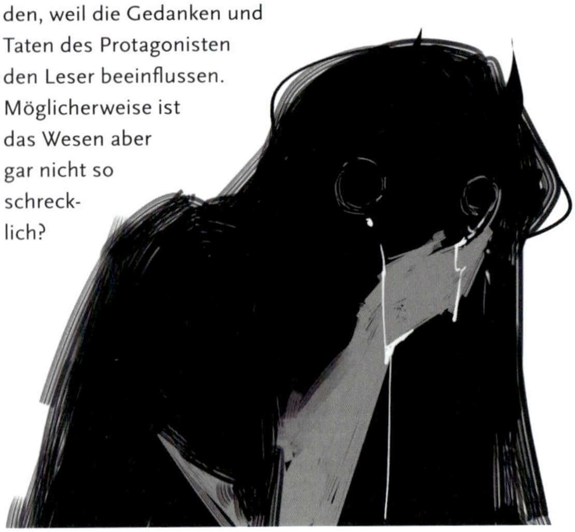

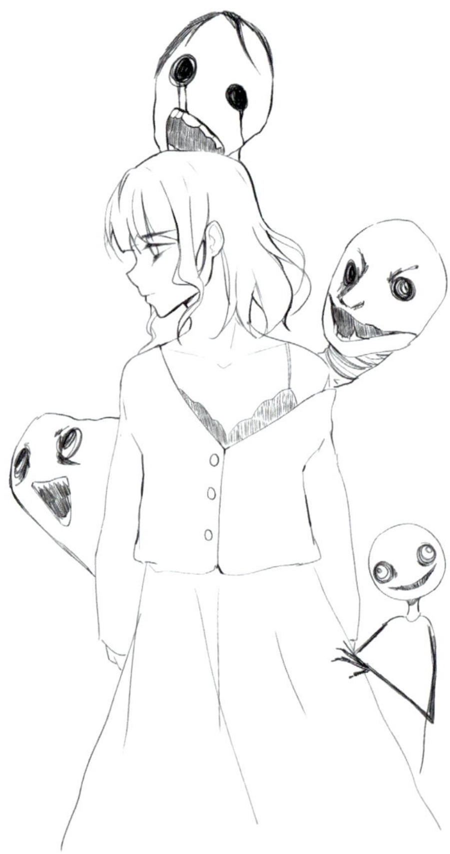

Monster können durchaus auch in Geschichten auftauchen, die zunächst scheinbar in unserer normalen Alltagswelt spielen. Ihre Entdeckung kann den Protagonisten und den Leser dazu bringen, ihre Vorstellungen von der Welt und der Realität zu hinterfragen.

SCHRECKENSEFFEKTE

Um den Leser zu erschrecken, können Überraschungsmomente eingesetzt werden. Eine besonders wichtige Rolle spielt dabei ein stilistischer Wechsel, der durch die Veränderung von Farben oder Atmosphäre angedeutet werden kann. Oftmals werden Linien und Schraffuren verwendet, um einer Szene mehr Intensität zu verleihen. Insbesondere bei Gesichtern kann dies den Ausdruck verstärken.

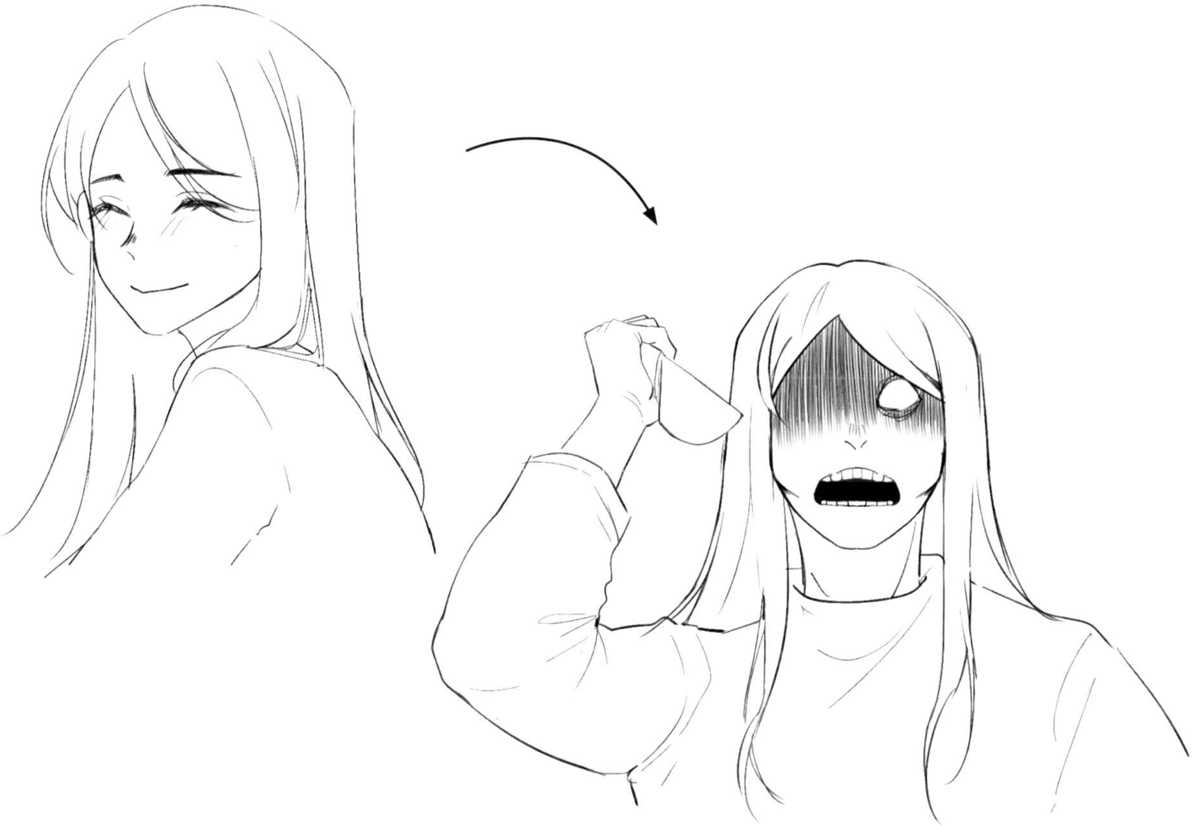

Eine unheimliche Atmosphäre kann auch durch die Verwendung von verzerrten Perspektiven erzeugt werden, zum Beispiel durch widernatürlich wirkende Grimassen oder Mimik mit unstimmigen Proportionen.

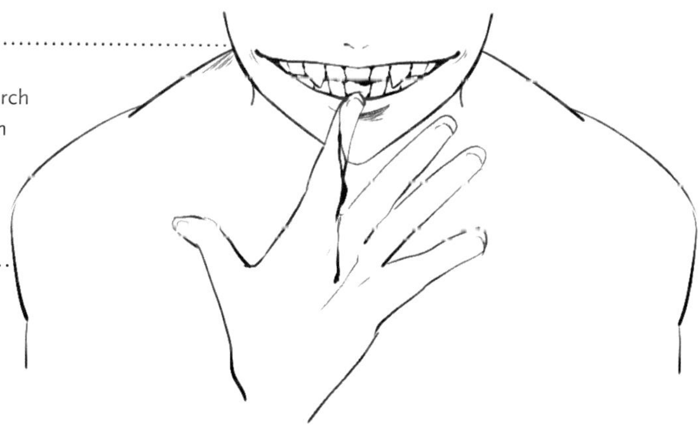

Psychological

Der Genrebegriff Psychological bezieht sich Geschichten, welche die menschliche Psyche und die Emotionen der Charakter als zentrales Thema haben. Die Figuren kämpfen oft gegen Traumata, Phobien oder Persönlichkeitsstörungen an.

GEFÄHRLICHE BEZIEHUNGEN

Beziehungen zwischen den Charakteren können Freunde, Familie und Liebhaber umfassen. Ebenso kannst du auch die Beziehung deines Charakters zu ihm selbst behandeln. Eine wichtige Rolle spielt die Frage, wie stark der Einfluss dieser Beziehungen auf den emotionalen Zustand des Charakters ist. Handelt es sich um eine toxische Beziehung, bei der Gefühle wie enttäuschtes Vertrauen, Verrat, Einsamkeit oder Obsession aufkommen? Und wie werden sich diese Emotionen auf die Interaktion zwischen den Figuren auswirken?

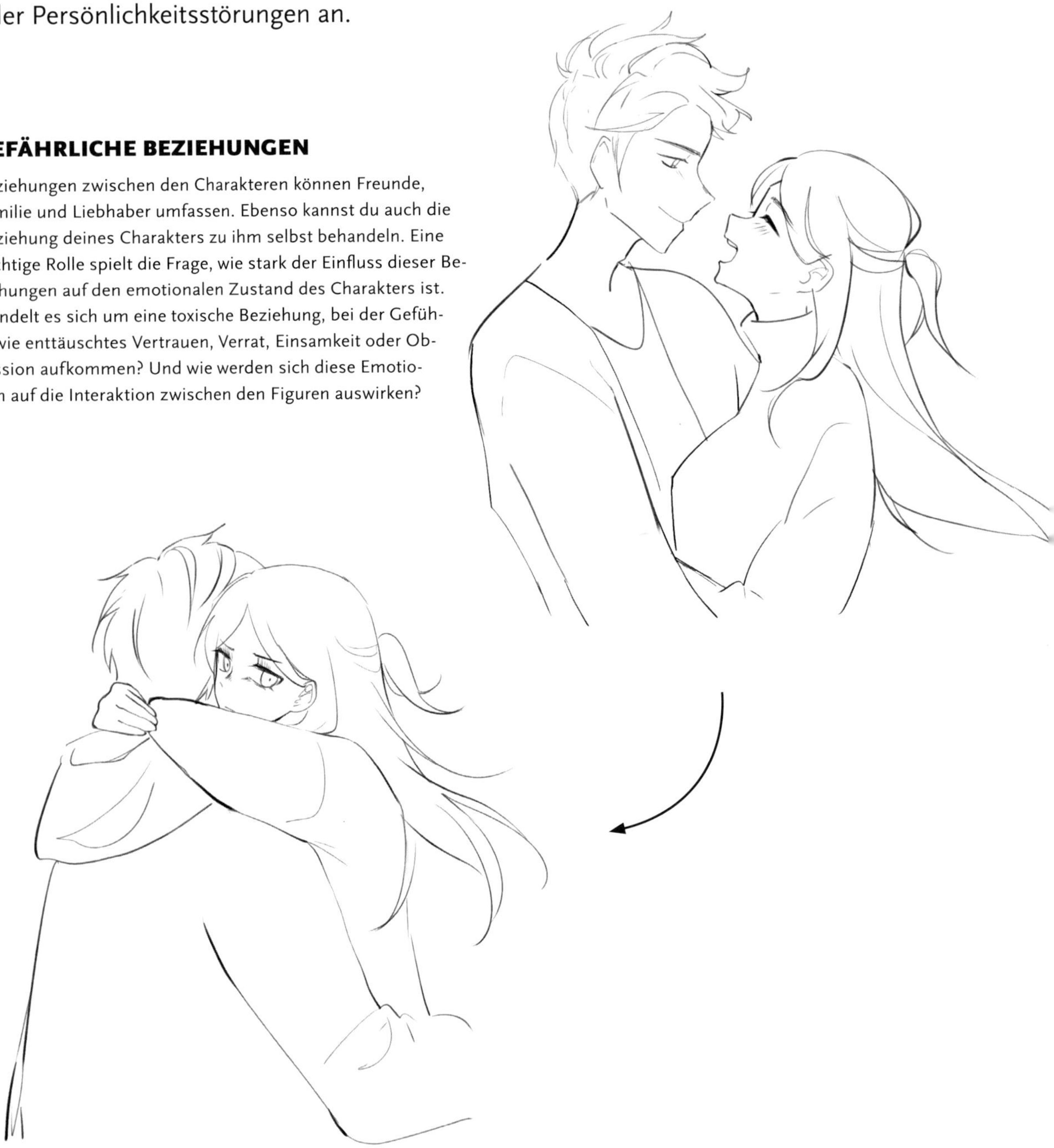

EMOTIONEN

Bei der Umsetzung von psychologischen Themen ist es besonders wichtig, die Mimik oder die Körperhaltung der Charaktere gut einzufangen. Der innere Konflikt der Charaktere muss mit visuellen Mitteln dargestellt werden, um die Emotionen und Beziehungen überzeugend zu vermitteln. Subtile Emotionen können verdeutlichen, dass eine Beziehung komplizierter ist, als sie auf den ersten Blick erscheint, aber auch starke Bildsprache ist wichtig, um aufwühlende Szenen zu vermitteln.

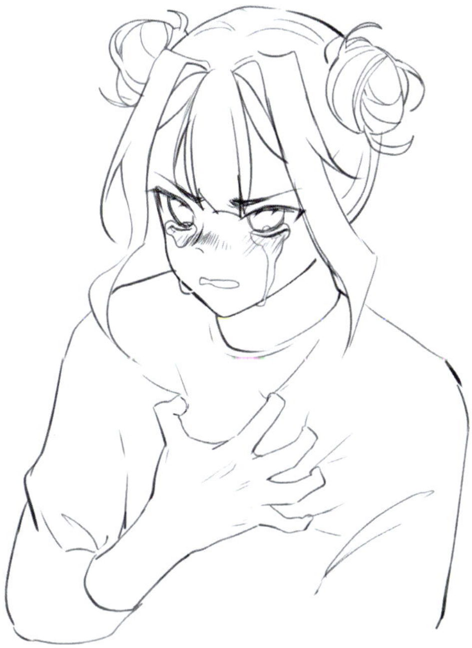

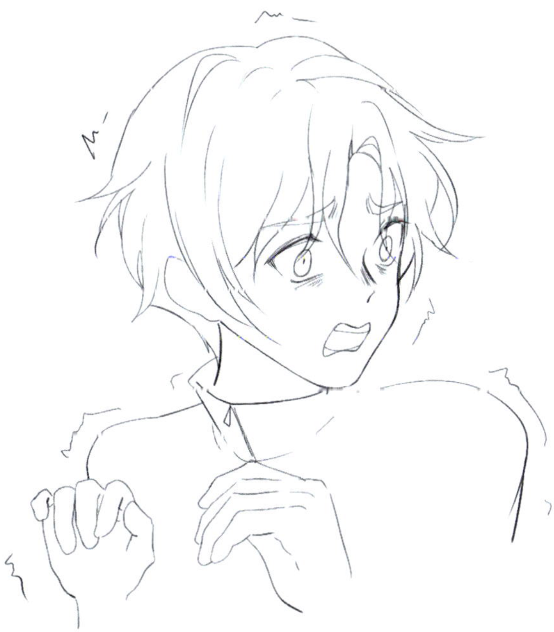

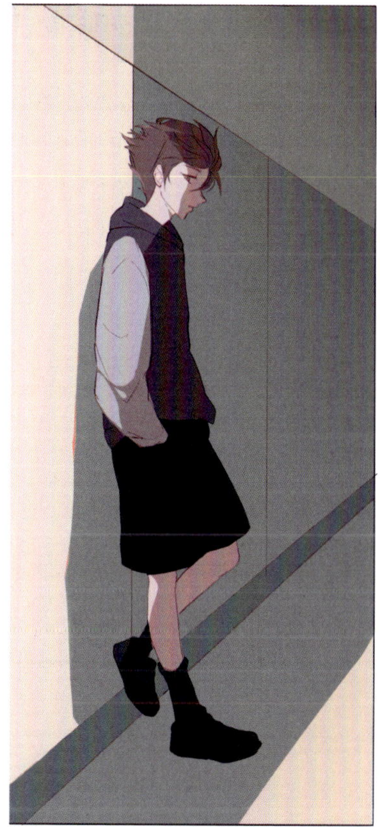

Im Gegensatz dazu können auch scheinbar emotionslose Figuren spannend sein. Diese werden durch einen kühlen Blick und zurückhaltende Körperhaltung dargestellt und geben ihre wahren Gefühle selten Preis. Solche Charaktere können oder traumatische Erlebnisse durchlebt haben, die dazu führen, dass sie ihre Emotionen unterdrücken.

Tod und Trauer

Der Tod und die damit verbundenen Gefühle können in Geschichten in vielen verschiedenen Szenarien umgesetzt werden. Oft ist der Verlust einer geliebten Person das zentrale Thema und die Charaktere versuchen auf ihre eigene Art mit dem Thema umzugehen.

DUNKLE GEFÜHLE

Durch den Tod können Gefühle wie Rache, Trauer und Verlust hervorgebracht werden. Charaktere können mit dem Verlust von geliebten Menschen konfrontiert sein oder sich auf die Suche nach Rache begeben, wenn diese ermordet wurde. Der Tod kann dazu beitragen, die dunklen Seiten der menschlichen Natur und die Grenzen des moralischen Verhaltens aufzuzeigen.

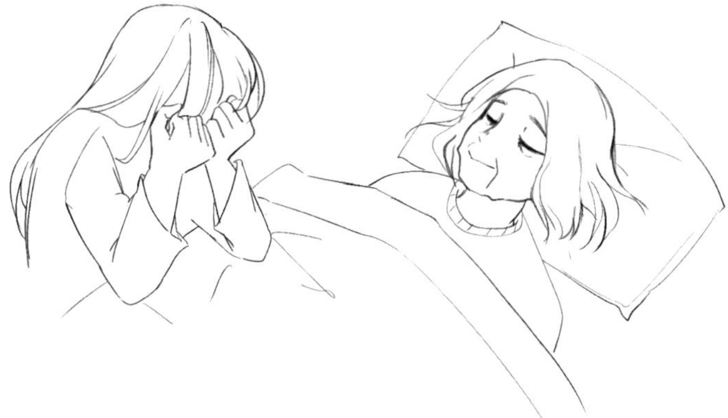

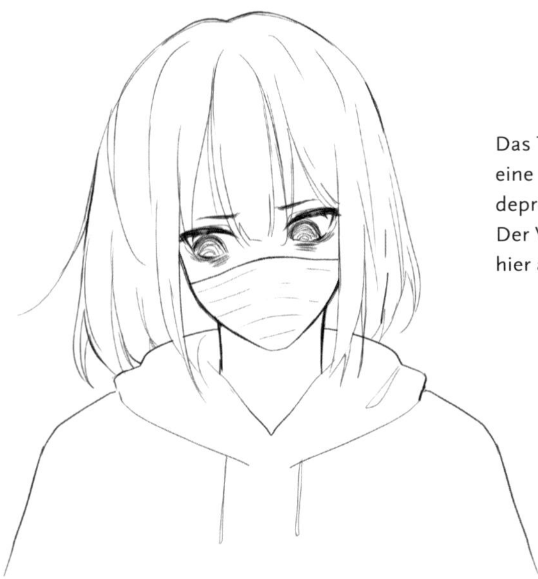

Das Thema Selbstmord kann bei Charakteren eine große Rolle spielen, die mit Traumata oder depressiven Stimmungen zu kämpfen haben. Der Wunsch nach dem eigenen Tod könnte hier als zentraler Handlungsstrang dienen.

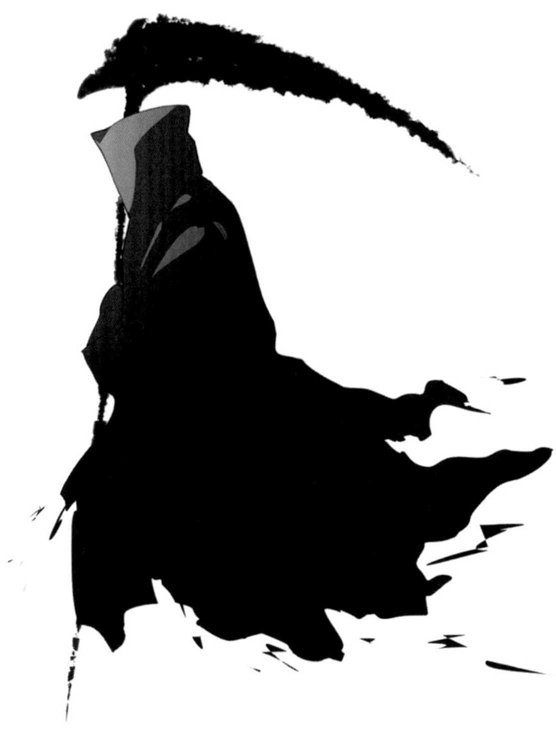

Ein klassisches Symbol für Tod und Sterblichkeit ist die Gestalt des Sensenmanns. Sein Erscheinen ist ein Hinweis für die Charaktere, dass ihre Zeit gekommen ist oder er symbolisiert die Vorahnung auf den Tod eines Charakters.

ÜBERNATÜRLICHE THEMEN

Oft wird in diesem Kontext auch das Thema Magie verwendet. Das Motiv des Wiederbelebens von Toten findet sich in vielen Geschichten, es gilt als ein verbotenes Ritual, das mit Schwierigkeiten und schwerwiegenden negativen Konsequenzen verbunden ist.

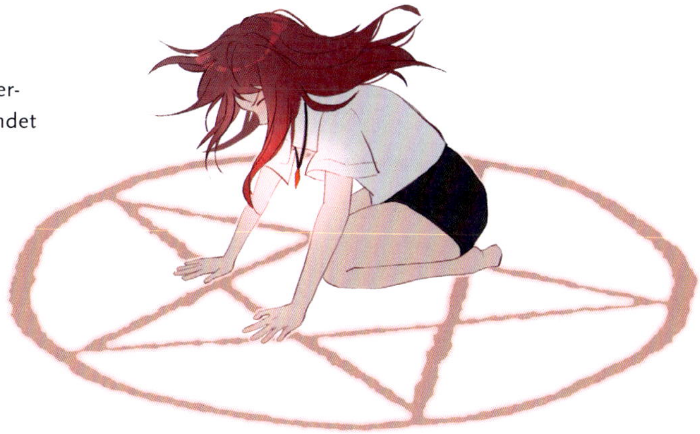

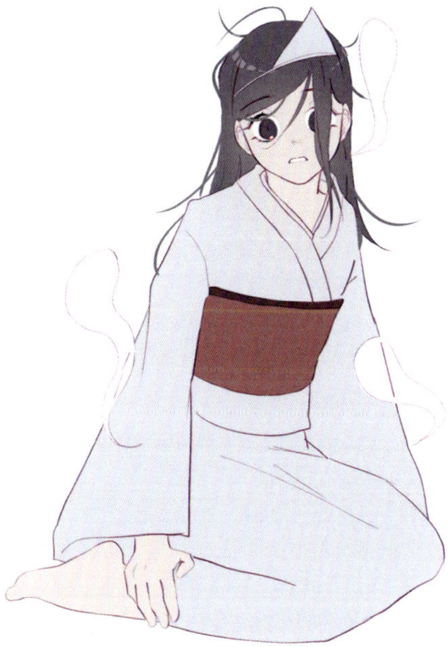

Aber auch in die Totenwelt können wir geschichtlich einsteigen. Der Protagonist kann dann zum Beispiel ein Geist sein. Besonders in der japanischen Mythologie sind Geisterwesen oft vertreten, das kann dies eine faszinierende Möglichkeit sein, den Lesern Einblicke in die Welt der Toten zu geben und die Geschichte aus einer einzigartigen Perspektive zu erzählen.

Engel werden als der Wächter des Himmels oder als Beschützer der Menschheit dargestellt, Dämonen als Wächter der Hölle. Der Himmel wird als Ort dargestellt, an dem gute Seelen nach ihrem Tod Frieden finden können, während die Hölle als Ort dargestellt wird, an dem böse Seelen bestraft werden.

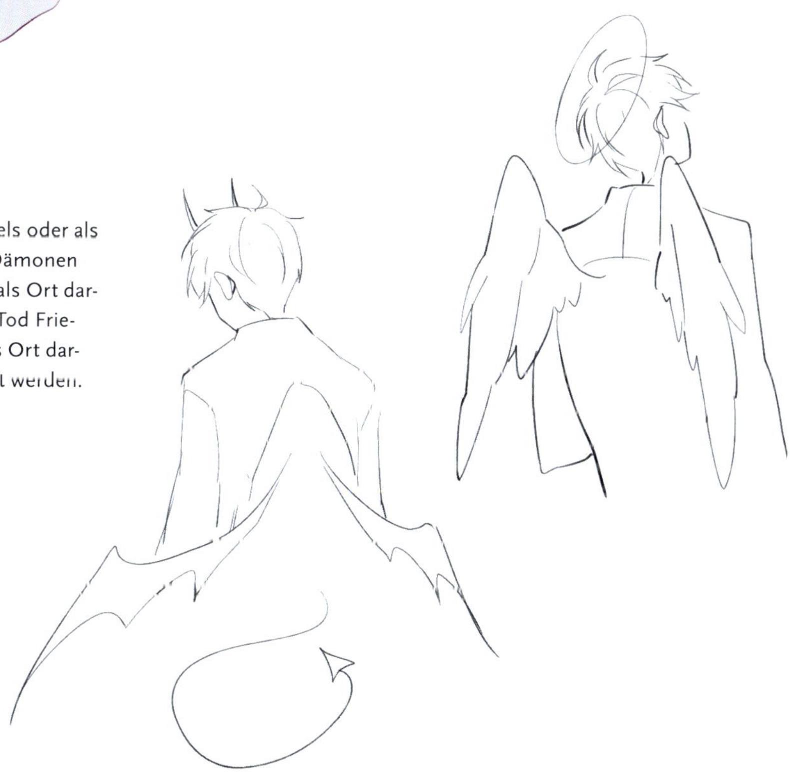

Krankheiten

Krankheiten können für Spannung sorgen und als zentraler Aspekt der Handlung dienen, etwa wenn es um unerklärbare Krankheiten oder mysteriöse Epidemien geht. Krankheiten können sich unterschiedlich äußern, entweder durch sichtbare Symptome wie Fieber oder Hautausschläge, die Krankheit kann aber auch äußerlich nicht wahrzunehmen sein. Auch eine Amnesie kann ein interessantes Setting sein, bei dem die Figur sich selbst und ihre Vergangenheit entdecken muss.

UNHEILBAR KRANK

Wenn es sich um unheilbare Krankheiten handelt, kann dies eine hoffnungslose Stimmung erzeugen. Der Leser ist sich meistens bewusst, was am Ende passieren wird, aber der Weg dorthin kann die Geschichte bittersüß machen.

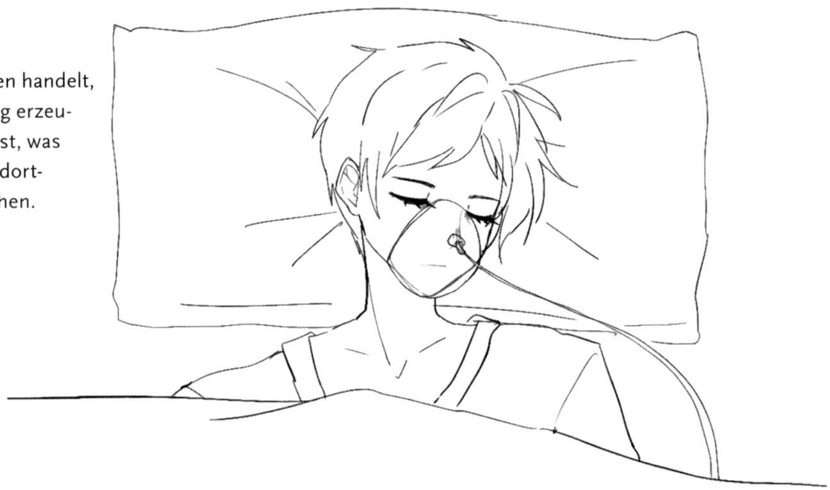

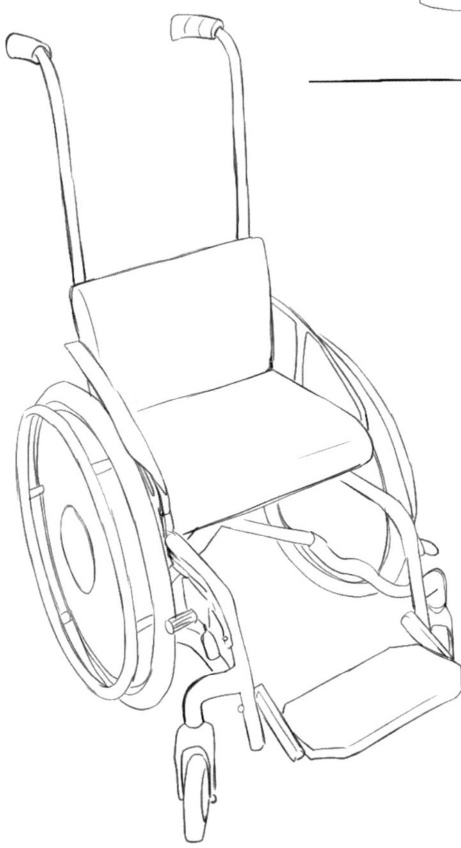

KÖRPERLICHE EINSCHRÄNKUNGEN

Eine kranke Figur, die durch eine Krankheit teilweise eingeschränkt ist oder eine Behinderung hat, kann Menschen ohne diese Krankheit aus ihrer Perspektive eine andere Denkweise und einen abweichenden Lebensstil aufzeigen. Das kann eine aufklärende Wirkung haben, gesellschaftliche Problematiken aufgreifen und eine Möglichkeit bieten, Empathie und Verständnis für Menschen zu entwickeln, die mit solchen Herausforderungen konfrontiert sind.

Es gibt auch Krankheiten, die nicht auf den ersten Blick bemerkbar sind, wie beispielsweise bei stummen oder tauben Menschen. Solche Einschränkungen visuell darzustellen, kann etwas schwieriger sein und beispielsweise über Hilfsmittel wie Hörgeräte erfolgen.

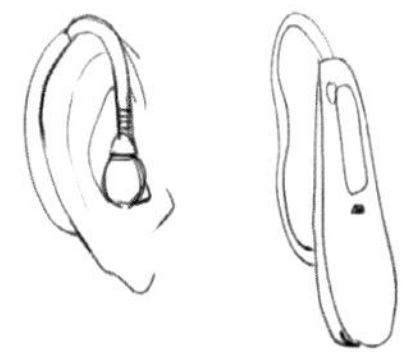

ÜBERNATÜRLICHE KRANKHEITEN UND FLÜCHE

Krankheiten können im Mystery-Genre nicht nur auf natürliche Weise entstehen, sondern auch übernatürliche Ursachen haben. Beispielsweise könnte es sich um einen Fluch handeln, der in der Familie seit Generationen weitergegeben wird. Flüche können durch magische Artefakte oder zauberkräftigen Personen wie Hexen ausgelöst werden.

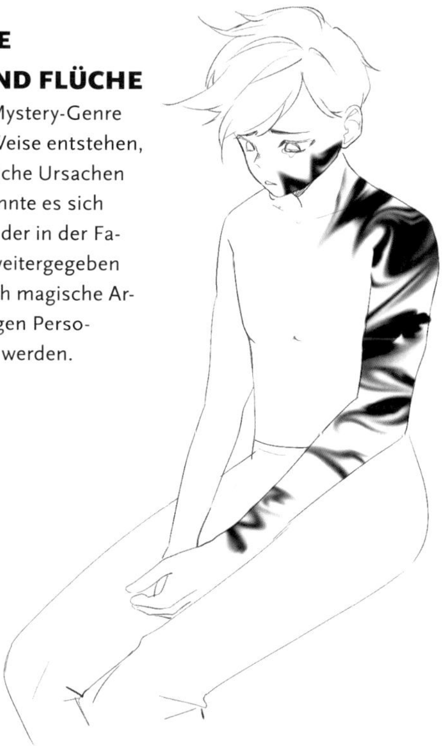

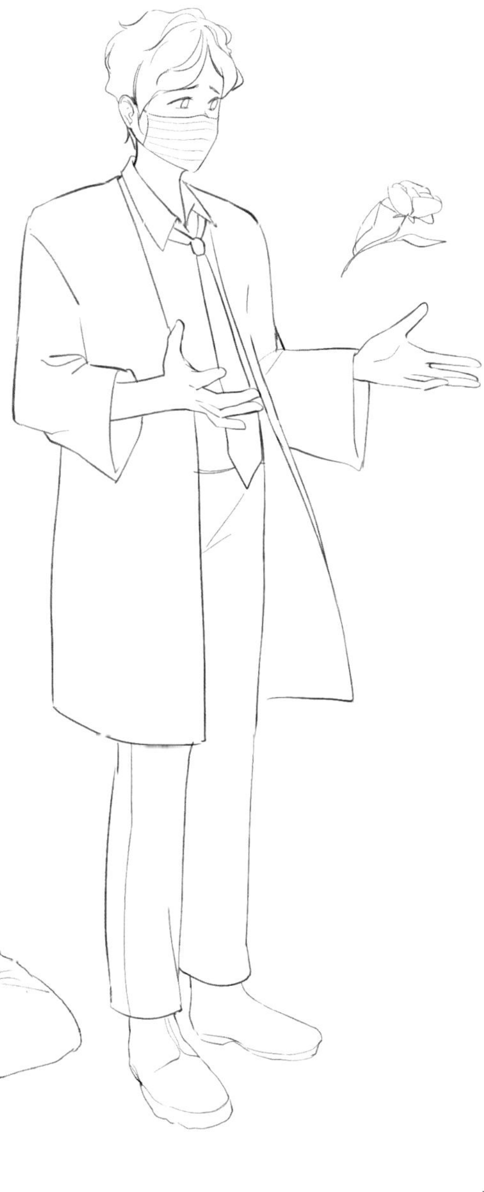

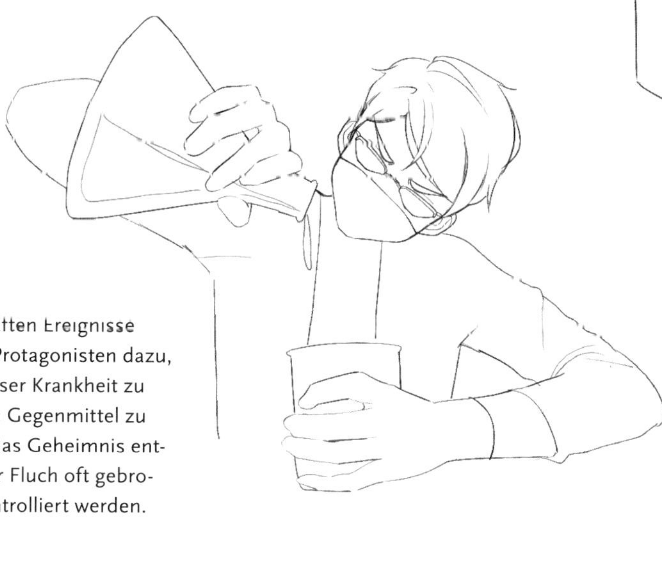

Solch rätselhaften Ereignisse ermutigt die Protagonisten dazu, das Rätsel dieser Krankheit zu lösen oder ein Gegenmittel zu finden. Wird das Geheimnis enthüllt, kann der Fluch oft gebrochen oder kontrolliert werden.

Geheimnisse

Geheimnisse sind das Herzstück jeder Handlung und regen den Leser zum Weiterlesen an, um die Auflösung zu erfahren. Geheimnisse werden auf sehr subtile und geschickte Weise präsentiert, um ein Gefühl der Spannung zu vermitteln. Die Auflösung eines Geheimnisses ist der Höhepunkt der Handlung und soll die Leser mit einem Gefühl der Befriedigung zurücklassen, dass das Rätsel gelöst wurde.

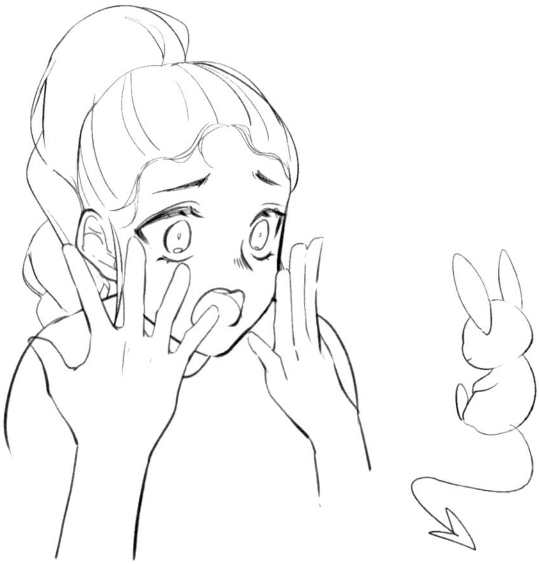

GEHEIME FÄHIGKEITEN

Ein klassisches Motiv sind Charaktere, die über besondere Fähigkeiten verfügen. Oft handelt es sich um übernatürliche Fähigkeiten, die vor der restlichen Welt geheim gehalten werden müssen. Diese könnte in Verbindung mit der Vergangenheit des Charakters stehen oder durch ein außergewöhnliches Erlebnis erlangt worden sein.

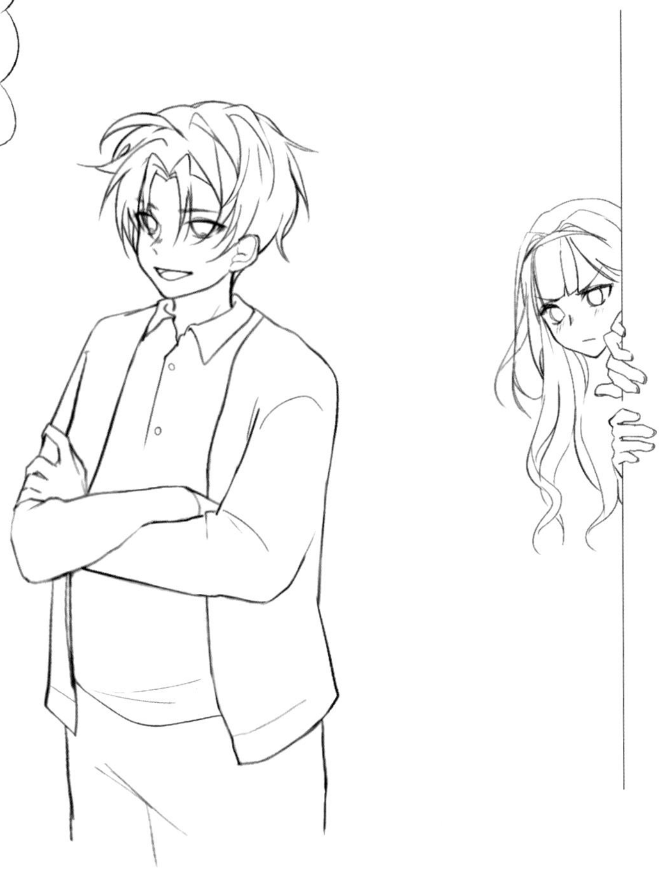

WAHRHEITSFINDUNG

In einer Geschichte kann man auf interessante Weise das Thema Wahrheit einbringen, indem man magische Elemente zur Wahrheitsfindung einsetzt. Das kann beispielsweise ein Wahrheitsserum sein oder die Fähigkeit, Gedanken zu lesen. Zum Beispiel könnte die Protagonistin aus den Gedanken eines Freundes ein dunkles Geheimnis erfahren haben und muss nun handeln, ohne die eigenen Fähigkeiten preiszugeben.

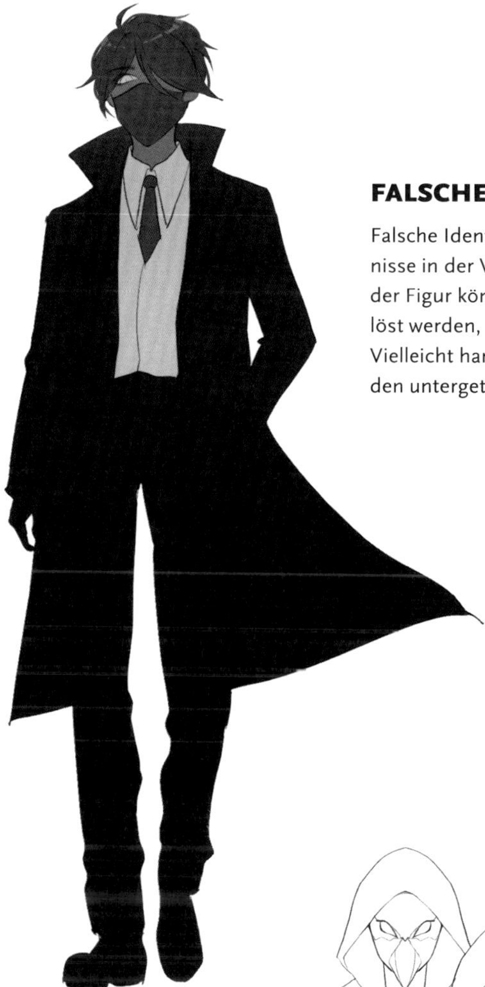

FALSCHE IDENTITÄT

Falsche Identitäten sind ein sehr beliebtes Mittel, um Geheimnisse in der Vergangenheit zu verschleiern. Die Motivationen der Figur können ganz unterschiedlich sein und müssen gelöst werden, um das Gesamtbild der Handlung zu verstehen. Vielleicht handelt es sich bei der Figur in Wirklichkeit um den untergetauchten Täter eines furchtbaren Verbrechens?

GEHEIME ORGANISATION

Oft können mehrere Personen ein Geheimnis teilen wie zum Beispiel eine Sekte oder Geheimgesellschaften. Eine geheime Organisation oder eine Gruppe kann im Zentrum der Handlung stehen und es müssen Informationen gesammelt werden, um ihre Absichten und Ziele zu verstehen.

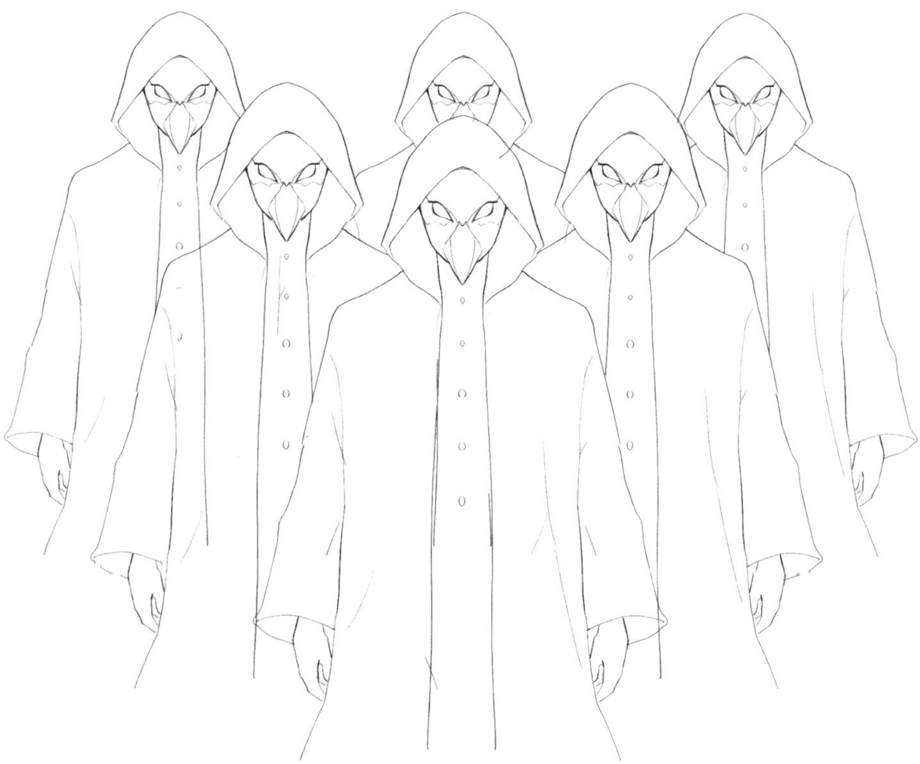

Auf der Suche nach…

Die Suche nach etwas kann eine wichtige Rolle in Mystery-Manga spielen, da sie das treibende Element der Handlung ist. Der Hauptcharakter wird motiviert durch die Suche nach einem bestimmten Objekt, einer Person oder nach Hinweisen zu einem Geheimnis. Die Suche hält die Spannung und den Nervenkitzel der Geschichte aufrecht, da der Leser zusammen mit den Charakteren auf der Suche nach Antworten ist und neue Hinweise und Rätsel entdeckt.

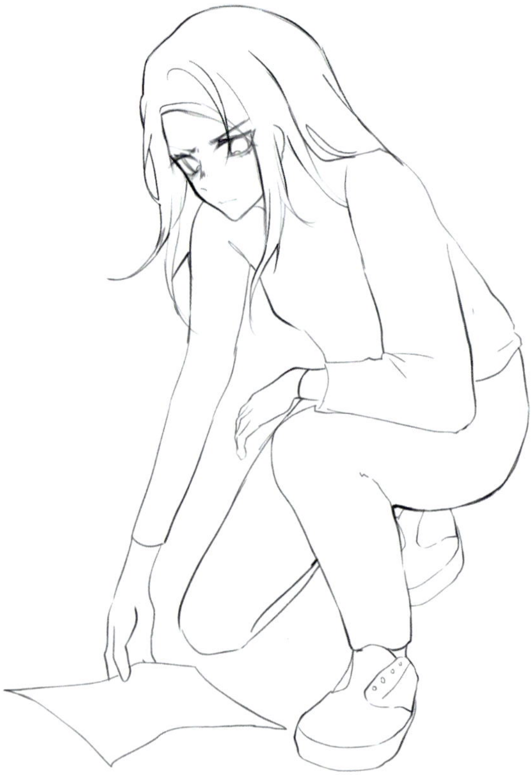

ENTFÜHRUNG

Die Suche kann dazu beitragen, die Figuren besser kennenzulernen und charakterlich weiterzuentwickeln, da sie auf ihrem Weg Hindernisse überwinden und sich mit ihren inneren Konflikten auseinandersetzen müssen. Beispielweise könnte die Protagonistin eine Nachricht erhalten, dass ihre kleine Schwester entführt wurde. Diese Situation erzeugt ein Gefühl der Besorgnis und stellt eine starke Motivation für die Suche dar.

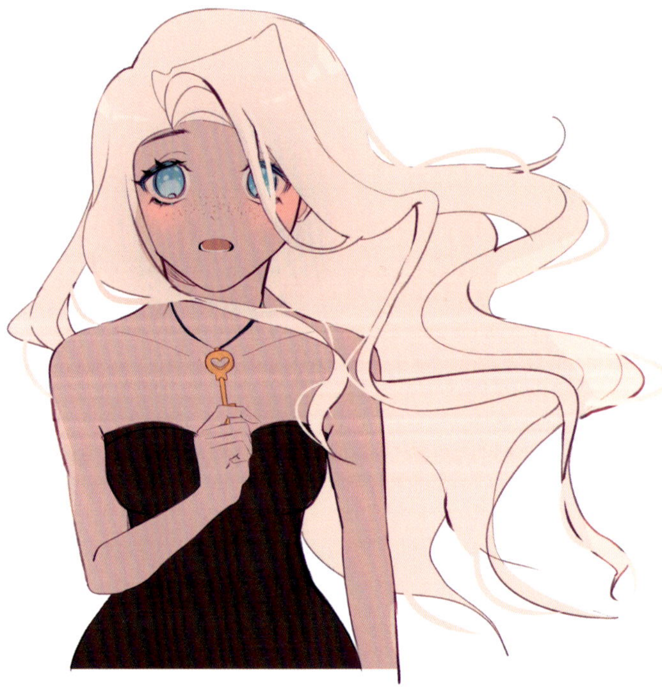

WICHTIGE HINWEISE

Um sich auf die Suche zu machen, benötigt man einen Hinweis darauf, wohin man sich wenden kann. Aber natürlich wäre es langweilig, wenn der Hinweis schon zu viel verrät, deshalb sind die Hinweise oft rätselhaft und schwierig zu interpretieren. Es könnten sich etwa um Erinnerungen aus der Vergangenheit handeln, die man erst Jahre später im Erwachsenenalter verstehen und lösen kann. Beispielsweise könnte es sich um einen Kindheitsfreund handeln, der seit Jahren verschollen ist, aber damals einen Schlüssel als Hinweis hinterlassen hat.

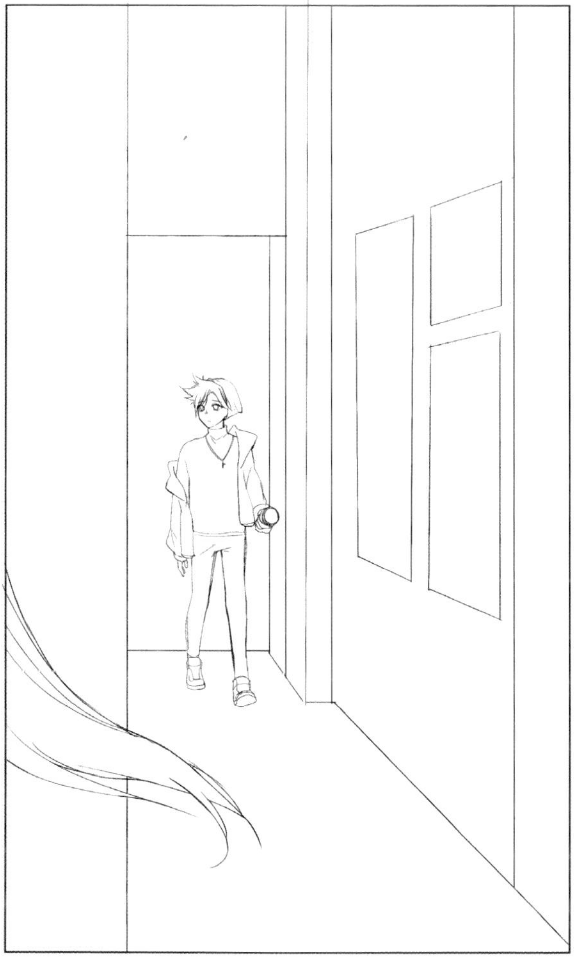

VERLASSENE ORTE

Vor allem die Suche an verlassenen Orten sorgt für eine mysteriöse Atmosphäre. Diese sind ein gutes Versteck für verlorene Schätze, vermisste Person oder anderer Dinge, die geheimgehalten werden sollen. Charaktere, die an solchen Orten suchen, können dabei in Gefahr geraten oder auf unerklärliche Ereignisse stoßen. Es kann sich dabei um versteckte Orte in abgelegene Gegenden oder Ruinen handeln, möglicherweise führt die Suche aber auch in ein verlassenes Haus mitten in einer Großstadt?

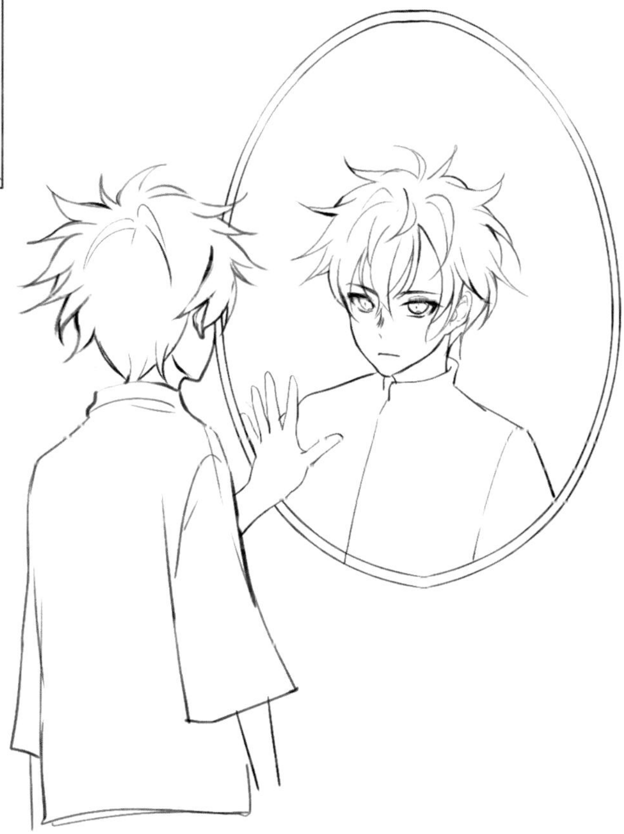

SINNSUCHE

Die Suche muss sich aber nicht unbedingt um eine Person oder einen physischen Gegenstand drehen, es kann sich etwa auch um eine Suche nach dem Sinn des Lebens handeln. Hierbei geht es oft um existenzielle Fragen, bei denen der Charakter seine Identität hinterfragt und sich besser verstehen will. Das könnte den Charakter dazu treiben, sich auf Reisen zu begeben, um sich weiterzuentwickeln. Indem eine Figur die eigenen Werte und Überzeugungen hinterfragt, kann sie ein tieferes Verständnis von sich selbst und anderen erlangen und die eigene Identität festigen.

Mord und Kriminalfälle

Kriminalgeschichten beginnen in der Regel mit einem Verbrechen. Es müssen Hinweise gesammelt werden müssen, um das Verbrechen aufzuklären und den Täter zu überführen. Die Ermittlungen können von verschiedenen Charakteren durchgeführt werden, von Amateur-Detektiven bis hin zu Profi-Ermittlern. Der Leser wird zusammen mit dem Ermittler durch eine Reihe von versteckten Hinweisen und Verdächtigen geführt und dazu ermutigt, Vermutungen über den Täter anzustellen.

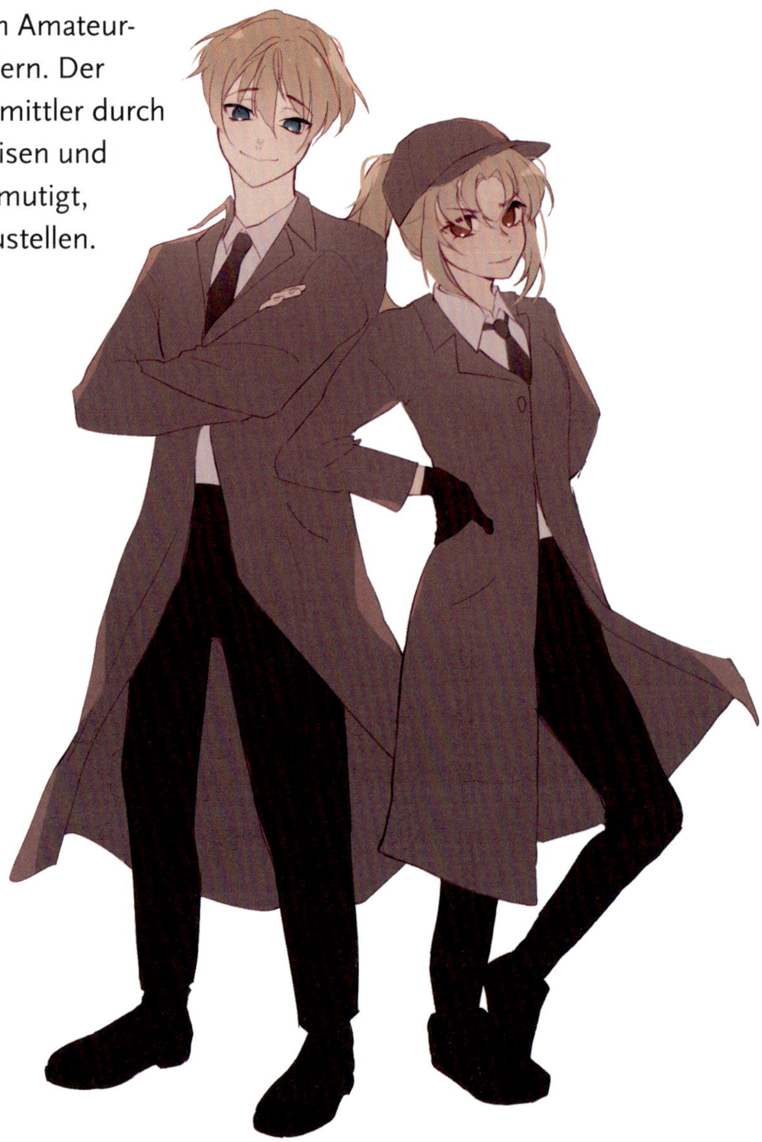

DETEKTIVE

In vielen Kriminalgeschichten handelt es sich beim Protagonisten um einen klassischen Detektiv. Dieser wird von seinen Klienten gebeten, eine vermisste Person aufzuspüren, einer rätselhaften Begebenheit nachzugehen oder ein Verbrechen aufzuklären. Je nach Geschichte können auch Ermittlungen zu übernatürlichen Phänomenen zum Tätigkeitsbereich der Detektive gehören.

Oft handelt es sich bei den Detektiven um ein ungleiches Duo, bestehend aus einem brillanten, aber exzentrischen Detektiv und einem loyalen Assistenten. Gemeinsam entschlüsseln sie Rätsel, suchen nach Hinweisen, führen Verhöre durch und stoßen auf verschiedene Verdächtige.

DAS VERBRECHEN

Ein typischer Erzählstil im Mystery-Manga ist der "whodunit" Ansatz, bei dem der Schwerpunkt auf der Identifizierung des Täters liegt. Die Handlung folgt dabei dem Detektiv, der versucht, ein Verbrechen oder Mysterium aufzuklären.

Das Verbrechen selbst kann sehr unterschiedlich aussehen. In vielen Mystery-Mangas verschwinden Personen ohne erkennbaren Grund. Die Protagonisten werden dann gebeten, nach der vermissten Person zu suchen. Möglicherweise geht es auch um einen eher harmlosen Diebstahl, ein zu lösendes Rätsel oder einen ungelösten Fall aus der Vergangenheit. Das wohl klassischste Verbrechen ist jedoch ein Mord, der aufgeklärt werden muss.

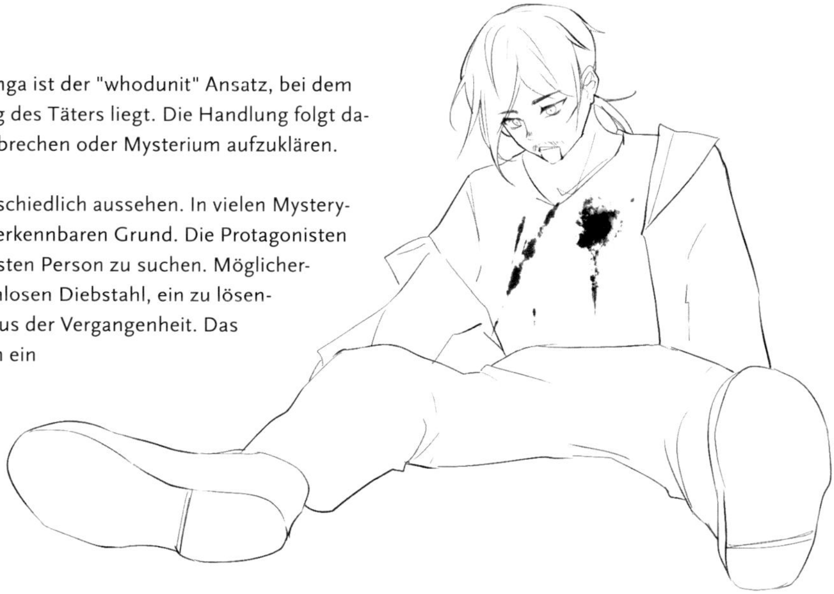

VERBRECHERJAGD

Der spannendste Teil der Handlungen besteht aus der Verfolgungsjagd, einer Art Katz-und-Maus-Spiel. Der Täter versucht sein Verbrechen meist mit allen Mitteln zu verschleiern und die Ermittler auf eine falsche Spur zu lenken. Möglicherweise begeht er dabei sogar Morde an unliebsamen Zeugen oder nimmt die Detektive ins Visier. Bei den Ermittlungen begeben sich die Protagonisten oft in Gefahr und riskieren ihr Leben, um den Täter zu fangen.

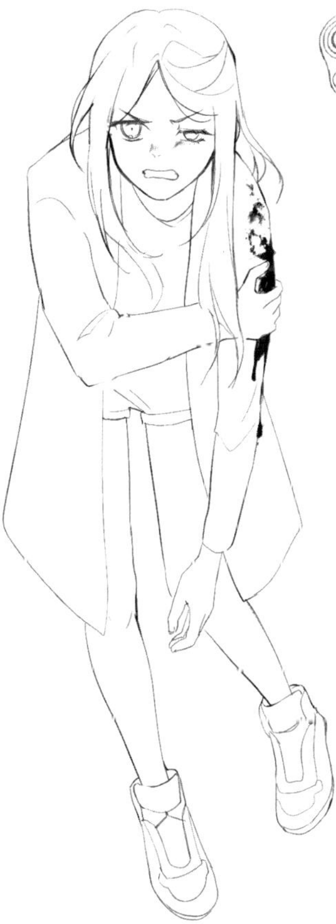

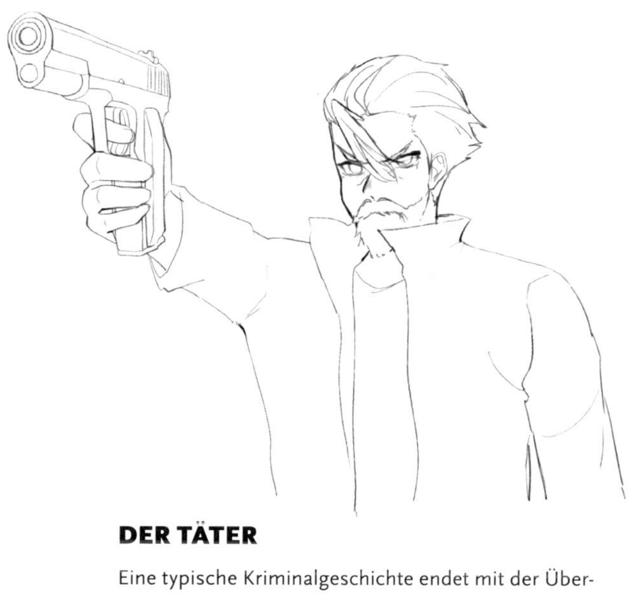

DER TÄTER

Eine typische Kriminalgeschichte endet mit der Überführung des Täters. Es lohnt sich, auch dessen Persönlichkeit und Hintergrundgeschichte detailliert auszuarbeiten. Was war das Motiv hinter dem Verbrechen und wie kam es dazu? Und wie wird der Täter bei seiner Enttarnung reagieren, wird er reuevoll gestehen oder womöglich gewalttätig? Hier habe ich eine bedrohliche Figur gezeichnet, die eine Waffe gezogen hat. Durch die Perspektive wird die Pistole näher an den Leser gerichtet und fängt somit die Aufmerksamkeit ein.

Die Sicht des Bösen

Ein starker Kontrast zum traditionell positiv dargestellten Protagonisten entsteht, wenn man in die Rolle des Antagonisten, etwa einem Mörder, schlüpft und die Geschichte aus dessen Perspektive erlebt. Das kann viele moralische Fragen nach Schuld und Gerechtigkeit aufwerfen und die Handlung vielschichtig machen. Je nach Darstellung kann die Figur einen Blick auf die dunkle Seite des Menschen ermöglichen, vielleicht wirkt der Antagonist bei näherer Betrachtung aber trotz seiner unmoralischen Taten sehr menschlich.

VON GEBURT AN BÖSE?

Eine Figur kann als grundlegend böse charakterisiert werden, ohne dass eine wirkliche Erklärung dafür angeboten wird. Möglicherweise haben sich schon in der Kindheit mörderische Tendenzen entwickelt, die im Erwachsenenalter nur noch verstärkt wurden. Solche Charaktere besitzen meist keinerlei Gewissen oder Empathie.

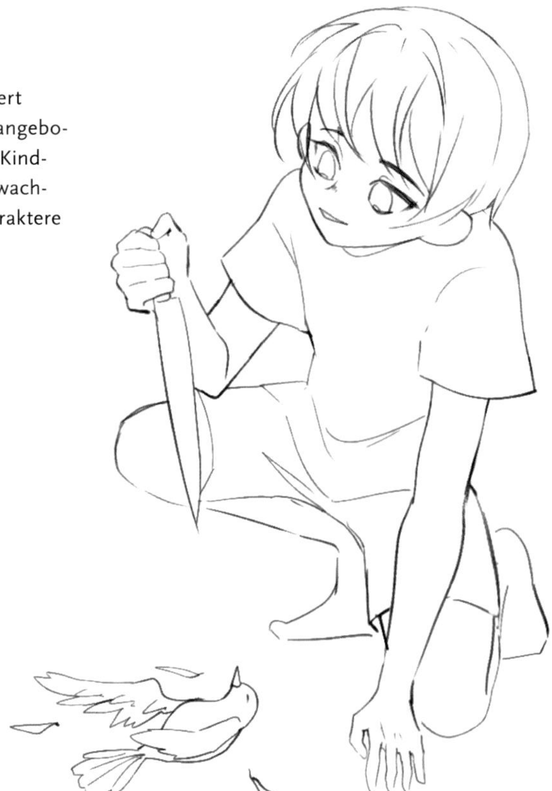

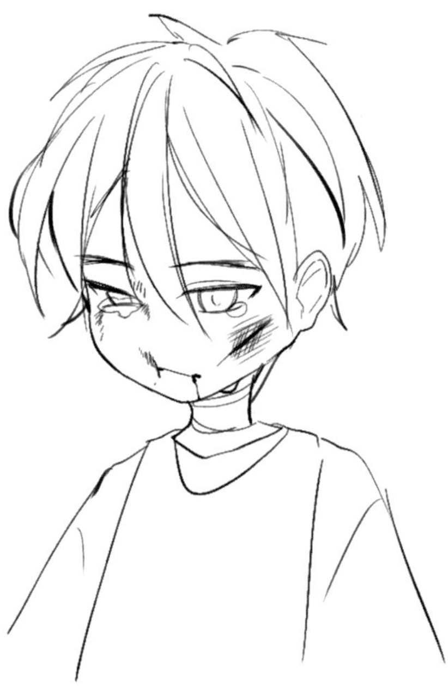

TRAUMATA AUS DER KINDHEIT

Häufig werden in Mystery-Geschichten die Hintergründe und Vergangenheit des Täters beleuchtet, um dem Leser Einblicke in sein Leben und seine Gedankenwelt zu geben. Häusliche Gewalt durch die Eltern kann etwa zu einer Entwicklungsstörung führen. Diese Szenen werden oft im Verlauf der Handlung gezeigt und offenbaren dem Leser die Gründe für das Handeln des Täters. Dadurch kann Empathie entstehen und der Täter wirkt menschlicher.

PERFEKTE TARNUNG

Manche Täter sind äußerst geschickt darin, ihre Taten geheim zu halten, um ein normales Leben zu führen, ohne dabei von jemandem verdächtigt zu werden. Sie fügen sich perfekt in die Gesellschaft ein und verhalten sich oft sogar sehr freundlich und hilfsbereit. Das macht es spannend zu erfahren, welche dunklen Triebe hinter der freundlichen Fassade lauern.

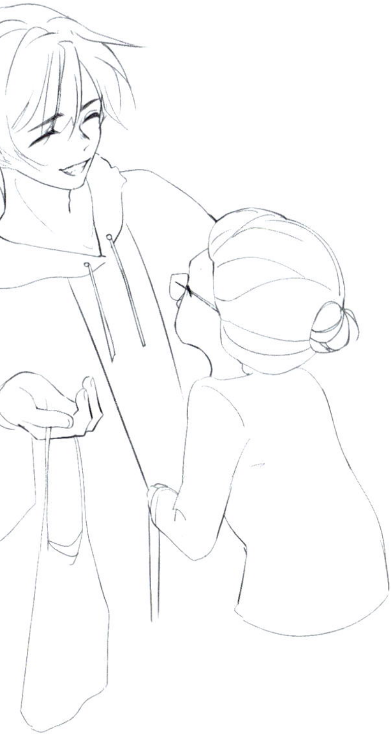

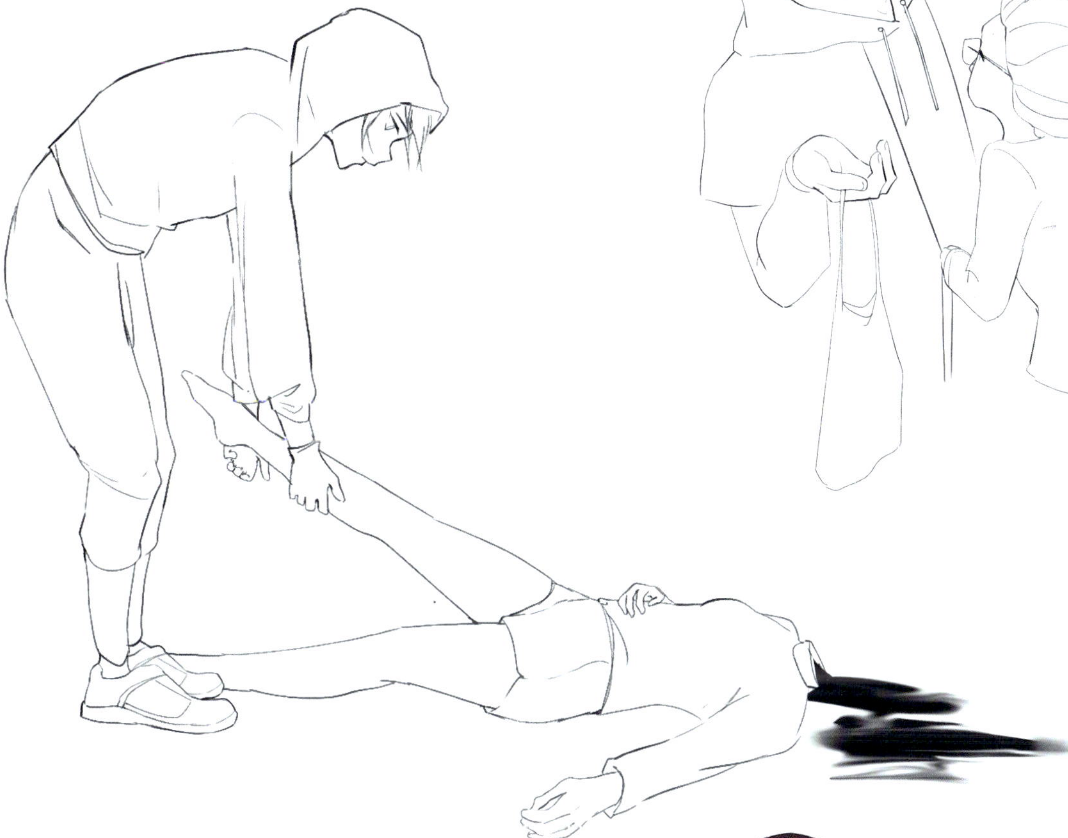

VERBRECHERISCHES GENIE

Gerade bei Kriminalfällen findet sich häufig der Figurentypus des verbrecherischen Genies, der alles bis ins kleinste Detail geplant hat. Er bewahrt auch in den schwierigsten Situationen einen kühlen Kopf und hat oft eine ruhige, emotionslose Ausstrahlung. Solche Figuren fasziniert den Leser durch ihre genialen und ausgeklügelten Pläne, dennoch bleibt eine gewisse Distanz zum Charakter bestehen.

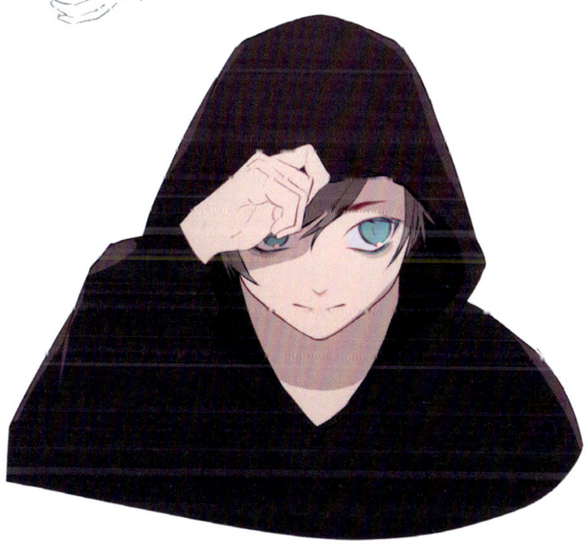

Reise in andere Welten

Das Konzept der Reise in anderen Welten wird zurzeit immer beliebter. Solche Geschichten überschneiden sich oft mit dem Fantasy-Genre, haben aber auch eine wichtige Bedeutung für Mystery, da sie die Möglichkeit bieten, die bekannte Realität zu erweitern und völlig neue Welten zu entdecken. Im Laufe der Handlung können die Welten weiter erforscht werden und der Grund dafür hinterfragt werden, warum sich die Charaktere dort befinden.

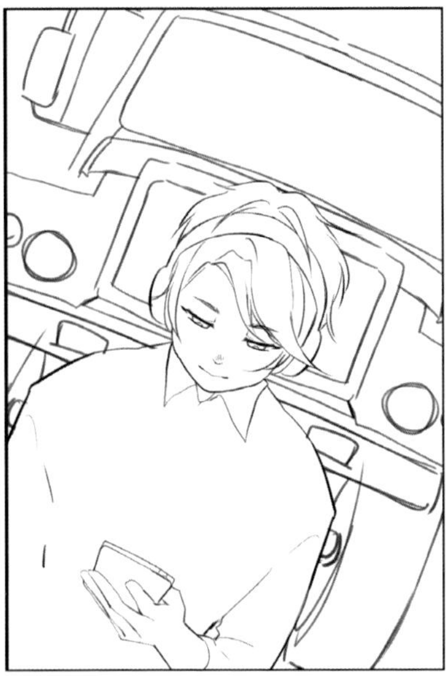

EINE ANDERE WELT

Bei solchen Konzepten werden die Charaktere oft in andere Welten transportiert, indem sie in der eigenen Welt sterben und in einer anderen Welt als neue Person wiedergeboren werden, die aber noch alle Erinnerungen an ihr letztes Leben besitzt. Manchmal ist das Ableben des Protagonisten von einem Geheimnis umgeben, das gelöst werden muss, genauso gut kann es sich aber auch um einen unglücklichen Unfall handeln.

In anderen Fällen werden Figuren durch Magie oder eine mysteriöse Wesenheit in die andere Welt geschickt. Oft basieren die anderen Welten auch auf dem Protagonisten bekannten Romanen oder Computerspielen, sodass er bereits etwas Wissen über seine Umgebung besitzt.

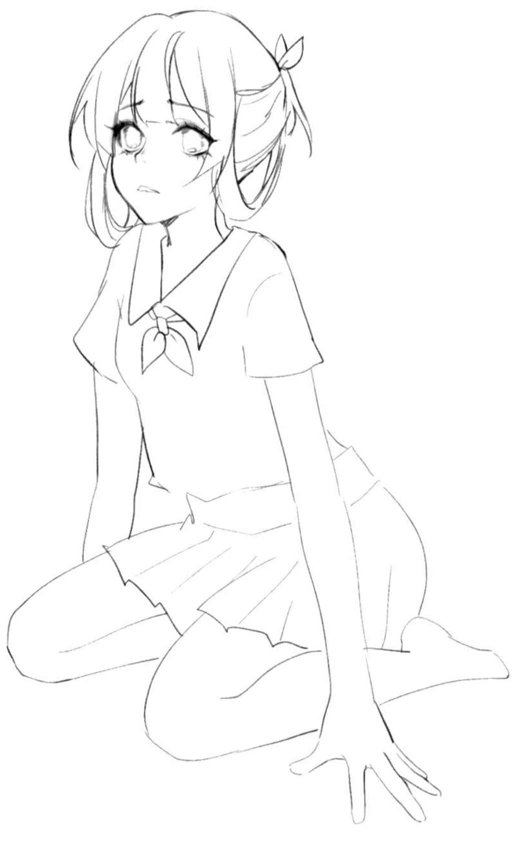

NEUE HERAUSFORDERUNGEN

Sich plötzlich in einer anderen Welt wiederzufinden, stellt für die Charaktere natürlich eine Herausforderung dar. Je nach Persönlichkeit können die Figuren mit der neuen Situation überfordert sein oder sich schnell zurechtfinden. In vielen Fällen suchen sie eine Möglichkeit, wieder in ihr altes Leben zurückzukehren. Möglicherweise gefällt die neue Welt den Figuren aber auch besser?

Grundsätzlich stellt sich die Frage, welche Rolle der Protagonist in der neuen Welt einnimmt. Ist er ein Held, der die Welt beschützen muss oder ein misstrauisch beäugter Fremder? Die Kleidung des Charakters kann viel darüber aussagen, wie gut sich dieser an die neue Welt anpasst. Manchmal tragen die Charaktere neue, zur anderen Welt passende Kleidung oder sie behalten ihre ursprüngliche Kleidung bei.

WORLDBUILDING

Möchtest du eine Geschichte über eine Reise in eine andere Welt zeichnen, solltest du dir zunächst ein grundlegendes Konzept für deine Welt überlegen. Es gibt sehr verschiedene Themen und Subgenres, die du dafür nutzen kannst, zum Beispiel Fantasiewelten mit Feen, Drachen und Dämonen oder futuristische Cyberpunk-Welten mit fortschrittlichen Technologien. Du könntest die Welt aber auch an ein historisches Setting aus einer früheren Ära anlehnen. Die Entscheidung, in welche Richtung dein Konzept geht, sollte aber auch an die geplante Handlung angelehnt sein. Durch das Einführen von Fantasy-Elementen wie magischen Kräften oder übernatürlichen Wesen kannst du Charaktere in ungewöhnliche und gefährliche Situationen bringen. In Cyberpunk-Welten hingegen kannst du Themen wie künstliche Intelligenz und die Auswirkung von fortschrittlicher Technologie auf die Gesellschaft thematisieren.

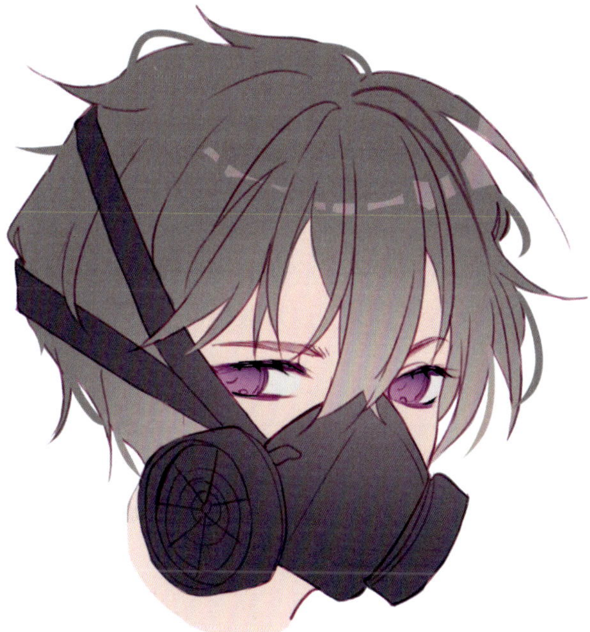

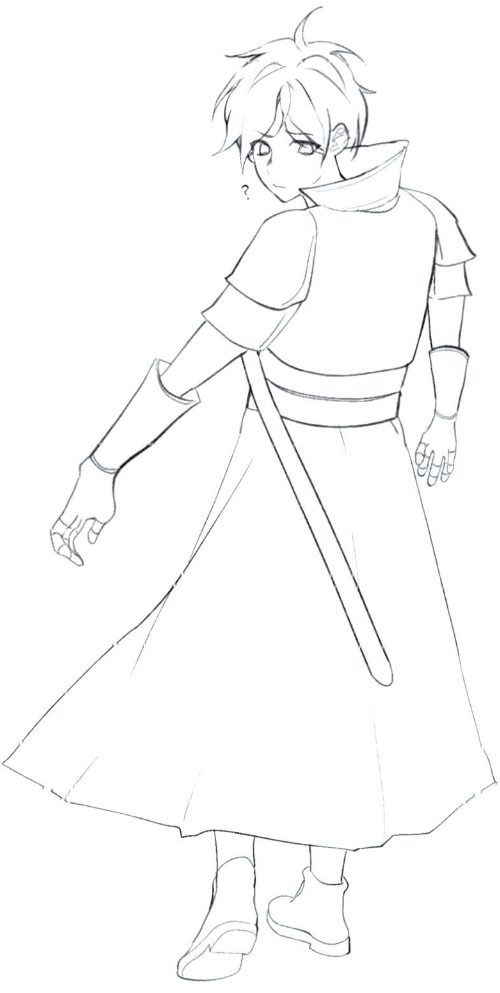

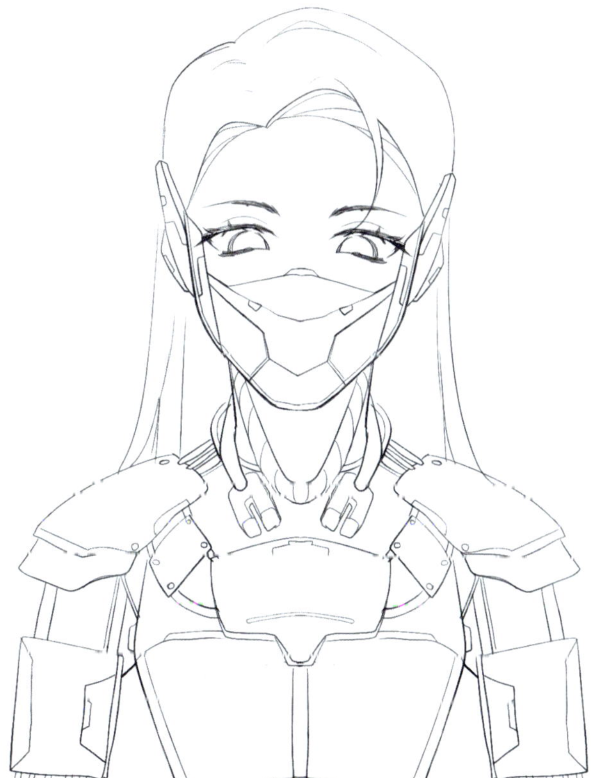

Zeit und Zeitreisen

Zeit ist ein spannendes Thema, jedoch solltest du dir vorab klarmachen, dass es unglaublich komplex und verwirrend werden kann. Reist eine Figur in Vergangenheit oder Zukunft, entstehen dadurch oft verschiedene Zeitlinien und alternative Realitäten, die miteinander verflochten sind. Wenn du dich an das Thema Zeit wagen möchtest, solltest du dir das Konzept vorab genau überlegen, damit die Handlung am Ende keine Logiklücken aufweist.

ZEITDRUCK

Auch ohne Zeitreise kann das Konzept Zeit eine bedeutende Rolle für die Handlung spielen. Zeitdruck kann als Mittel verwendet werden, die Spannung und den emotionalen Druck auf die Charaktere zu erhöhen, um das Rätsel zu lösen oder das Verbrechen zu verhindern.

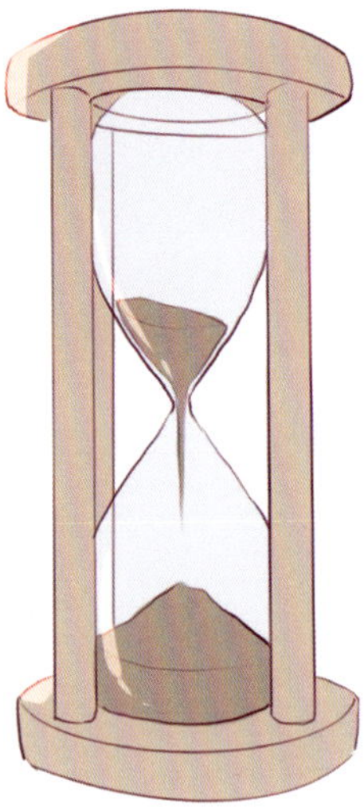

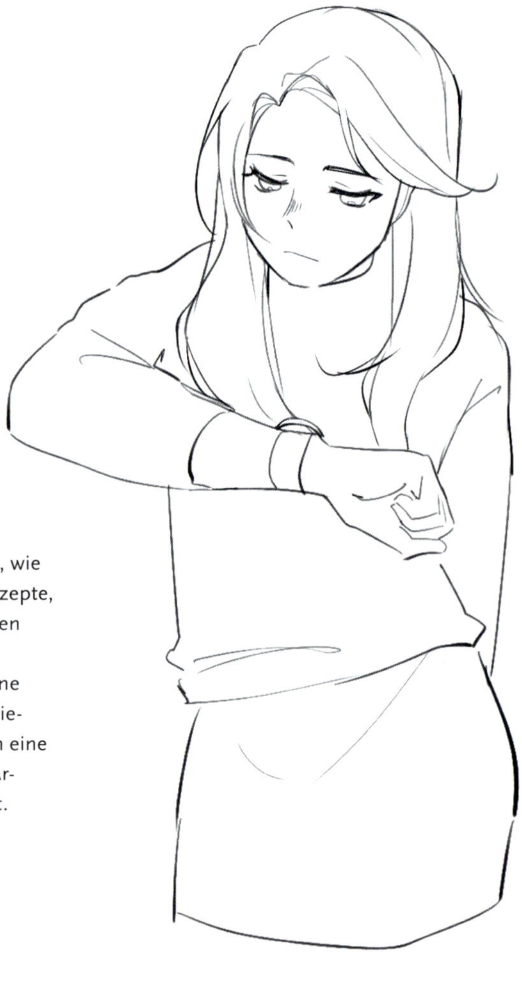

ZEITMASCHINE

Vor einer Zeitreise muss die Frage geklärt werden, wie die Reise überhaupt möglich ist. Es gibt viele Konzepte, wie das geschehen kann: Manche Charaktere haben vielleicht besondere Kräfte, die es ihnen ermöglichen, durch die Zeit zu reisen, während andere eine spezielle Zeitmaschine gebaut haben, die ihnen diese Fähigkeit verleiht. Es könnte sich aber auch um eine übernatürliche Uhr oder ein anderes magisches Artefakt handeln, welches das Zeitreisen ermöglicht.

REISE IN DIE VERGANGENHEIT

Das Konzept des Zeitreisens wird oft als Werkzeug genutzt, um die Charaktere vor schwierigen moralischen Entscheidungen zu stellen. Sie hätten beispielsweise die Möglichkeit, in die Vergangenheit zu reisen und einen Verbrecher daran zu hindern, eine geliebte Person zu ermorden. Aber möglicherweise verändern sie dabei nicht nur den Mord, sondern den kompletten Lauf der Dinge und müssen sich dadurch schwerwiegenden Konsequenzen stellen.

Möglicherweise kann der Zeitreisende mit den Personen aus der Vergangenheit jedoch überhaupt nicht interagieren und beobachtet die Geschehnisse wie eine Art Geist als Rückblenden. Solch ein Konzept kann dazu genutzt werden, um zurückliegende Ereignisse besser zu verstehen und Geheimnisse zu lüften, ohne die Vergangenheit zu verändern.

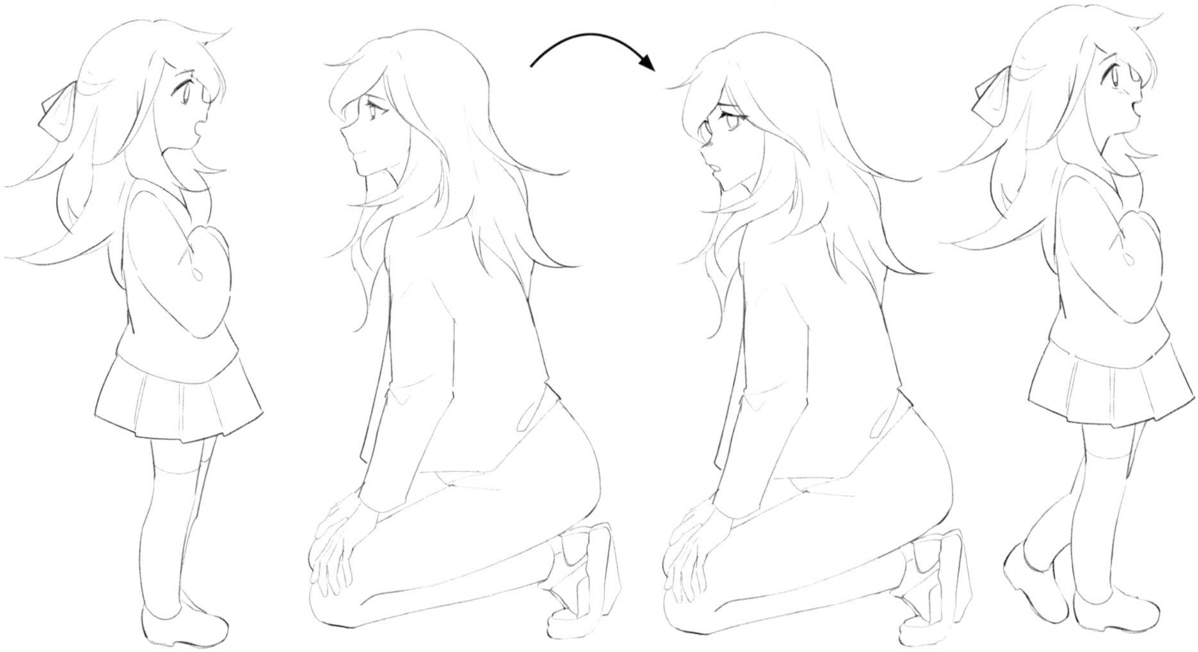

ZEITSCHLEIFE

Ein weiteres Konzept für eine interessante Geschichte ist eine Zeitschleife, in der die Figur gefangen ist. Ein bestimmter Zeitabschnitt wiederholt sich immer wieder auf dieselbe Weise, beispielsweise könnte die Protagonistin morgens aufwachen und feststellen, dass sie im mer wieder den Tag ihres Geburtstags wiederholt. Im Verlauf der Handlung muss sie versuchen, die Ursache für die Zeitschleife zu ergründen und auf diese Weise zu entkommen.

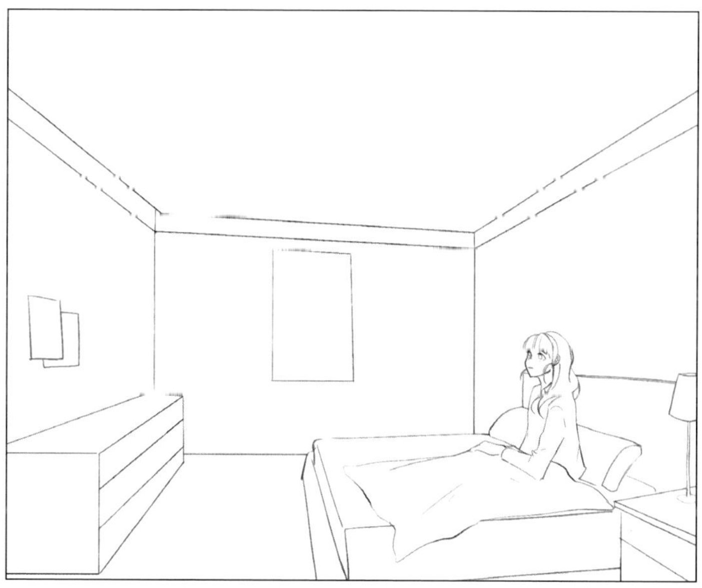

Nachwort

Liebe Leserin, lieber Leser,

als erstes möchte ich mich herzlich bei dir bedanken, dass du mein Buch gelesen hast. Es hat mir unglaublich viel Freude gebracht, Manga-Fans das Genre Mystery näherzubringen. Der Weg hierhin war kein leichter, da ich vorher noch nie ein Buch geschrieben habe. Dennoch schätze ich diese Erfahrung sehr und es war mir eine große Ehre, die Möglichkeit gehabt zu haben, mein eigenes Buch zu gestalten.
Ich hoffe sehr, dass dich dieses Buch dazu inspiriert und ermutig hat, an deinen Fähigkeiten weiterzuarbeiten und deine eigenen Geschichten und Charaktere zu entwickeln. Vergiss nicht: Beim Zeichnen von Mangas gibt es keine festen Regeln, wichtig ist, dass es dir Spaß macht. Lass dich uneingeschränkt von deiner Kreativität und Gefühlen leiten.
Anschließend möchte ich mich bei meinem Freund bedanken, der mir von Anfang bis Ende zur Seite stand. Nicht nur hat er mich immer wieder ermutigt, sondern hat mir auch sehr beim Verfassen der Texte geholfen. Ein herzliches Danke geht an meine Redakteurin, die mit ihrem professionellen Feedback und ihrer Unterstützung maßgeblich zum Gelingen meines Projekts beigetragen hat. Nicht zuletzt möchte ich mich bei meinen beiden Katzen Udon und Boba bedanken, die mich immer wieder daran erinnert haben, auch mal eine kleine Pause einzulegen.

Dank deiner Unterstützung kann ich weiterhin meine Leidenschaft nachgehen. Somit ist für mich ein großer Traum in Erfüllung gegangen. Falls du das hier liest und schon eine eigene Zeichnung basierend auf diesem Buch angefertigt hast, schick sie mir gerne über Instagram (@Yenaiiru). Das inspiriert mich und bereitet mir immer große Freude.

Liebe Grüße,
Yenaiiru

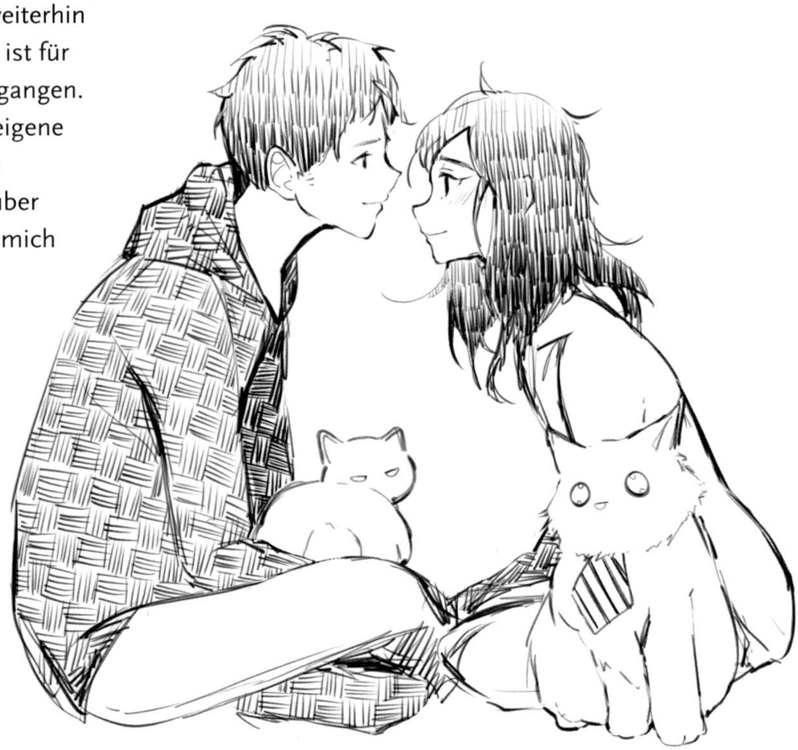

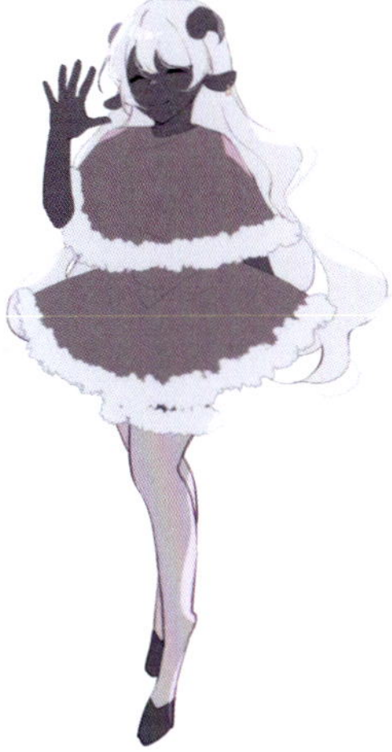
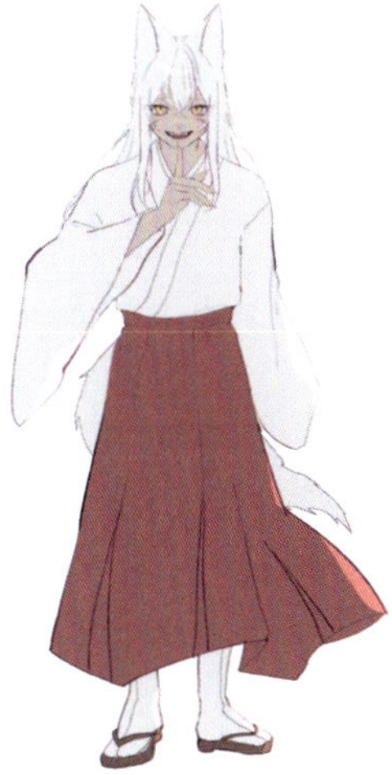
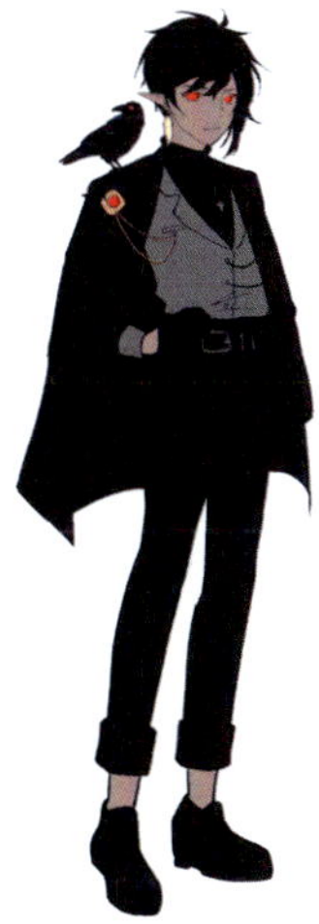
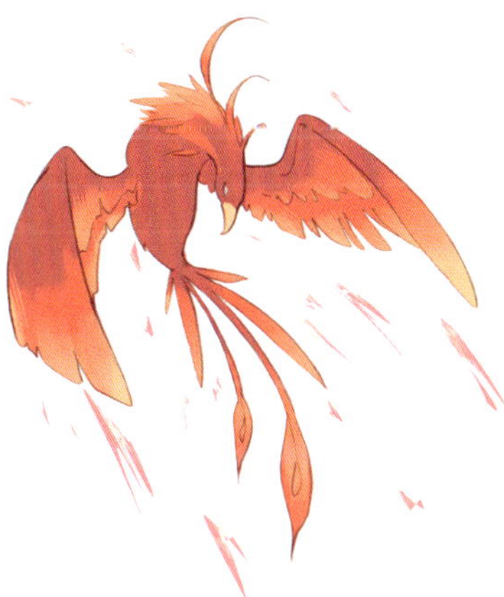
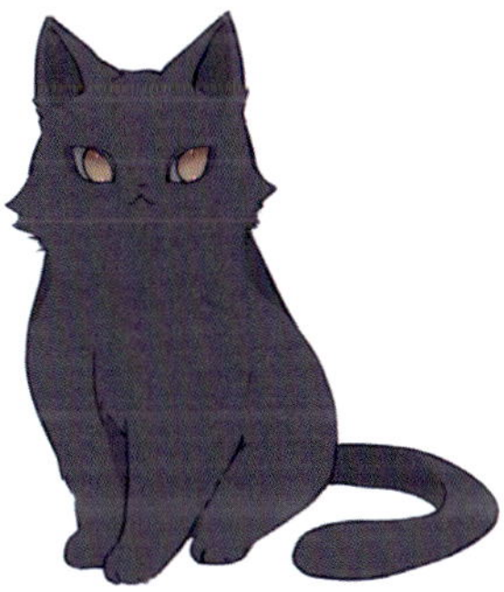
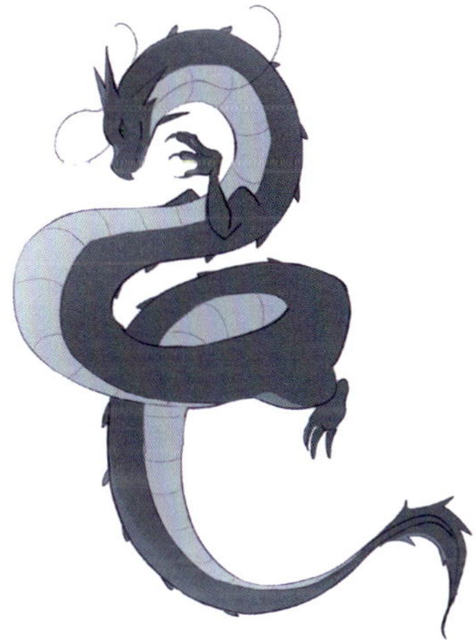
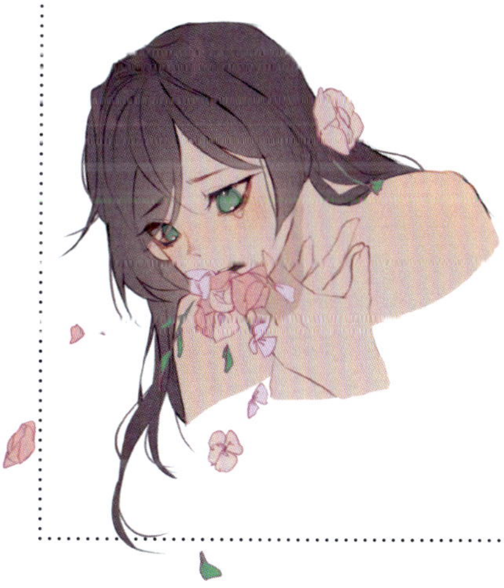
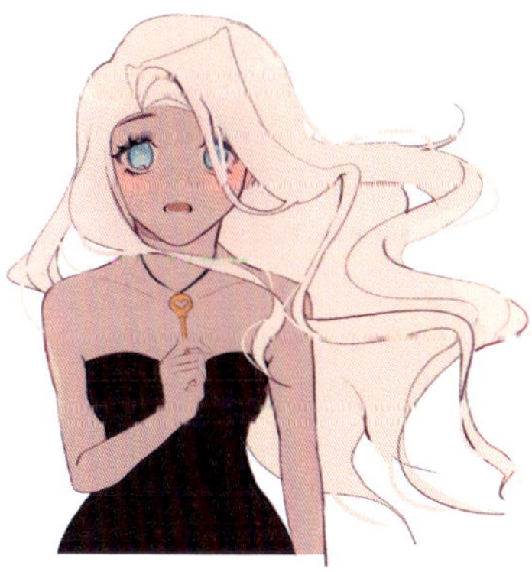
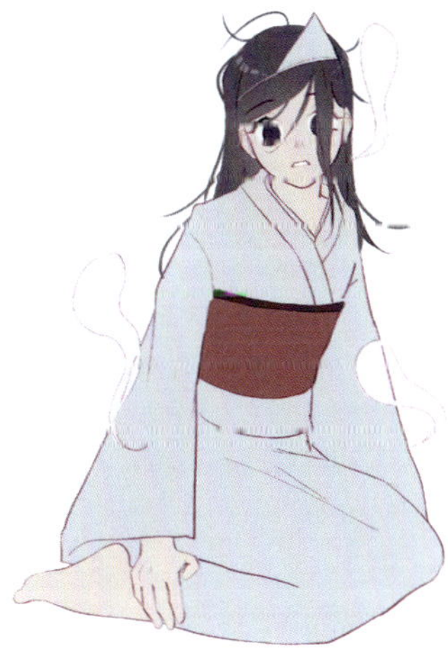

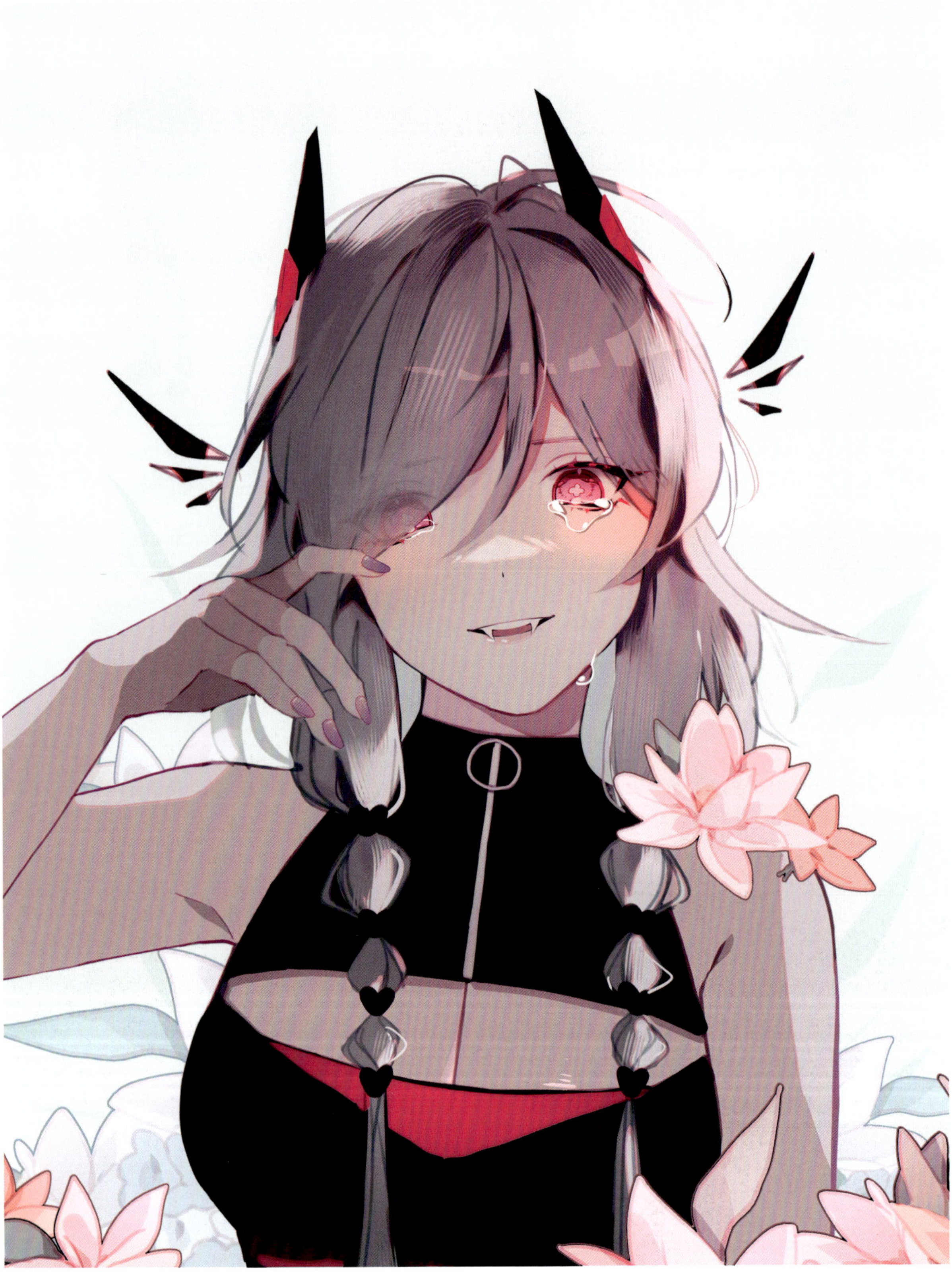

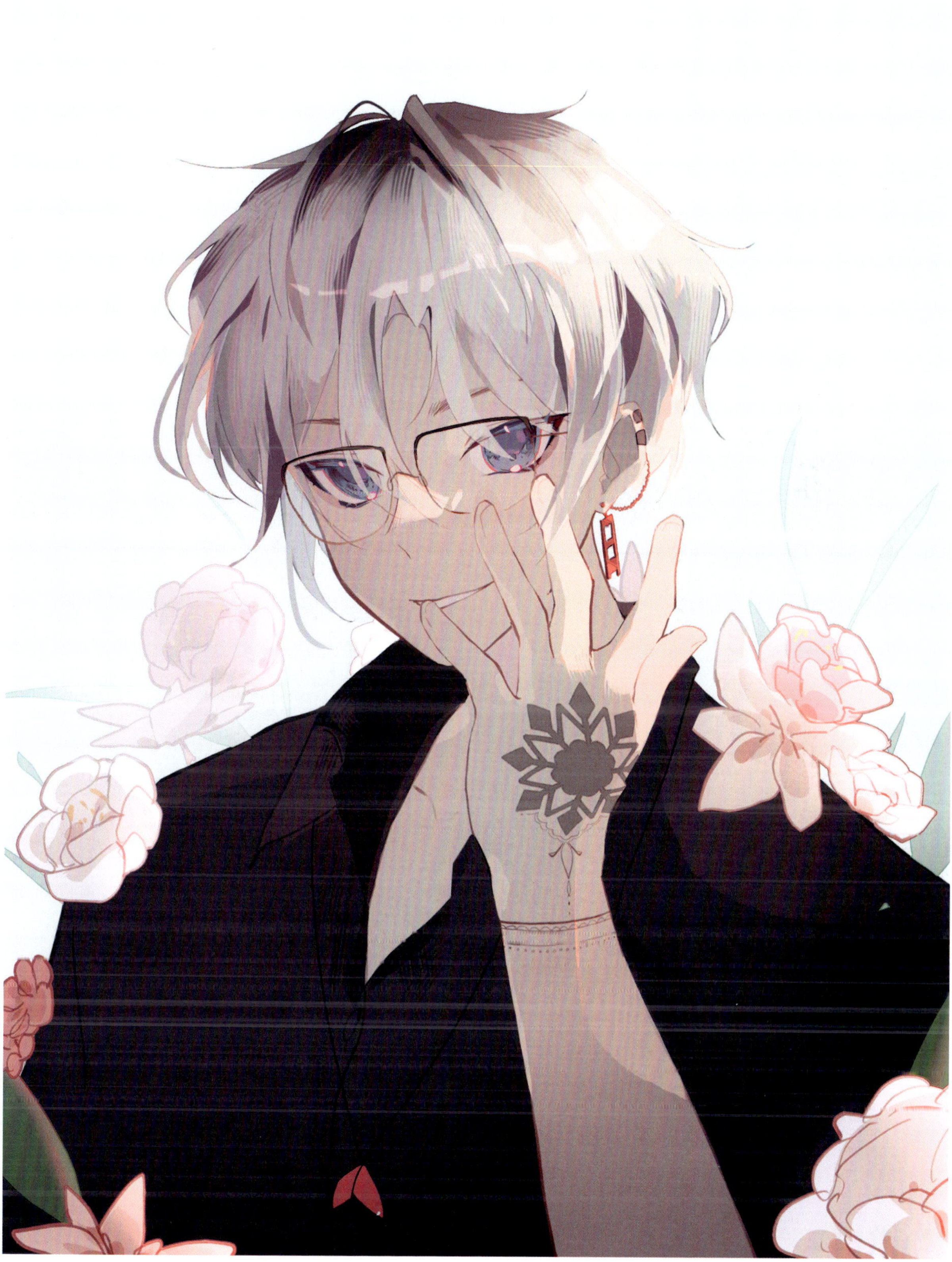

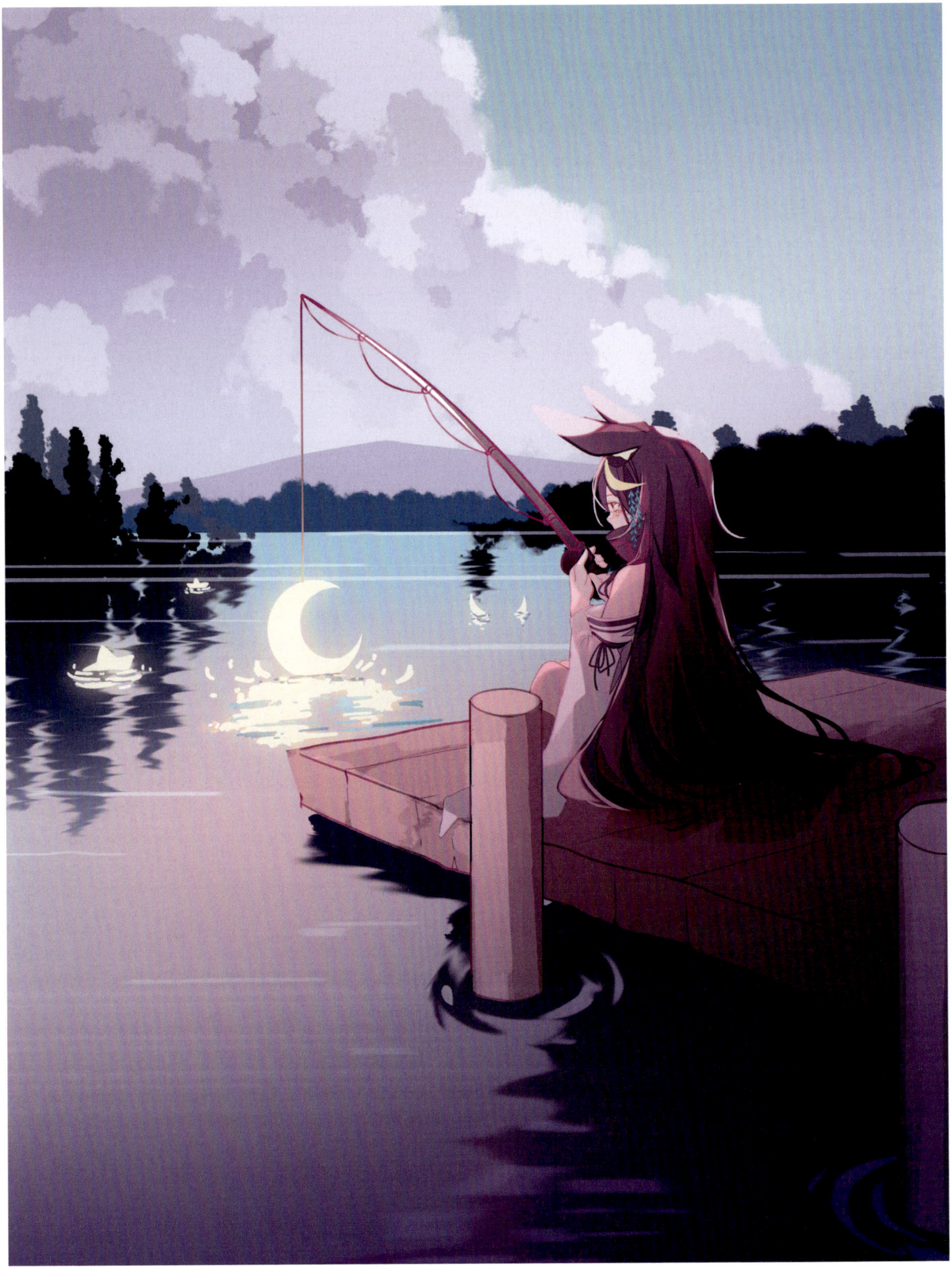

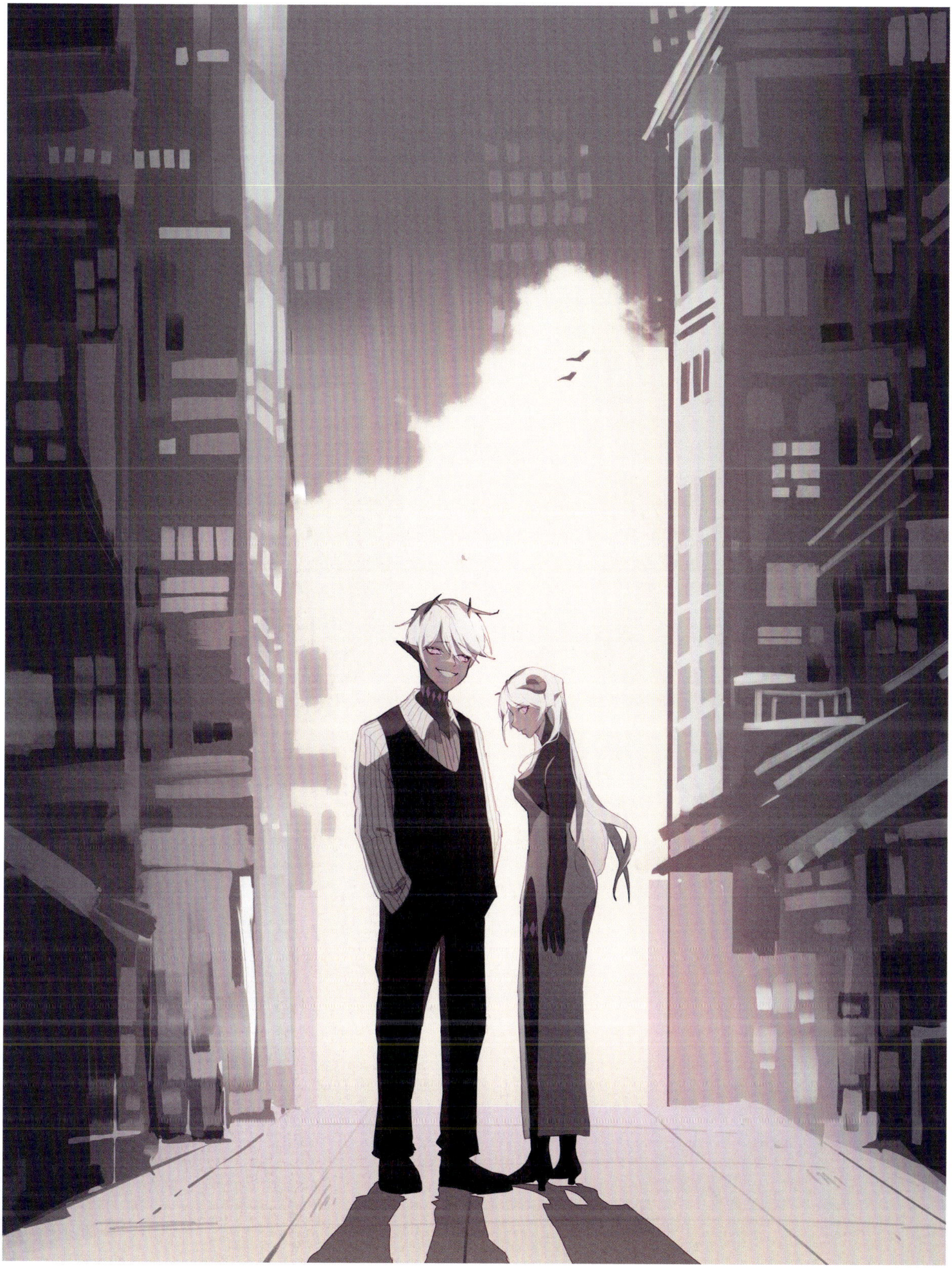

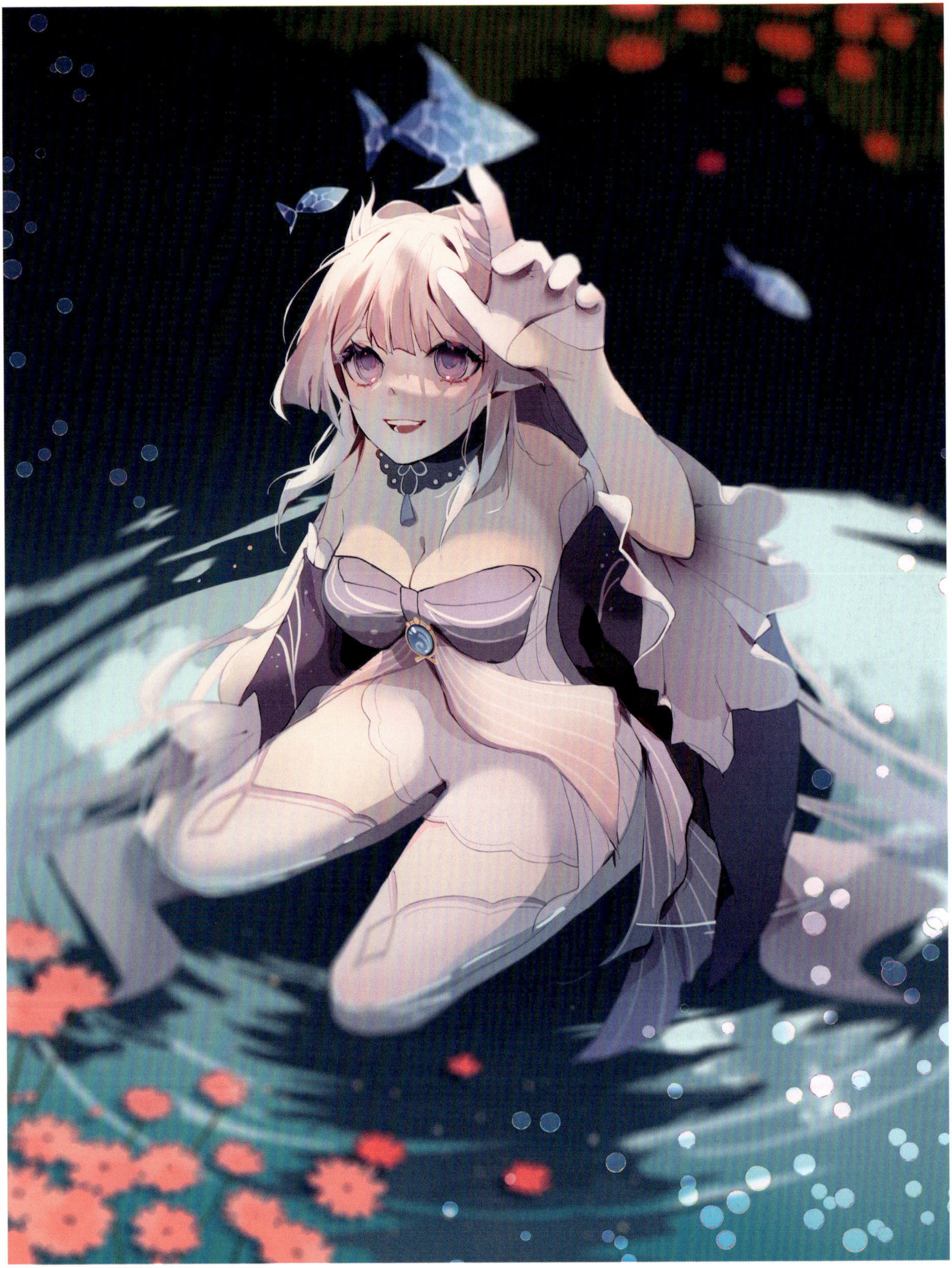

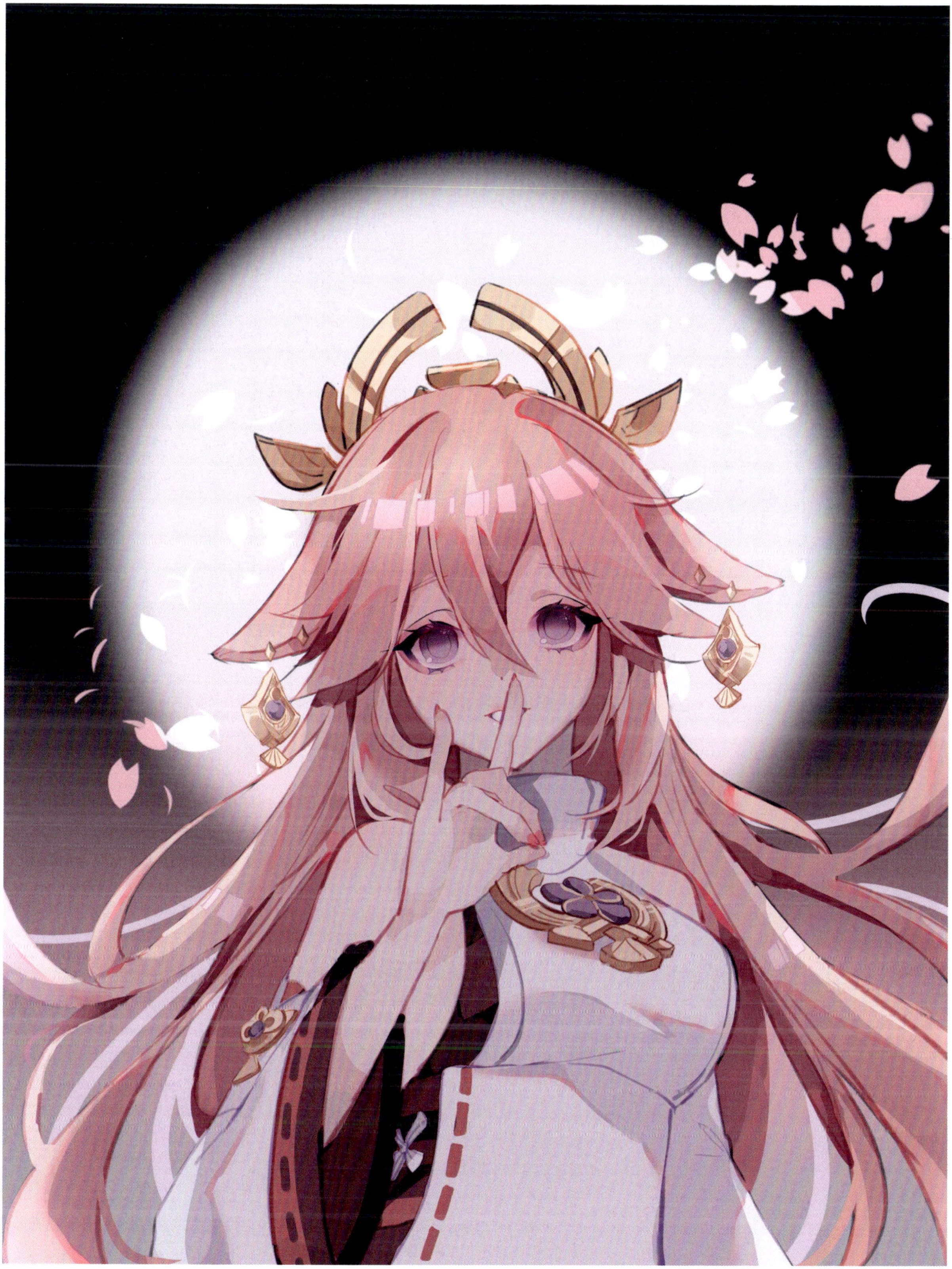

Buchempfehlungen für Dich

Noch mehr Kreativ-Bücher zum gleichen Thema gesucht?

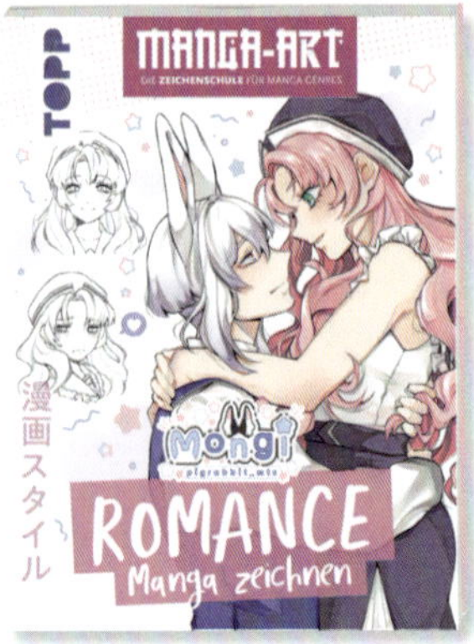

ISBN 978-3-7358-8087-1

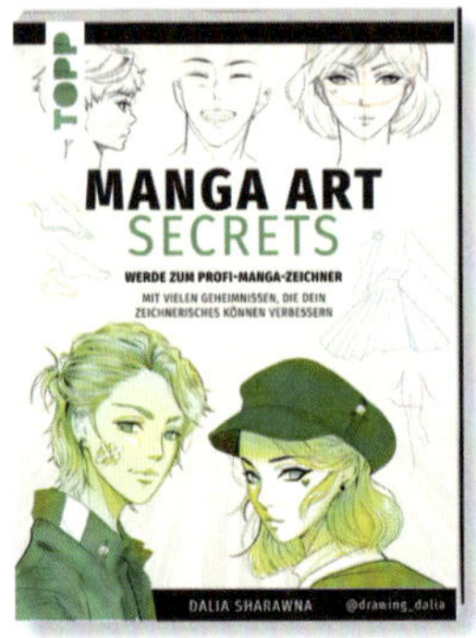

ISBN 978-3-7724-4694-8

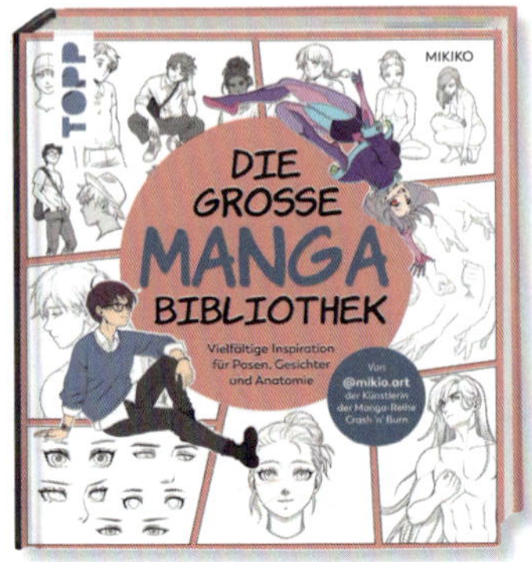

ISBN 978-3-7358-8061-1

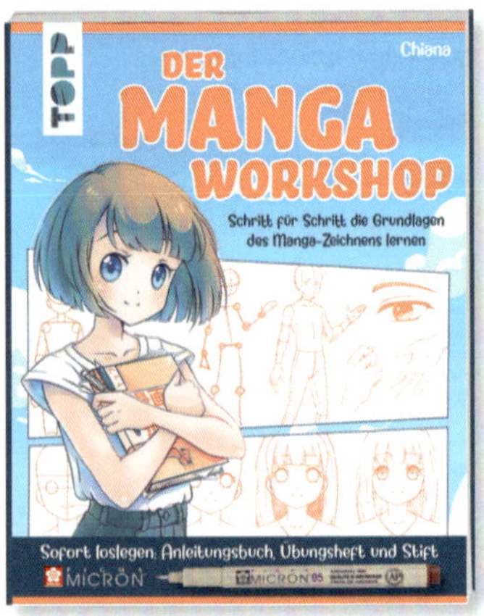

ISBN 978-3-7358-8050-5

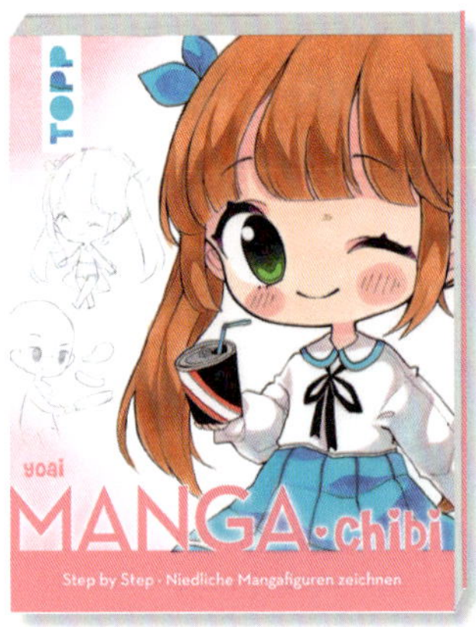

ISBN 978-3-7724-8399-8

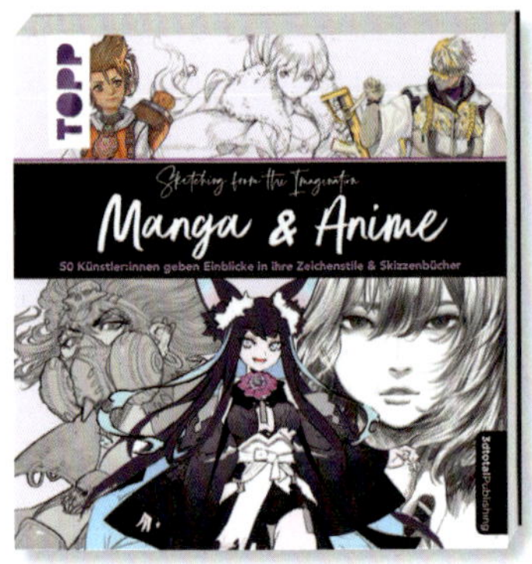

ISBN 978-3-7358-8093-2

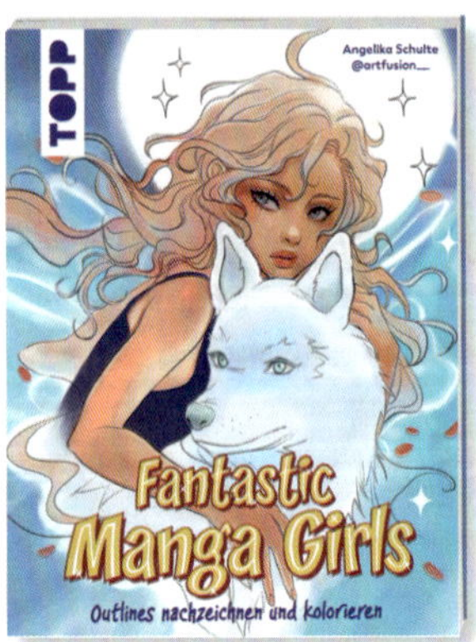

ISBN 978-3-7358-8078-9

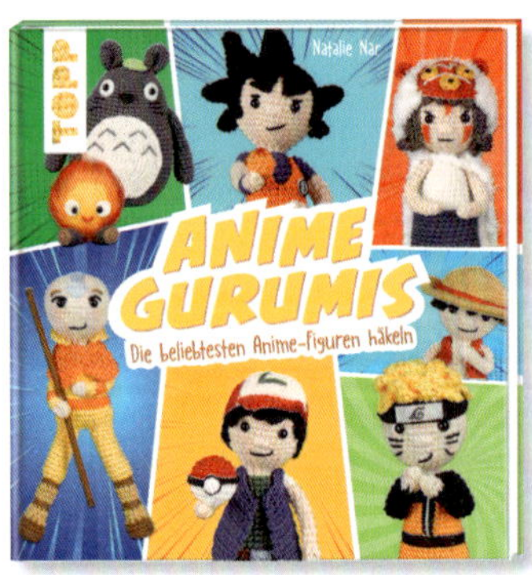

ISBN 978-3-7358-7054-4

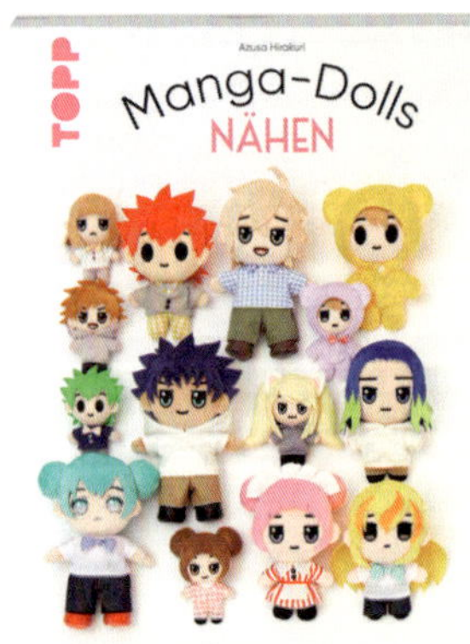

ISBN 978-3-7358-7078-0

Viele weitere Kreativ-Bücher findest du auf www.TOPP-kreativ.de

#TOPPprojekt

Die eigene Kreativität zeigen: TOPPprojekt mit anderen Kreativen teilen und Teil der Gemeinschaft werden.

DIY-begeistert und auf Instagram? Dann unbedingt mitmachen! Hier gibt's Tipps und Feedback zu den eigenen Projekten. Außerdem verlosen wir jeden Monat ein Überraschungspaket. Um am Gewinnspiel teilzunehmen, einfach ein Bild vom Kreativ-Projekt aus unseren Büchern mit #TOPPprojekt posten und unserem Account @frechverlag folgen. Mehr Infos auf TOPP-kreativ.de/TOPPprojekt

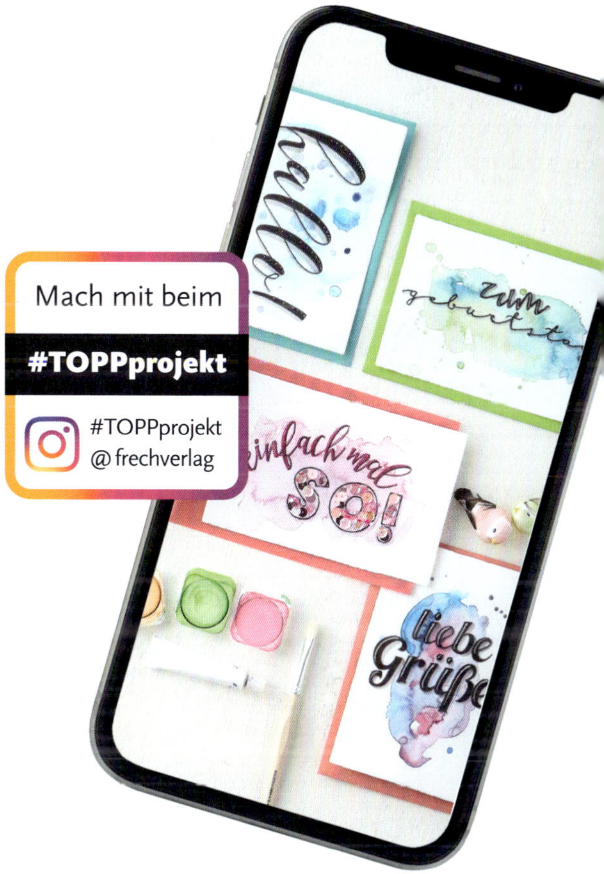

Website
Auf TOPP-kreativ.de kannst du ein riesiges Angebot von über 1.000 Kreativbüchern, Sets & mehr entdecken.

Newsletter
Gleich anmelden unter: TOPP-kreativ.de/newsletter und immer als Erstes von unseren Neuheiten und Sonderaktionen erfahren.

Instagram
@frechverlag

Pinterest
pinterest.com/frechverlag

Facebook
facebook.com/frechverlag

DigiBib
Hier findest du zusätzlich zu vielen unserer Bücher digitale Extras, wie Video-Tutorials, Plotter-Dateien, Vorlagen, Übungsblätter & vieles mehr. Einfach im Impressum deines TOPP-Buchs den Freischalte-Code nachschlagen und exklusive Inhalte freischalten. TOPP-kreativ.de/digibib

Youtube
youtube.com/frechverlag

IMPRESSUM

ABBILDUNGEN: Yenaiiru

LEKTORAT & PRODUKTMANAGEMENT: Iris Stegmanns

UMSCHLAGGESTALTUNG: Tatjana Weiß

HERSTELLUNG & LAYOUT: Jessica Siebert

SATZ: tebitron gmbh

DRUCK & BINDUNG: Neografia, Slowakei

1. Auflage 2023

ISBN 978-3-7358-8088-8
Best.-Nr. 28088

MIX
Papier | Fördert gute Waldnutzung
FSC® C020353

Penguin Random House
Verlagsgruppe FSC® N001967